3 · 1운동과 대한민국 임시정부의 재조명 Ⅲ
- 안중근의 동양평화론

일러두기
• 이 책은 2019년도 동북아역사재단 기획연구 수행 결과물임(NAHF-2019-기획연구-9).

동북아역사재단
연구총서 86

3·1운동과
대한민국 임시정부의 재조명 Ⅲ

–안중근의 동양평화론

신효승 편

동북아역사재단
NORTHEAST ASIAN HISTORY FOUNDATION

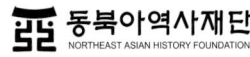

책머리에

  이 책은 2019년 '안중근의 동양평화론'이란 주제로 한중일 연구자들이 동북아시아의 지속 가능한 미래공동체 역사를 통해 돌이켜 보기 위해 기획한 결과이다. 2019년 학술회의("안중근의 동양평화론" 한중일 미래공동체모색)결과를 연구성과로 다듬기까지 1년여의 시간이 필요했던 것은 현세대가 역사로만 경험했던 팬데믹의 위기 속에 2020년을 보냈기 때문이다.

  2019년 말 시작된 감염병은 곧 세계로 퍼졌고, 많은 이들이 감염되었다. 감염의 확산을 막기 위해 국가 간의 교류 역시 극도로 제한됐고, 이러한 상황은 한중일 역시 마찬가지였다. 너무나도 쉽게 오갈 수 있던 한중일 간의 국경은 방역이라는 뜻하지 않은 벽에 가로막혀 역사 속의 연행사와 통신사가 그랬던 것처럼 넘기 어렵게 되었다. 마치 전근대 교통편이 부재하던 시절로 돌아간 듯 하였다.

  이러한 상황은 사실상 타국에 대한 불신과 자국의 안전만을 중심으로 세계가 치닫고 있던 20세기 초의 모습과 유사하다. 당시 상황을 안중근 의사는 『동양평화론』에서 '난폭한 행동과 잔인함이 유럽이나 동양을 가릴 것 없이 어느 곳이나 미치지 않는 곳이 없으니, 악이 가득 차고 죄가 넘쳐 하늘과 사람이 다 같이 모두 화가 났다'라고 하였다. 세계 곳곳에서 끊임없이 전쟁이 이어지던 상황에 대해서는 '나날이 군사적인 힘을 길러 다투기를 조금도 꺼리지 않고 있다'고 하였다. 결국 세계 각국은 인류가 경험하지 못한 세계대전이라는 미증유의 상황으로 이어졌다.

  팬데믹이라는 세계적 위기 속에서 국가 간의 불신이 극에 달해 타국을 배척하는 세계대전 직전과 별반 다르지 않다. 심지어 자국에 필요하다는 이유로 다른 국가로 향하던 의료물자까지 가로채는 극단적인 일도 벌어졌다. 여기에 일부 국가는 이를 기회로 자국 기업의 이익을 극대화하려는 양상까지 나타나고 있다. 서구 열강의 식민지 쟁탈전처럼 국가 간의 경쟁과 격차가 더욱 극심해지고 있는 상황은 안중근 의사가 우려하던 상황을 연상케 한다.

제국주의 시대 일본 역시 이른바 '자국의 안전'이라는 미명하에 끊임없이 전쟁을 일으키며 팽창정책을 추진하였다. 그 결과 일본은 대한제국을 비롯하여 타이완과 사할린까지 자국의 지배 질서 속에 강제로 편입시켰다. 중국 역시 청조가 멸망한 이후 중화민국이 수립되었지만, 각 지역에서는 독립적인 군사정권 즉, 군벌이 난립하면서 내전이 끊임없이 이어졌다.

안중근이 『동양평화론』을 집필한 이유를 국제 질서가 '모두 화가' 난 듯 상호 간에 배척하고 있어, 합심하여 위기를 극복해야 함에도 불구하고 그렇지 못하기 때문이라고 설명하였다. 안중근 의사는 『동양평화론』을 하얼빈 의거 이후 뤼순 감옥에서 집필하였다. 비록 1910년 3월 순국하면서 집필을 마무리하지 못했지만 그가 남겨 놓은 글 속에서 그의 사상을 엿볼 수 있다.

안중근 의사의 하얼빈 의거는 단순히 국권을 회복하고, 민족 중심의 독립 국가를 수립하는 것만을 목적으로 하지 않았다. 우리 민족이 독립함으로써 동양평화를 구축하는 것에 있었다. 안중근 의사는 지속 가능한 평화에 대해 비록 한국이 일본에 대해 '지난날 원수진 마음이 하루 아침에 사라져 버리'는 것은 아니지만 '같은 인종을 사랑하는 마음'에서 비롯되었다고 하였다. 서세동점이라는 시대적 상황 속에서 안중근 의사는 범주를 동양으로 한정하여 인종 간의 사랑이라고 표현하였지만, 그 바탕은 인류애라는 보편적 가치로 이해할 수 있을 것이다. 이처럼 안중근 의사가 그리던 '동양평화'는 서구 열강의 제국주의 팽창이라는 침탈이 자리하고 있다.

이 책은 안중근 의사가 제시한 동양평화론을 중심으로 후속 세대에게 남겨줄 수 있는 지속 가능한 동북아시아의 미래공동체에 대해 한중일 연구자들이 함께 논의한 결과이다. 한중일이 함께 공유할 수 있는 공동체에 대한 사상적 배경부터 현재 국제 사회가 토대로 삼고 있는 국제법까지 다양한 분야를 함께 논의하였다.

이를 위해 국사편찬위원장이신 조광 선생님은 안중근 연구의 향후 과제에 대해 지난 10여 년간의 연구성과를 토대로 검토하였다. 동북아역사재단 김현철 연구위원은 안중근의 동양평화론과 일제강점기 이후 지식인들의 평화에 대한 구상과 이에 대한 안중근의 동양평화론 간의 관계를 살펴보았다. 재단 신효승 연구위원은 안중근의 만국공법 인식을 뤼순 재판 당시의 기록을 통해 살펴보았다. 나라연구소 홍선표 소장은 안중근 의거에 대한 국외, 특히 미국 언론의 인식을 당시 신문기사를 통해 검토하였다.

중국 화동사범대학 위웨이민 선생님은 '동양평화론'과 당시 동북아시아의 평화구도를 현실과 역사 인식이라는 측면에서 살펴보았다. 중국 푸단대학 쑨커즈 선생님은 3·1운동 전후 상해를 중심으로, 한인사회의 형성과 한중 간의 우호적인 교류를 검토하였다. 일본 류코쿠대학 이수임 선생님은 특히 류코쿠대학에서 소장하고 있는 안중근 유묵을 통해 그의 사상에 대해서 살펴보았다. 일본 리츠메이칸대학 가쓰무라 마코토 선생님은 일본에서 바라본 안중근과 동양평화론에 대해 검토하였고, 특히 안중근 의사의 주요 집필에 대한 문헌 검토를 통해 보다 구체적으로 안중근의 사상을 엿볼 수 있는 토대를 마련하였다.

어려운 상황에도 불구하고 참여해주신 한중일의 선생님들께 감사드린다. COVID-19는 한중일 간의 인적 교류를 차단했고, 이 과정에서 인적 교류뿐만 아니라 학술적 교류 역시 단절되었다. 이것은 현대사회의 교류가 한순간에 단절될 수 있다는 것을 보여주었다. 각국에서 전해지는 감염 확산 소식에 가슴을 졸이기도 하면서 부디 이 고난을 무사히 극복하기를 기원하였다. 다행히 연락이 되었을 때 안도와 함께 국경의 높이를 실감하였다.

한편으로는 앞으로 한중일 연구자가 한 자리에 모여 함께 동아시아 평화를 논의할 수 있는 장을 마련하기란 단기간에는 요원할 수 있겠다는 생각도 든다. 부디 현 상황이 조속히 마무리되어 한중일 간의 장벽을 더 높아지는 결과로 이어지지 않기를 바라며, 100여 년 전 안중근 의사가 꿈꿨던 동아시아의 평화를 함께 이해하고 이를 통해 지속 가능한 평화를 구축하기를 바랄 뿐이다.

이 책이 간행될 수 있도록 도와주신 재단 관계자 여러분께 진심으로 감사드린다.

2020년 12월
집필진을 대표하여
신효승 씀

차례

책머리에 · 4

1장 안중근에 관한 최근 연구의 현황과 과제(2010~2019) _ 조광

I. 안중근은 우리에게 무엇이었나 · 12

II. 안중근 연구의 어제와 오늘 · 16

III. 안중근 연구의 과제와 방향 · 21

2장 뤼순 재판 당시 안중근의 국제법 인식 _ 신효승

I. 머리말 · 38

II. 1899년 헤이그 회의와 국제법상 육전규칙의 성립 · 39

III. '육전규칙'에서 전투원과 비전투원 구분 · 47

IV. 파르티잔에 대한 육전규칙의 적용 · 52

V. 맺음말 · 64

3장 상해 한인사회와 독립운동 _ 쑨커즈

I. 머리말 · 72

II. 한인사회의 형성 · 72

III. 초기 한인 독립운동 · 77

IV. 임시정부 이전 이후 독립운동 · 80

V. 맺음말 · 88

4장 '동양평화론'과 당대 동북아 평화 구도
: 역사와 현실의 대화 _ 위웨이민

I. '동양평화론': 민족주의와 범동아시아주의 간의 모순 · 92

II. 독립운동에서 한반도의 분열: 동북아 냉전 구도의 형성 · 95

III. 포스트 냉전 시대의 동북아 평화 구도: 미래와 현실 · 98

5장 류코쿠대학 소장 안중근 유묵과 월경적 대화
: 동양평화론의 21세기적 재평가_ 이수임

I. 머리말 · 106

II. 류코쿠대학과 그 윤리 책임 · 108

III. 유묵을 통한 일본인과의 월경적 대화 · 114

IV. 맺음말 · 129

6장 안중근 의거에 대한 미국 언론의 반응 _ 홍선표

I. 머리말 · 136

II. 안중근 의거에 대한 미국 언론의 보도와 인식 · 138

III. 하와이 내 안중근 의거에 대한 한·중·일 사회의 대응과 언론 보도 · 163

IV. 맺음말 · 178

7장 안중근의 동양평화론과 1910~1920년대 한국 지식인들의 평화구상의 전개 _ 김현철

 I. 머리말 · 184

 II. 구한말 한중일 간 연대론의 전개와 서구 평화개념의 소개 · 189

 III. 1910년 한일강제병합 이전 일본의 동양평화론 주장과 비판
   : 안중근의 동양평화론과 한중일 간 공동체 구상의 제시 · 197

 IV. 1910년 한일강제병합 이후 새로운 국제질서에 대한
   한국인의 기대와 평화 구상의 제시 · 208

 V. 맺음말 · 220

8장 일본에서 본 안중근과 동양평화론 _ 가쓰무라 마코토

 I. 머리말 · 226

 II. 의거 직후의 안중근에 대한 부정적 담론 · 227

 III. 안중근에게 호감을 품은 일본인들 · 241

 IV. 안중근의 재발견 · 249

 V. 동양평화론을 둘러싸고 · 254

 VI. 맺음말 · 264

찾아보기 · 277

1장

안중근에 관한 최근 연구의 현황과 과제(2010~2019)

조광
국사편찬위원회 위원장, 고려대 명예교수

I. 안중근은 우리에게 무엇이었나

역사연구에 있어서 그 연구사의 정리는 새로운 연구의 출발에 앞서 반드시 검토해야 할 주제이다. 구한말 저명한 독립운동가인 안중근에 대한 연구사적 정리는 그동안 몇 차례 진행된 바 있다. 특히 그의 의거와 순국 100주년을 기념하여 개최된 일련의 학술회의를 통해서 여러 연구자들이 이 주제를 검토했었다.[1]

오늘날 안중근은 민주적 주체로 살아가기 위한 교육적 효과가 매우 높고,[2] 한국인으로서의 정체성을 상징하는 인물로 평가되기도 했다. 2019년 청소년이 뽑은 '대한민국 독립을 위해 헌신한 가장 존경하는 인물' 1위,[3] 2019년 국민이 뽑은 3·1운동 하면 떠오르는 사람 3위,[4] 2012년 국민이

---

[1] 이 글은 조광, 2000, 「안중근연구의 현황과 과제」, 『한국근현대사연구』(한국근현대사연구회), 12; 조광, 2010, 「안중근연구의 현황과 과제」, 『한국근현대천주교사 연구』(경인문화사) 보완 개고본; 윤병석, 2010, 「안중근의 하얼빈의거와 순국 100주년의 성찰; 안중근 연구의 방향」, 『군사연구』, 29집; 신운용, 2013, 「안중근연구의 현황과 쟁점」, 『역사문화연구』, 45호 등의 연구사를 참조했다.

[2] 장윤미, 2018, 「'안중근 기념'을 둘러싼 한반도 마음체계의 갈등구조」, 『동아연구』, 37-2, 143쪽.

[3] 서울시의 후원으로 서울시립청소년문화교류센터(미지센터)가 주관하는 '청소년 시베리아철도 인문기행'에 참가 신청한 중·고등학생 청소년들을 대상으로 '대한민국의 독립을 위해 헌신한 가장 존경하는 인물'을 묻는 설문을 실시하였다. 총 262명의 신청자 중 261명이 설문에 응했으며 그 결과 73명(27.8%)이 안중근 의사라고 답변하였다. 안중근 의사에 이어 청소년들이 존경하는 독립운동가는 유관순(65명, 24.7%), 김구(27명, 10.3%), 윤봉길(13명, 4.9%) 순이었다. 해피코리아e뉴스(www.happykorea.news).

[4] 『한겨레』와 '3·1운동 100주년 기념사업추진위원회'가 2018년 12월에 실시한 국민 인식조사 결과를 보면, 응답자 가운데 82.2%는 3·1운동과 관련해 떠오르는 인물로 유관순 열사를 첫손에 꼽았고, 김구 선생(5.4%), 안중근 의사(4.9%), 손병희 선생(2.8%), 윤봉길 의사(2.2%) 등이 뒤를 이었다. 『한겨레』, 2019년 1월 1일 인터넷 기사, "3·1운동하면 떠오르는 사람은? 82%가 '유관순'".

좋아하는 독립운동가 2위[5]이다. 이러한 자료는 안중근에 대한 국민의 인지도와 관심의 일면을 드러낼 뿐 아니라 안중근 연구의 의의와 방향성을 돌아보도록 이끌며, 안중근에 대한 계속 연구의 필요성이 유지되고 있음을 말한다.

한편, 해방 이후 분단의 상황에서 남북이 함께 기억하고 기념하는 인물들의 숫자는 상당히 제한되어 있다. 조선왕조의 인물을 예로 들어 보면, 남북한 학계에서 이순신이나 정약용에 대해서는 대략 긍정적 판단을 하고 있다. 반면에 안중근을 비롯한 일부 인물에 대한 기억과 기념의 방식은, 남북한이라는 지리적 공간과 해방 이후부터 오늘에 이르는 시간적 간격의 차이에 따라 각기 다른 양상이 드러나고 있다.

사실, 안중근은 일제강점기 독립운동가들의 정신적 지주로서 그들에게 일종의 롤모델이 되었던 인물이다. 또한 일제강점기와 해방공간에서 안중근은 대중들의 마음에 일본 제국주의에 반대하여 투쟁한 가장 대표적 인물로 각인되어 왔다.

돌이켜 보면, 해방 이후 남한 학계는 일제강점기 이래 대중들이 가지고 있던 긍정적 안중근관을 계승하여 안중근에 대한 평가를 발전시켜 왔다. 물론 과거의 역사적 인물 안중근을 현실사회로 소환해 내는 방식은 연구 시기에 따라 약간의 차이를 드러내고 있었다. 즉, 해방 직후부터

---

[5] 충남 천안의 독립기념관은 한국독립운동사연구소 주관으로 2012년 8월 21일에 '우리 국민이 좋아하는 독립운동가'를 조사해 발표했다. 조사결과 1위는 설문조사에서 3,473표(16.3%), 인터넷조사에서 914표(18.7%)를 얻은 김구 선생이 차지했다. 2위는 설문지조사에서 3,240표(15.2%), 인터넷조사에서 736표(15.1%)를 얻은 안중근 의사로 나타났으며 3위는 설문지조사에서 3,471표(16.3%), 인터넷조사에서 474표(9.7%)를 얻은 유관순 열사가 선정됐다. 『중앙일보』, 2012년 8월 21일 기사, "김구 선생, 국민이 좋아하는 독립운동가 1위".

군사독재가 진행되던 시기 안중근 연구는 민족주의, 애국주의 또는 상무정신(尙武精神) 내지 숭무사상(崇武思想)의 고취에 중점을 두고 있었다. 이는 안중근에 대한 '장군' 칭호의 부여와 강조 현상을 통해서도 확인되는 바이다. 그러나 최근에 이르러서는 안중근의 사상이 가지고 있는 평화주의적 측면이 강조되는 방향으로 그 평가 작업이 변화되어 가기도 했다.

한편, 북한의 경우에는 1950년대의 연구에서 안중근을 제한적 범위 안에서 긍정적인 판단을 내리며 인정했다.[6] 그러나 북한의 주체사학이 확립되어 가던 과정에서 안중근에 대한 평가에도 약간의 변동이 있었다. 즉, 안중근 의거는 '애국적 개인테러'로 폄하되다가, 침략행동을 처단하기 위한 '대담한 행동'이며, 일제 침략에 대한 효과적 저항운동으로 규정하기까지 변모되는 다양한 길을 걸어왔다.[7]

안중근에 대한 북한 학계의 긍정적 평가 경향은 최근에 이르러 좀 더 강화되어 가고 있는 듯하다. 이제 북한의 기관이나 연구자들이 안중근에 관한 남한과의 공동연구나 그 유적지의 개발 문제 등에 있어서도 적극적 자세를 드러내고 있기 때문이다.[8]

이러한 사실들을 종합해 볼 때, 안중근은 남북한 민중의 가슴속에서

6　김영숙, 1965, 「열렬한 반일 애국열사 안중근의 생애와 그의 옥중투쟁」, 『력사과학』 (사회과학원 력사연구소) 1965년 제3호; 오길보, 1981, 『안중근 애국활동의 교훈』 (과학백과사전출판사) 참조.

7　윤경섭, 2014, 「북한의 안중근 인식 변화와 재평가 과정」, 『동북아연구』 29-1, 49~78쪽.

8　안중근기념사업업회는 2010년 이래 북한 사회과학원 역사연구소 및 조선력사학회 그리고 조선종교인협의회 조선카토릭교협회 등과의 협의를 통해서 이 문제를 논의하기 시작했고, 이를 남북한 학계의 공동사업으로 추진하기로 결정한 바 있다. 장정규, 2012, 「안중근 의사 유적 공동복원합의: 북, 남북관계 개선에 매우 적극적」, 『민족 21』 2012년 12월호 참조.

'민족'과 '독립' 등에 관한 주제와 관련하여 대표적 인물로 각인되어 오고 있음을 확인할 수 있다. 이와 같이 안중근은 남북한 민중들이 모두 긍정적으로 수용하고 있으므로, 오늘날 민족화해와 통합의 중개자가 될 수 있는 인물이다.

그동안 안중근 연구는 북한보다 남한의 학계에서 주도적으로 전개해 왔다. 남한 학계는 안중근의 무력투쟁, 안중근 재판에 관한 문제점 등과 같은 주제에서 출발하여 점차 그의 사상이나 안중근 정신의 현실적 적용 문제에 이르기까지 연구의 범위를 넓혀 오게 되었다. 이러한 상황에서 안중근에 대한 연구는 그의 의거 100주년을 기념했던 2009년 이후 오늘에 이르기까지 폭발적으로 증가해 갔다. 본고는 이러한 상황을 검토하고 안중근 연구의 미래를 위해 앞으로 전개되어야 할 그 연구의 방향을 간략히 제시해 보고자 한다.

2009~2019년 사이에 성취된 안중근에 관한 연구성과들은 DBpia, KISS와 같은 학술정보시스템에서 안중근, 이토 히로부미(伊藤博文)과 같은 검색어를 부여하여 추출한 결과물이다. 따라서 이 글 [붙임]의 안중근 관련 연구성과에 수록된 논저목록들은 모든 연구, 간행물을 완벽하게 조사한 결과라고 장담할 수는 없다. 여기에서 이 [붙임]자료와 그에 근거한 통계를 사용한 이 글의 서술에는 일정한 한계가 있으리라 생각한다. 이 점에 대한 양해를 미리 구한다.

II. 안중근 연구의 어제와 오늘

1. 안중근 관계 자료의 정리

안중근 관계 자료의 정리 작업에서 효시로 삼을 수 있는 것은 1910년 만주일일신문에서 간행한 『안중근사건공판속기록(安重根事件公判速記錄)』이다. 그러나 일제강점기에는 안중근 의거 관계 자료 발굴에 대한 뚜렷한 성과가 없었다. 안중근 의거 관계 자료는 1945년 민족해방 이후에 이르러서야 관심의 대상이 되기 시작했다. 그 결과로 '만주일일신문사'의 공판속기록이 한글로 번역되어 간행될 수 있었다.[9] 그러나 해방공간과 한국전쟁을 거치는 동안 안중근 자료 발굴을 위한 본격적 노력이 전개되지는 못했다.

안중근 관계 자료에 대한 관심은 1960년대에도 활발히 진행되지는 못했다. 그러나 1964년 최서면이 일본어로 번역된 『안중근자전』을 입수해서 국내에 소개한 바 있었다.[10] 한편, 1970년대에 들어서는 안중근자료에 대한 연구가 좀 더 본격적으로 진행되었다. 이때에 이르러서는 김정주가 식민지조선에 대한 방대한 자료를 정리하여 1977년에 『조선통치사료』를 간행하던 과정에서 『조선통치사료』 5권에 국사편찬위원회 소장 「안중근등살인피고공판기록(安重根等殺人被告公判記錄)」을 탈초하여 수록했다.

9 　박성강, 1946, 『안중근선생공판기』, 경향잡지사.

10　이하 연구사는 조광, 2010, 「안중근연구의 성과와 과제」, 『한국근현대사연구』; 신운용, 「안중근연구의 현황과 쟁점」, 『역사문화연구』 15호 등을 참조하여 재작성했다.

국내에서 안중근 관계 자료가 본격적으로 간행된 때는 1970년대 후반이었다. 1976년에 국사편찬위원회에서 『한국독립운동사』 자료6에서 「안중근등살인피고공판기록(安重根等殺人被告公判記錄)」을 한글로 번역하여 간행했다. 그리고 1979년 김정명(金正明=市川正明)이 한문본 『안응칠역사』를 일본국회도서관에서 발굴해 냈다. 그리고 그는 같은 해에 「안응칠역사」, 「동양평화론」, 「재판기록」 등을 모아서 『안중근과 일한관계사』를 출판했다.

안중근의 자서전 원본이 확인된 직후 안중근숭모회에서는 이은상의 번역으로 『안중근의사전』을 간행했다. 이 책에서는 「안응칠 역사」를 비롯하여 국사편찬위원회에서 간행한 의거 당시 『대한매일신보』의 기사 자료 등을 수록하고 있었다. 또한 1995년 국가보훈처에서 발간한 아주제일의협 안중근(亞洲第一義俠 安重根)에 수록된 청취서(聽取書) 등은 동양평화론의 구체적 내용을 알려주는 새로운 자료였다.

2009년 안중근 의거 100주년과 2010년 안중근 순국 100주년을 기념하던 해는 안중근 관계 자료의 정리에 있어서 하나의 전환점이 된다. 2010년에 안중근의사기념사업회가 주관하는 안중근의사자료집이 가제본의 형식으로 5책이 간행되었다. 그 후 동 사업회에서는 2015년 이래 안중근자료집의 계속적인 간행 작업을 진행하고 있다. 이 자료집은 2019년 현재 모두 28책이 간행되었다.

여기에는 1권 안중근 유고; 2권 러시아관헌 취조문서; 3권 안중근 신문기록; 4권 우덕순, 조도선, 유동하 신문기록; 5권 안중근, 우덕순, 조도선, 유동하 등 공술기록; 6권 안중근 가족, 친우 등 신문, 취조, 청취기록; 7권 재하얼빈 한인 신문기록; 8권 일본인 신문, 청취기록; 9권 안중근, 우덕순, 조도선, 유동하 공판기록, 공판시말서; 10권 안중근, 우덕순,

조도선, 유동하 공판기록, 안중근 사건 공판속기록; 11권, 12권, 13권 한국인 집필 안중근 전기; 15권, 16권 재만일본인 신문 중 안중근 기사; 17권, 18권 일본 신문 중 안중근 기사, 19권, 20권, 21권 재한 일본 신문 중 안중근 기사; 25권, 26권 중국인 집필 안중근 소설; 27권, 28권 국내 신문 중 안중근 기사 등이 간행되었다.

그리고 현재 진행되고 있는 안중근 관계 자료정리 작업으로 모두 12책 분량의 자료집이 추가 편찬되고 있다. 그 내용을 미리 검토해 보면 14권 안중근 가문 관계 자료; 22권, 23권, 24권 중국 신문 중 안중근 기사; 29책 국내 신문 중 안중근 기사(Ⅲ); 30권, 31권 국외 한인 발행 신문 안중근 기사; 32권 대일항쟁기 한인 발행 국내외 안중근 기사, 33권 러시아 안중근 의거 자료; 34권, 34권 러시아 신문 안중근 기사 35권 영자신문 안중근 기사; 36권~39권 일제 안중근 조사자료; 40권 안중근 관계 사진과 연보 등이다.

2. 안중근 연구의 진행

앞에서 서술된 바와 같이 자료집의 간행은 안중근에 대한 연구를 촉진시키는 계기를 제공해 주었다. 즉, 안중근에 대한 연구 자체는 안중근에 관한 자료가 소개되기 시작한 1970년대 후반에 이르러서야 비로소 본격적으로 진행될 수 있었다. 해방 이후 안중근 의거 100주년에 해당되는 2009에 이르기까지 대략 200여 편의 논문이 발표되었다. 그러나 2009년 안중근 의거 100주년 기념, 2010년 안중근 순국 100주년에 진행된 일련의 기념을 통해 더욱 활발히 진행된 안중근 연구는 최근 10여 년 동안 150여 편의 연구논문이 발표되기에 이르렀다. 즉, 안중근이 순

〈표 1〉 최근 안중근 연구 상황(2009~2010)

구분	'09	'10	'11	'12	'13	'14	'15	'16	'17	'18	'19	계
사료·종합·논평·교육	4	3	1	5	4	4		1	2	2		26
생애·독립운동	8	8		2	1							19
의거·법정투쟁·법리론	3	2								1		6
천주교관계			1	2		5	2	1	1	1	3	16
문화·예술		5	3	5	2		1	3	2	2	2	25
동양평화론	5	7	2	2	4	5	1	3		3	1	33
관계인물론	2	4	1	4	1	4	3	2	1		3	25
계	22	29	8	20	12	18	7	10	6	9	9	150

〈표 2〉 2009년~2019년 발표된 안중근 연구 논문의 연도별 논문 편수

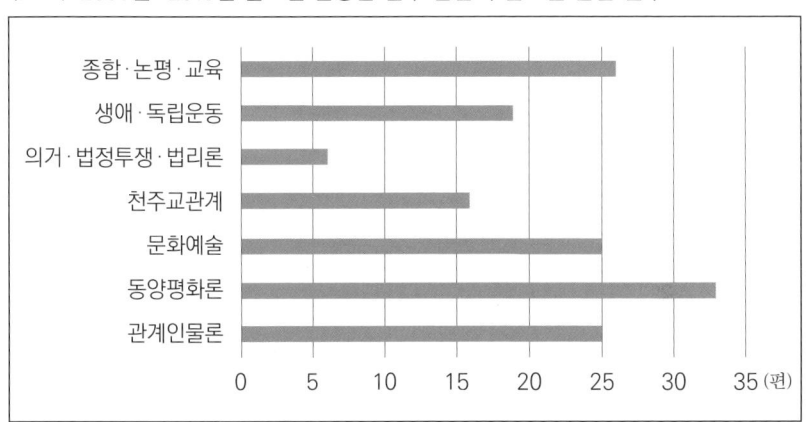

국한 1910년 이후 오늘에 이르는 110여 년간 발표된 논문의 약 43%가 최근 10년 동안 나온 셈이다. 논문 편수를 기준으로 한 10년간 발표 논문 수 변화 동향은 위의 〈표 1〉 및 〈표 2〉와 같다.

위의 표에서 드러나듯 안중근 연구는 2009년과 2010년에 가장 높은 수치를 보였으며, 이처럼 2009년과 2010년에 높았던 이유는 2009년에

진행된 의거 100주년 기념행사를 들 수 있다. 2010년의 연구 열기도 그 여파로 해석할 수 있다. 이후에는 2010년에 비해 약 30퍼센트 수준에 머무르고 있다. 그렇지만 이러한 분위기에서 연구가 활발하게 진행된 데는 안중근 연구를 뒷받침할 수 있는 자료집의 발간이 크게 영향을 미쳤다.

한편, 안중근 연구에서 우리의 관심을 끄는 것은 주제별 연구 동향이다. 크게 볼 때 2009~2010년에 연구가 집중되었던 생애와 독립운동 등의 주제는 연구논문 수가 그 이후에는 크게 감소했다. 이는 그 생애나 독립운동에 관해서 새로운 연구가 가능할 만한 자료가 발굴 및 사료화되지 않았기 때문으로 볼 수 있다.

그에 비해 문화예술 분야나 관계인물 연구, 한중일과 연관된 시대사상적 연구 등은 증가하는 경향이 나타난다. 전체적으로 볼 때 역사학 중심의 연구영역에서 벗어나 문학, 예술, 정치, 외교, 군사 등 다양한 분야에서 다양한 각도로 안중근의 삶과 활동 그리고 사상을 연구하고 있었음을 확인할 수 있다. 이와 더불어 안중근이 신앙했던 종교였던 천주교와 연관한 연구가 꾸준히 진행되는 점은 관심을 둘 만하다.

한편 동양평화론의 경우 2009~2010년에 비해 연구논문 편수가 줄기는 했지만, 꾸준히 연구가 진행되는 양상을 보여준다. 최근 10년의 연구를 볼 때 20퍼센트를 넘는 연구가 동양평화론 분야에 집중되었음을 확인할 수 있다. 동양평화론에 대한 연구에서는 사상사적인 연구나 세계사의 맥락에서 접근하는 연구들도 확인된다.

III. 안중근 연구의 과제와 방향

지금까지 살펴본 바와 같이 안중근에 대한 연구는 다양한 분야와 연구 주제 아래 매우 활발하게 전개되어 왔다. 이러한 노력이 동시대 국민에게 안중근의 삶과 사상뿐 아니라 그를 중심으로 바라본 우리나라 역사의 가치를 널리 알리는 데 기여했다. 이에 안중근 연구가 보다 크고 깊은 뿌리를 내리기 위한 바람의 일환으로 안중근 연구의 과제와 방향을 계속해서 살펴보려 한다.[11]

1. 안중근 관계 자료의 활용

이제 안중근 관계 자료정리를 통해서 일반 연구자들이 비교적 손쉽게 안중근의 의거와 그 사상 등에 접할 수 있게 되었다. 그렇다면 안중근의 신문기록을 비롯한 각종 자료에 대한 본격적인 연구를 통해서 안중근의 의거와 사상을 재구성해 내는 노력이 더 강화되어야 한다.

이와 관련한 구체적 사례로는 안중근의 동양평화사상에 관한 연구와 사료를 들 수 있다. 지난날 이 분야에 대한 연구는 주로 안중근의 미완성 원고인 '동양평화론'을 비롯하여 일부 자료만이 집중적으로 검토되었다. 그러나 안중근 관계 사료들에 관한 종합적 검토를 통해서 안중근의 평화사상을 재구성해 낼 수 있다고 생각된다. 안중근은 신문받던 과정

---

[11] 안중근 연구의 과제와 방향에 대해서는 2019년 10월 18일에 대구에서 국채보상기념사업회와 대구가톨릭대학교 내 안중근연구소가 공동주최한 '안중근 의거 110주년 기념학술대회'의 기조강연에서 간단하게 다룬 바 있다.

에서도 자신의 사상을 개진해 가고 있기 때문이다. 그렇다면 그와 관련된 신문기록이나 당대의 언론 보도 등을 통해서도 그의 평화론을 보완해 낼 수 있는 여지가 많다.

이와 더불어 안중근과 관련된 사료의 발견을 위한 노력은 아직도 충분히 유효하다고 판단된다. 이를 위한 노력이 관련 국가 학자들의 연대 속에 더욱 활발히 진행된다면 안중근 연구의 기반이 더욱 튼튼하게 구축될 것이다.

2. 안중근의 용어 개념에 대한 분석

모든 연구에서 그러하듯 개념에 대한 정확한 파악은 사상을 이해하는 기초를 다져준다. 이런 관점에서 보더라도, 안중근 연구에 있어서 안중근이 구사한 각종 용어의 개념에 대한 정확한 이해를 강화시켜야 한다.

예를 들면 동양평화론을 논할 때 그가 구사했던 '평화'의 구체적 연원과 개념을 밝히는 문제 등을 들 수 있다. '평화(平和)'라는 단어는 추상명사를 비롯한 다른 각종 단어들의 경우처럼 중국 한자에서 유래했다고 보기는 어렵다. 현재 우리가 사용하고 있는 '평화'라는 단어가 십삼경주소(十三經注疏)를 통해서는 매우 드물게 확인되고 있다.[12] 중국 사서(史書)에서도 '평화'는 간혹 사용되고 있다.[13] 이를 보면 원래 '무사안온(無事安穩)'이란 뜻을 가진 '평화'라는 단어가 중국고전에서 유래한 단어이기는 하지만, 중국 문화에서 보편적인 단어는 결코 아니었음을 알 수 있다.

---

12 春秋左氏傳, 紹元. 悁悁心耳 乃忘**平和**.
13 司馬遷, 『史記』 樂書. 感滌蕩之氣 而滅**平和**之德.

'평화'에 대한 중국 고전의 일반적인 대치어는 '화평(和平)'이었고, '화평'은 현대 중국어에서도 쓰이고 있는 단어다. 즉, 과거부터 현재에 이르기까지 중국에서 '화평'에 대한 용례는 상당히 많이 확인된다. 이 '화평'이란 단어는 현대 중국어관계 어학사전에서도 서양어 pax, paix, pace, peace 등의 역어로 사용되고 있다.[14]

한편, 일본어의 경우에는 '화평'이란 단어보다는 '평화'라는 단어를 집중적으로 사용하고 있다. 또한 현대 일본어 연구자들은 '평화'라는 단어가 일본의 메이지유신(明治維新, 1868) 이후에 만들어진 '화제한어(和製漢語)'[15]로 보는 경향이 있다. 이에 비해, 조선왕조에서는 전통적으로 '평화'라는 용어 대신에 '화평'이란 단어를 주로 사용해 왔다.『조선왕조실록』을 검색해 볼 때, '평화'라는 단어는 나오지 않지만 '화평'이란 단어는 다수가 검출되기 때문이다.

이러한 사실을 감안할 때, 안중근의 '동양평화론'에 등장하는 '평화'라는 단어의 원천에 대한 규명이 좀 더 필요하다. 그런데 1860년대 리델(Félix-Clair Ridel, 1830~1884) 등 프랑스 선교사들이 합작하여 집필하고 1880년 일본 요코하마에서 간행된『한불ᄌ뎐』(韓佛字典)에는 '평화'와 관련된 단어들이 다음과 같이 수록되어 있다.

평화ᄒ다[HPYENG-HOA-HÂ-TA](平和) La paix, Etre en paix[16]

---

14 cf. 中國天主敎敎務委員會 編,『拉丁漢文辭典』, 'pax; ① 平安, 太平, 和平, (對戰爭而言) 和好 ② [fig.] 心平氣和 和悅親善, [神之] 寵眷, 眷顧. etc.
15 cf. 陳力衡, 2012, '和製漢語と中國語',『硏究年報』8(お茶の水女子大學 比較日本敎育硏究センタ), 217~222쪽.
16 『한불ᄌ뎐』, 359쪽. 평화, 평화롭다.

평ᄒᆞ다[HPYENG-HÂ-TA] Mettre en paix; pacifier[17]

태평ᄒᆞ다[HTAI-HPYENG-HÂ-TA](太平) Mettre en paix; tranquille, sans peine, sans aucun trouble ni inquiétude[18]

안[AN,-I] (安) En agr. Signifie; la paix[19]

이와 같이 『한불ᄌᆞ뎐』은 한국어 '평화ᄒᆞ다'라는 단어를 프랑스어 'la paix'라고 옮기고 있다. 그리고 '평ᄒᆞ다' '태평ᄒᆞ다' 등의 단어를 평화와 관련하여 설명하고 있으며, '안(安)'이란 한자어 설명에도 '평화'를 의미한다고 풀이한다. 이처럼 1860년대 조선사회에서는 '평화'가 명사로 사용되기보다는 '평화하다'와 같이 주로 동사로 구사되었다. 이는 오늘날 그 단어가 명사나 형용사로 사용되고 있는 상황과는 다르다.

한편, 안중근이 친히 접했던 천주교회가 사용했던 기도서인 『텬쥬셩교공과』(1864년 간행)의 '평화'라는 단어에 주목할 수 있다. 『텬쥬셩교공과』에 '평화'가 사용된 대표적 사례는 예수의 탄생과 관련하여 천상에서 들리는 천사들의 노래에서 나타나는 '평화'라는 단어였다. 신약성경 루가복음에 있는 구절을 담는 이 기도문을 한글 『텬쥬셩교공과』는 "하ᄂᆞᆯ에ᄂᆞᆫ 텬쥬ᄭᅴ 영광이오 ᄯᅡ희ᄂᆞᆫ 됴흔 뜻의 사ᄅᆞᆷ들의게 평화ᄒᆞᆷ이로다"로 번역하고 있다.[20]

여기에서 '평화ᄒᆞᆷ'이란 단어는 라틴어 'pax'에 대응되는 단어였다. 한

---

17 『한불ᄌᆞ뎐』, 359쪽. 평화롭게 하다, 평화를 회복시키다.
18 『한불ᄌᆞ뎐』, 506쪽. 평안하다. 고요하다, 걱정없다, 근심없다, 어떠한 문제도 근심도 없다.
19 『한불ᄌᆞ뎐』, 506쪽. 한자어로 평화를 의미한다.
20 安敦伊 감수, 1864, '미샤 챰례ᄒᆞᄂᆞᆫ 규식',『텬쥬셩교공과』, 1:38a.; cf. Luc. 2.14; "Gloria in excelsis Deo, et in terra pax hominibus bona voluntatis"

편, 『텬쥬셩교공과』의 각종 기도문 가운데 그 원문이 라틴어 'pax'에 해당된다고 추정되는 단어들 가운데에는 '평화'라는 용어 외에 '태평'이나, '평안'으로 번역된 다른 사례도 찾아볼 수 있다. 그렇다 하더라도 조선 후기 천주교 신자들이 매일의 기도서인 『텬쥬셩교공과』를 통해 '평화'의 의미를 분명히 알고 있었다.

이러한 사실을 고려할 때, 안중근이 '평화'라는 개념을 획득하던 과정에서 당대 조선교회가 사용해 왔던 '평화'라는 단어의 영향을 받았다고 생각된다. 즉, 안중근의 평화개념은 중국 고전의 내용이나 일본적 '평화'의 개념과는 차이가 있을 수 있다. 여기에서 안중근의 '평화'라는 단어가 가지고 있는 의미와 당대 일본의 화제한어에서 구사하던 '평화'라는 개념이 가지고 있는 차이의 검토를 통해, 안중근의 평화론이 가지고 있는 특성을 올바로 이해할 수 있을 것이다.

3. 안중근 연구의 시각에 대한 검토

안중근의 연구에 있어서 연구자들의 연구 시각에 대한 검토가 계속되어야 한다. 예를 들자면, 최근의 연구에서 안중근의 동양평화론이 주조를 이루고 있다. 그에 비해 안중근의 무장투쟁이나 애국계몽운동이 평화사상과 갖는 관계에 대한 연구는 상대적으로 미진하다. 그런데 안중근의 사상 중심에 평화가 놓여 있었다면 그의 많은 행동은 이 중심사상에 의해서 지배되었으리라 생각할 수 있다. 따라서 기존의 무장투쟁 연구나 애국계몽운동 연구가 평화사상과는 별개의 차원에서 연구되어 오던 상황을 벗어나 이러한 주제들과 평화사상과도 함께 주목하는 연구가 진행될 수도 있어야 한다.

또한, 안중근은 한국 민족주의의 상징이 될 수 있을 정도로 민족과 국가에 대한 관념이 뚜렷했다. 동시에 그는 강력한 평화사상을 제창하고 있다. 그런데 민족주의는 국제주의를 배경으로 하는 평화주의와 합치되기 어려운 사상으로 인식해 왔다. 반면에 그가 가지고 있는 민족주의는 평화주의를 기본으로 한 열린 민족주의로서의 특징을 가지고 있다. 이러한 측면에서 볼 때, 안중근의 동양평화사상에 대한 연구는 당대 조선의 다른 인물들이 가지고 있던 민족주의적 사고와의 차이점을 밝히려는 노력이 더 요청된다고 하겠다.

4. 안중근 연구에서 미진한 부분들

안중근에 관한 연구논문이 모두 350여 편에 이른다 하더라도 안중근과 관련해서 아직 밝혀지지 않은 미진한 부분들에 대한 연구가 요청된다. 예를 들면 안중근의 성장 과정과 그 활동의 사회경제적, 가문적 배경 등에 관한 실증적 연구가 요청된다. 안중근의 사회경제적 배경을 알기 위해서 국사편찬위원회에서 간행한 『각사등록』(各司謄錄) 25권 「황해도 4: 황해도장적문서」(黃海道帳籍文書)와 『사법품보』(司法稟報)의 일부 자료[21] 그리고 「해서교안(海西教案)」 등 규장각에 소장된 조선 정부 측 자료를 활용한다면, 안중근 의거 이전의 생애와 그 사회경제적 배경에 대한 구체적 연구가 가능하리라 생각한다.

덧붙여, 한중일의 안중근 연구동향에 나타나는 차이점과 공통점, 연구의 입각점과 지향점 등을 비교하는 작업도 필요하다. 연구 경향 분석

---

21 「한원교의 이경주 살해사건」, 『사법품보』.

과 관련하여 국가별, 연구분야별로 연구 시가과 주제들이 어떤 변화 양상을 보이는지를 살펴보는 작업도 또 다른 의미와 비전을 제시할 수 있으리라 생각한다.

    이상의 내용을 통해 최근 10년을 중심으로 안중근 연구의 경향과 이후 연구 과제를 살펴보았다. 위에서 언급한 안중근 관련 자료의 발간이 서둘러 완성되기를 희망한다. 그 자료들에 힘입어 안중근 연구가 더욱 활발히 전개되고, 그의 삶과 사상이 오늘 이 자리에 또렷이 드러나고 우리가 당면한 문제 해결에 새로운 비전과 희망을 비춰주기를 바란다.

참고문헌

김영숙, 1965, 「열렬한 반일 애국열사 안중근의 생애와 그의 옥중투쟁」, 『역사과학』, 사회과학원 력사연구소, 1965년 제3호.
박성강, 1946, 『안중근선생공판기』, 경향잡지사.
司馬遷, 『史記』.
신운용, 2013, 「안중근연구의 현황과 쟁점」, 『역사문화연구』 45.
安敦伊 감수, 1864, 「미샤 참례ᄒᆞᄂᆞᆫ 규식」, 『텬쥬셩교공과』.
오길보, 1981, 『안중근 애국활동의 교훈』, 과학백과사전출판사.
윤경섭, 2014, 「북한의 안중근 인식 변화와 재평가 과정」, 『동북아연구』 29-1.
윤병석, 2010, 「안중근의 하얼빈의거와 순국 100주년의 성찰: 안중근 연구의 방향」, 『군사연구』, 29.
장윤미, 2018, 「'안중근 기념'을 둘러싼 한반도 마음체계의 갈등구조」, 『동아연구』 37-2.
장정규, 2012, 「안중근 의사 유적 공동복원합의: 북,남북관계 개선에 매우 적극적」, 『민족21』 2012년 12월호.
조광, 2000, 「안중근연구의 현황과 과제」, 『한국근현대사연구』 12.
____, 2010, 「안중근연구의 현황과 과제」, 『한국근현대천주교사 연구』, 경인문화사.
中國天主教教務委員會 編, 『拉丁漢文辭典』.
陳力衞, 2012, '和製漢語と中國語', 『研究年報』 8, お茶の水女子大學 比較日本教育研究センタ.
『한불ᄌᆞ뎐』.

[붙임] 안중근 관련 연구성과

〈1차 저작, 사료 및 자료집〉

NB: 이 자료집은 안중근기념사업회의 주관으로 진행된 작업이다. 이 자료집은 번역문과 원문, 탈초문을 함께 수록하고 필요한 부분에는 역주를 첨가함을 원칙으로 했다. 자료집의 편찬과 번역은 신운용 박사가 주도했으며, 2019년부터 2019년 사이에 도서출판 채륜에서 간행했다. 연구자들에게 참고로 제시하기 위해 2019년 현재 자금난 등으로 인해 아직 미간행된 자료집 목록도 함께 제시한다.

제1권 『안중근 유고』
제2권 『러시아관헌 취조문서』
제3권 『안중근신문기록』
제4권 『우덕순·조도선·유동하 신문기록』
제5권 『안중근·우덕순·조도선·유동하 신문기록』
제6권 『안중근 가족·친우등 신문·취조·청취기록』
제7권 『재하얼빈 한인 신문기록』
제8권 『일본인 신문·청취기록』
제9권 『안중근·우덕순·조도선·유동하 공판기록·공판시말서』
제10권 『안중근·우덕순·조도선·유동하 공판기록·안중근사건 공판속기록』
제11권 『한국인집필 안중근 전기』 I
제12권 『한국인집필 안중근 전기』 II
제13권 『한국인집필 안중근 전기』 III
제14권 『안중근 가문관계 자료』 (근간)
제15권 『재만일본인 신문 중 안중근 기사』 I (근간)
제16권 『재만일본인 신문 중 안중근 기사』 II (근간)
제17권 『일본 신문 중 안중근 기사』 I
제18권 『일본 신문 중 안중근 기사』 II
제19권 『재한 일본 신문 중 안중근 기사』 I
제20권 『재한 일본 신문 중 안중근 기사』 II
제21권 『재한 일본 신문 중 안중근 기사』 III

제22권 『중국 신문 중 안중근 기사』 I (근간)
제23권 『중국 신문 중 안중근 기사』 II (근간)
제24권 『중국 신문 중 안중근 기사』 III (근간)
제25권 『중국인 집필 안중근 소설』 I
제26권 『중국인 집필 안중근 소설』 II
제27권 『국내 신문 중 안중근 기사』 I
제28권 『국내 신문 중 안중근 기사』 II
제29권 『국내 신문 중 안중근 기사』 III (근간)
제30권 『국외 한국인 발행 신문 중 안중근 기사』 I (근간)
제31권 『국외 한국인 발행 신문 중 안중근 기사』 II (근간)
제32권 『대일항쟁기 국내 한국인 발행 안중근 기사』
제33권 『러시아 안중근 의거관계 자료』 (근간)
제34권 『러시아 신문 중 안중근 기사』 (근간)
제35권 『영자 신문 중 안중근 기사』 (근간)
제36권 『일제 안중근 조사자료』 I (근간)
제37권 『일제 안중근 조사자료』 II (근간)
제38권 『일제 안중근 조사자료』 II (근간)
제39권 『일제 안중근 조사자료』 IV (근간)
제40권 『안중근 관계 사진과 연보』 (근간)

〈2, 3차 연구문헌(단행본 및 논문)〉

NB: 아래에 제시된 논저목록 가운데 2010년도 이전 발행분은 종전에 정리 제시한 논저목록에서 누락된 부분을 보완한 것이다.

동북아역사재단, 2009, 『동아시아 공동체 논의의 현황과 전망』, 동북아역사재단.
_____, 2010, 『동아시아 공동체의 설립과 평화구축』, 동북아역사재단.
_____, 『동북아 평화와 안중근 의거 재조명』, 학술회의 발표자료집(서울, 2008. 10. 17~2008. 10. 18).
_____, 『안중근 의거 100주년 기념 남북한 학술회의』 학술회의 발표자료집(연길, 2009. 11. 30).
_____, 『안중근 의거 100주년 기념 국제학술회의: 안중근의 동양평화론과 동북아 평화공동체의 미래』, 학술회의 발표자료집(서울, 2009. 10. 26~2009. 10. 27).

_____, 『안중근의사 순국 100주기 국제심포지엄』 학술회의 발표자료집(하얼빈, 2010. 3. 25).
안중근의사기념사업회, 2009, 『안중근과 그 시대』, 경인문화사.
_____, 2009, 『안중근연구의 기초』, 경인문화사.
_____, 2010, 『안중근과 동양평화론』, 채륜.
_____, 2010, 『안중근연구의 성과와 과제』, 채륜.

강동국, 2009, 「동아시아의 관점에서 본 안중근의 동양평화론」, 『안중근과 그 시대』, 경인문화사.
姜明喜, 2002, 「張東蓀의 中間路線論: 國共內戰時期를 중심으로」, 『역사학보』 176.
_____, 2009, 「5·4시기 中國의 '제3의 新文明' 건설 탐색: 硏究系 梁啓超를 중심으로」, 『중국근현대사연구』 44.
_____, 2011, 「民國時代 中國科學社의 과학운동의 성격: 『科學』잡지를 중심으로」, 『동양사학연구』 117.
강창일, 2002, 『근대 일본의 조선침략과 대아시아주의』, 역사비평사.
강철구 외, 2002, 『서양문명과 인종주의』, 지식산업사.
국가보훈처·광복회, 1996, 『21세기와 동양평화론』, 국가보훈처.
권태억, 1994, 「1904-1910년 일제의 한국 침략 구상과 '시정개선'」, 『한국사론』 31, 서울대 국사학과.
김재철, 2011, 「안중근의 구국활동과 군사사상」, 『한국동북아논총』 58.
김경일, 2004, 「아시아연대의 역사적 교훈」, 『정신문화연구』 27(3).
_____, 2008, 「근대 동북아 지역평화론에 대한 다자주의(多者主義) 관점에서의 고찰-안중근, 손문, 석교담산을 중심으로」, 『대구사학』 90.
_____, 2009, 「동아시아의 맥락에서 본 안중근과 동양평화론」, 한국학중앙연구원, 『정신문화연구』 32(4).
김길룡, 2003, 「안중근의 동양평화론」, 『한성인문학』 1.
김도형, 2000, 「대한제국기 계몽주의 계열 지식층의 삼국제휴론」, 『한국근현대사연구』 13.
_____, 1994, 『대한제국기의 정치사상 연구』, 지식산업사.
김민환, 1988, 『개화기 민족지의 사회사상』, 나남.
김용해, 「안중근의 동양평화사상과 가톨릭의 평화론」, 『한국종교교육학회 학술대회』, 2018(2).
김인, 1998, 「대중화경제권과 아태지역 경제협력」, 『중소연구』 78.

김학준, 1983, 「아시아·태평양공동체 구상의 역사적 전개」, 『제5회 합동학술대회 논문집』.
김현철, 2002/2003, 「개화기 한국인의 대외인식과 '동양평화' 구상」, 『평화연구』 11(1).
_____, 「1세기 전 '안중근 의거'와 오늘의 동북아 평화질서 구축의 의미」, 『안중근 의거 100주년 기념 남북한 학술회의』, 학술회의 발표자료집(연길, 2009. 11. 30).
_____, 2009, 「20세기 초 한국인의 대외관과 안중근의 동양평화론」, 『안중근과 그 시대: 안중근의거 100주년 기념연구논문집 1』, 경인문화사.
_____, 2011, 「한말 조선의 대외관과 영토 인식: 박은식·신채호의 자강사상과 고대사 인식을 중심으로」, 『만주연구』 12.
김형목, 2010, 「안중근의 동양평화론 구상」, 『안중근과 동양평화론』, 채륜.
_____, 2012, 「안중근의 국내 계몽활동과 민족운동사상의 위상」, 『숭실사학』 29.
김호일, 1998, 「구한말 안중근의 동양평화론」, 『중앙사론』 10.11.
김홍수, 2000, 「안중근의 생애와 동양평화론」, 『논문집』 46.
김희곤, 2004, 『대한민국임시정부연구』, 지식산업사.
노관범, 2012, 「1910년대 한국 유교지식인의 중국 인식: 柳麟錫, 朴殷植, 李炳憲을 중심으로」, 『민족문화』 40.
노명환, 2010, 「유럽통합 사상과 역사에 비추어본 세계사적 의의」, 『안중근과 동양평화론』, 채륜.
다케우치 요시미, 서광덕·백지운 역, 2006, 『일본과 아시아』, 소명출판.
단국대 동서문화교류연구소 주관, 『동아시아 평화론에 대한 국제학술회의』 발표자료집 (여순, 2009. 11. 25).
도진순, 2010, 「안중근의 전쟁과 평화, 죽임과 죽음」, 『역사와현실』 75.
따찌아나 심비르체바, 2010, 「러시아의 안중근 인식」, 『안중근 연구의 성과와 과제』, 채륜.
羅志田, 1995, 『再造文明之夢:胡适傳』, 四川人民出版社.
_____, 1999, 『權勢轉移: 近代中國的思想, 社會與學術』, 湖北人民出版社.
_____, 2017, 「體相和个性:以五四爲標識的新文化運動再認識」, 『近代史研究』.
_____, 2019, 『中國的近代: 大國的歷史轉身』, 商務印書館.
마키노 에이지, 2010, 「안중근 의사와 동양평화론의 현대적 의의」, 『영원히 타오르는 불꽃』, 지식산업사.
문우식, 2010, 「안중근의 동양평화론과 아시아 금융통화협력」, 『안중근과 동양평화론』, 채륜.
민두기, 1996, 『중국에서의 자유주의 실험』, 지식산업사.
박민영, 2010, 「안중근의 연해주 의병투쟁 연구」, 『한국독립운동사연구』 35.

_____, 2010, 「안중근의 동의단지회 연구」, 『군사연구』 129.
_____, 2016, 『만주, 연해주 독립운동과 민족수난』, 선인.
박영미, 2005, 『日帝 强占 初期 漢學 知識人의 文明觀과 對日意識』, 단국대 박사학위논문.
박영준, 2009, 「러일전쟁 이후 동아시아 질서 구상-야마카타 아리토모의 전후경영론과 안중근의 동양평화론 비교」, 『안중근과 그 시대』, 경인문화사.
박찬승, 1992, 『한국근대정치사상사연구』, 역사비평사.
박한규, 2004, 「아시아주의를 통해 본 전전 일본의 동아시아 정체성」, 『일본연구논총』 20.
백기인, 1997, 「안중근의 국권수호운동과 사상」, 『청계사학』 13.
_____, 2009, 「안중근 의병의 전략 전술적 성격」, 『군사』 70.
백영서 외, 2005, 『동아시아의 지역질서』, 창비.
백영서, 2006, 『중국현대 대학문화연구』, 일조각.
변진석, 1995, 「일본의 아·태지역 협력 정책-구조적 이중성과 일본의 전략」, 『국제정치논총』 35(1).
사사가와 노리가쓰, 2010, 「안중근의 재판」, 『영원히 타오르는 불꽃』, 지식산업사.
서연호 외, 2004, 『한국 근대 지식인의 민족적 자아형성』, 소화출판사.
서영희, 2010, 「한국 근대 동양평화론의 기원 및 계보와 안중근」, 『영원히 타오르는 불꽃』, 지식산업사.
서용, 2010, 「안중근의 동양평화론의 역사적 의의」, 『안중근과 동양평화론』, 채륜.
서정훈, 2015, 「안중근의 이토 히로부미 저격 사건에 대한 국제법 및 교회법적 접근」, 『교회사학』 12.
손열, 2010, 「동아시아 협력과 한일관계」, 『안중근과 동양평화론』, 채륜.
송은희, 1995, 「아·태지역의 지역주의 경향에 관한 소고」, 『한국정치학회보』 29(4).
쉬용, 2010, 「일본의 확장주의와 안중근의 동양평화론」, 『영원히 타오르는 불꽃』, 지식산업사.
신용하, 1980, 「안중근의 사상과 국권회복운동」, 『한국사학』 2.
신운용, 2005, 「안중근의 동양평화론과 이등박문의 극동평화론」, 『역사문화연구』 23.
_____, 2007, 『안중근의 민족운동 연구』, 한국외대 박사학위논문.
_____, 2009, 「안중근의 동양평화론 연구와 실천을 위한 방안」, 『안중근과 그 시대』, 경인문화사.
_____, 2012, 「안중근과 우찌무라 간조의 평화론 연구」, 『신학전망』 176.
신주백, 2008, 「일제강점기 '이등박문저격사건'을 둘러싼 안중근에 관한 국내외 조선인사회의 기억」, 『한국민족운동사연구』 57.

안중근의사기념사업회·민족문제연구소,『일제의 사법침탈과 안중근 의거』, 학술회의 발표자료집(서울, 2009. 3. 25).
안중근평화신학연구원·안중근의사기념사업회 주최,『안중근(토마스)의사 하얼빈의거 102주년 기념 미사 및 학술대회』, 학술회의 발표자료집(서울, 2011. 10. 26).
어수영, 1983,「태평양지역협력체구상과 한국」,『제5회 합동학술대회 논문집』, 한국정치학회.
오도열, 2015,『안중근의 의리정신에 관한 연구』, 성균관대 박사학위논문.
오병수, 2003,「1920년대 전반『동방잡지』에 나타난 공리적 세계인식: 중국 자유주의 지식인의 동아시아 인식을 중심으로」,『중국학보』 48.
_____, 2006,「『개벽』의 개조론과 동아시아적 시공의식:『해방여개조』와의 비교를 중심으로」,『史林』 26.
_____, 2013,「근대주의와 내셔널리티: 黃炎培『朝鮮』 저술의 사상 맥락」,『중국근현대사연구』 60.
_____, 2018,「민국시기 부사년 사학의 흥쇠: 과학주의와 민족주의의 연쇄」,『역사학보』 240.
오영달,「안중근 의사의 동양평화론과 칸트의 영구평화론 비교」,『한국평화연구학회 학술회의』 2014(1).
오영섭, 2008,「안중근의 정치체제 구상」,『한국독립운동사연구』 31.
오재환, 2010,「동양평화에 대한 두 시각: 안중근과 박영철」,『동양고전연구』 41.
유영렬, 2000,『한일관계의 미래지향적 인식』, 국학자료원.
유용태, 2008,「한국의 동아시아사 인식과 구성」,『역사교육』 107.
유현석, 2001,「아시아 경제위기와 아태지역의 지역주의 변화연구: APEC의 변화와 지역 정체성의 정치경제」,『국가전략』 7(3).
윤경로, 1985,「안중근 사상연구」,『민족문화』 3.
_____, 1992,『한국근대사의 기독교사적 이해』, 역민사.
_____, 2010,「안중근의거 배경과「동양평화론」의 현대사적 의의: 동아시아의 평화와 미래를 전망하며」,『한국독립운동사연구』 36.
윤병석, 1999,『안응칠 전기 전집』, 국가보훈처.
_____, 2009,「안중근 의사의 하얼빈 의거의 역사적 의의」,『한국학연구』 21.
_____, 2010,「안중근의 하얼빈의거와 순국 100주년의 성찰: 안중근 연구의 방향」,『군사연구』 129.
_____, 2011,『대한과 조선의 위상: 격동과 시련의 조선말·대한제국·대한민국시대』, 선인.
이광린, 1987,「개화기 한국인의 아시아 연대론」,『개화파와 개화사상 연구』, 일조각.

이길연, 2010, 「안중근의 저술에 나타나는 동양평화론과 기독사상」, 『평화학연구』 11(4).
이성환, 2009, 『한국과 이토 히로부미』, 선인.
이숙종 편, 2008, 『한·중·일의 동아시아 인식과 동아시아공동체 정책』, 동북아역사재단 보고서 자료집.
이철현, 1997, 「탈냉전의 아태지역에 적용가능한 국제정치경제이론의 평가」, 『사회과학논총』 13(2).
이태진, 2010, 「안중근의 동양평화론 재조명」, 『영원히 타오르는 불꽃』, 지식산업사.
이호재, 1994, 『한국인의 국제정치관-개항후 100년의 외교논쟁과 반성』, 법문사.
林相範, 2014, 「20세기 후반기 한국에서의 5·4운동 연구사」, 『中國近現代史硏究』 6.
장석흥, 2001, 「안중근의 대일본 인식과 하얼빈 의거」, 『교회사연구』 16.
_____, 2010, 「안중근의 독립운동 구상과 의거의 성격」, 『한국학논총』 34.
장인성, 2001, 「'아시아적 가치'와 일본적 정체성」, 『신아세아』, 신아세아질서연구회, 8(1).
_____, 2003, 「근대동아시아 국제정치와 '인종': 동아시아 연대론의 인종적 정체성과 지역적 정체성」, 『근대국제질서와 한반도』, 을유문화사.
정문상, 2003, 「少年中國學會(1919. 7~1925)의 活動 推移와 그 性格: 社會改造方案의 推移를 中心으로」, 『아시아문화연구』 7.
조광, 2010, 「안중근 연구 백년」, 『안중근 연구의 성과와 과제』, 채륜.
___, 2010, 「안중근을 어떻게 볼 것인가」, 『제10회 가톨릭포럼 안중근과 동양평화사상』, 천주교 서울대교구 매스컴 위원회.
조홍식, 2010, 「유럽통합과 동양평화론」, 『안중근과 동양평화론』, 채륜.
陳以愛, 2002, 『中國現代學術硏究機構的興起』, 江西敎育出版社.
최기영, 2000, 「안중근의 동양평화론」, 『민족사와 교회사』, 한국교회사연구소.
최병영, 2015, 『안중근의 평화프로세스의 모형정립과 적용에 관한 연구: 동북아 평화와 한반도 통일문제를 중심으로』, 공주대 박사학위논문.
최봉룡, 2010, 「안중근 의거의 중국에 대한 영향과 그 평가」, 『영원히 타오르는 불꽃』, 지식산업사.
_____, 2010, 「역사의 기억과 해석의 만남: 안중근의 동양평화론의 현대적 의미」, 『안중근과 동양평화론』, 채륜.
최원식·백영석 편, 1997, 『동아시아인의 '동양' 인식: 19-20세기』, 문학과지성사.
최태욱, 2010, 「동양평화론의 21세기적 계승」, 『안중근과 동양평화론』, 채륜.
하영선 편, 2002, 『21세기 평화학』, 풀빛.
하영선, 2009, 「근대한국의 평화 개념 도입사」, 하영선 외, 『근대한국의 사회과학 개념 형성사』, 창비.
한국독립운동연구소 편, 2000,『안중근의사 자료집』, 국학자료원.
한국정치학회·안중근의사기념사업회,『동아시아공동체와 안중근』, 학술회의 발표자료집 (서울, 2008. 10. 24).
한명근, 2002,『한말 한일합방론 연구』, 국학자료원.
한시준, 2011,「안중근에 대한 중국학계의 연구 성과와 과제」,『한국근현대사연구』59.
한철호, 2012,「일본학계의 안중근 연구 쟁점과 과제」,『한국근현대사연구』61.
함규진, 2018,「안중근의 동양평화론의 정치사상적 의미」,『평화학연구』19(1).
함동주, 1995,「명치기 일본의 아시아주의와 국권인식」,『일본역사연구』2.
현광호, 2000,「대한제국의 삼국제휴방안과 그 성격」,『한국근현대사연구』14.
＿＿＿, 2006,「유길준과 안중근의 동아시아 인식 비교」,『역사비평』76.
＿＿＿, 2010,「안중근의 한중일 인식」,『한국학논총』33.
＿＿＿, 2013,「안중근의 동양평화론의 연구현황과 연구과제」,『한국민족운동사연구』75.
황종열, 2012,「안중근 토마스의 동양평화론과 가톨릭 신앙」,『신학전망』178.

2장

뤼순 재판 당시 안중근의 국제법 인식

신효승
동북아역사재단 연구위원

I. 머리말

1909년 뤼순 재판에서 안중근은 '국제법'을 근거로 무죄를 주장하였다. 안중근이 무죄를 주장한 것은 자신의 석방을 위한 것이 아니었다. 오히려 처벌을 주장했다. 다만 거의(擧義)의 이유가 이토의 처벌과 이것이 '동양평화'에 있음을 분명히 하고자 하였다. 동양평화에 대한 그의 사상은 이후 『동양평화론』으로 일부 구체화되었다.

여기서는 안중근이 무죄의 근거로 주장한 국제법, 특히 이른바 '전시법' 중 육전규칙의 성립 과정을 살펴보고, 이를 통해 안중근이 구상한 '동양평화'의 기저에 자리한 국제법적 기반을 살펴보고자 한다.

이를 위해 우선 국제법중 육전규칙의 성립 과정을 살펴보고, 이후에 뤼순에서 열린 안중근 관련 재판 때 안중근의 주장을 중심으로 국제법, 특히 육전규칙에 대한 안중근의 인식을 살펴보고자 한다. 이때 국제법의 시제법적 원칙을 고려할 필요가 있다.[1] 당시 안중근의 국제법적 인식을 현재 우리의 기준으로 이해할 경우 법적 안정성의 원칙이란 측면에서 부정하기 어려운 측면이 존재하여[2] 사후에 소급적용이라는 논란 가능성이 존재하기 때문이다.[3]

따라서 안중근 의사가 활동하고, 뤼순에서 재판이 진행되던 시기를 중심으로 국제법상 육전규칙의 성립 과정과 인식을 보다 면밀하게 살펴

---

1   Maarten Bos, 1984, *A Methodology of International Law*, Amsterdam-New York, Oxfore ; Elsevier Science Publisher 참조.
2   박배근, 2008, 「국제법상, 시제법의 이론과 실제」, 『국제법학회논총』 53(1), 11~36쪽.
3   신희석, 2018, 「「대일항쟁기 중대인권침해 진상규명 등에 관한 법률안」의 기초가 되는 국제법 원칙」, 『한일민족문제연구』 34, 209쪽.

볼 필요가 있다. 다만, 이러한 기준과 논리를 무비판적으로 적용하는 것은 자칫 제국주의 등에 대한 법적 정당성을 재확인해 줄 수 있다는 점에서 'trans-temporal'적인 접근을 고려해야 한다.[4] 특히 안중근 의사의 활동을 법적 측면에서 기계적으로 접근할 경우 '테러'와 혼동할 수도 있기 때문이다.

II. 1899년 헤이그 회의와 국제법상 육전규칙의 성립

1899년 네덜란드 헤이그에서 주요 열강이 참여한 국제회의가 열렸다. 이 회의는 1898년 8월 24일 러시아 니콜라스 2세가 제의한 결과였다. 니콜라스 2세는 국가 간의 대립이 무리한 군비 경쟁과 인명 경시 등으로 이어질 수 있다는 당위성을 들어 국가 간의 다자 회의를 통해 이를 해소하자는 취지였다. 유럽 열강을 비롯한 주요국이 러시아의 제의를 받아들여 몇 가지 의제를 중심으로 회의를 열었다.[5] 이른바 '1899년 헤이그 만국평화회의'였다. 그 결과 다음과 같은 내용에 합의하였다.

---

4   이근관, 2010, 「탈식민주의적 관점에서의 국제영토법리의 비판-카메룬 대 나이지리아 간 영토분쟁 사안(2002)을 중심으로」, 『서울국제법연구』 17(1), 26쪽.
5   Eyal Benvenisti, 2012, *The International Law of Occupation*, Oxford University Press, 68~69쪽.

(1) 국제 분쟁의 평화로운 해결을 위한 협약

(2) 육상전에 대한 법률과 관습에 대한 협약

(3) 1864년 제네바 협약 원칙의 해상전 적용에 대한 협약

(4)-1 발사체의 발포와 기구 또는 새로운 유사한 방법에 의한 폭발물 금지에 대한 선언

(4)-2 질식성 독가스를 퍼트리는 단일 물질을 이용한 발사체 사용금지에 관한 선언

(4)-3 안을 완전히 덮지 않은 딱딱한 덮개를 가진 또는 톱니형을 포함하는 총탄과 같은 인체 내에서 쉽게 확장되거나 형체를 변이시키는 탄환 사용금지에 대한 선언

합의한 내용을 중심으로 '헤이그 협약'을 체결하였다. 그중 하나는 전시 비인도적 무기의 사용과 관련된 것이다. 당시 전쟁 양상은 '무제한 전쟁'으로 치닫고 있는 상황이었다. 무기의 발달은 그 주요 원인으로 작용하여 사상자의 비율이 급격히 상승하고, 피해는 더 참혹해지고 있었다.[6] 전쟁이 극단으로 치닫는 것을 막기 위해 비록 전쟁 상황이라도 일부 무기의 사용을 금지하였다. 그런 무기 중 대표적인 것이 독가스와 덤덤탄(dumdum bullet)이었다.[7]

---

6 존 키건, 1998, 유병진 역, 『세계의 전쟁사』, 까치, 506~508쪽.
7 '덤덤탄'(dumdum bullet)의 정확한 표현은 '확장형 총탄'(Expanding bullet)이다. 총탄이 신체에 부딪치면서 그 형태가 변형되어 피탄자가 더 치명적 상처를 입도록 제작한 형태를 의미하였다. 인도 덤덤(dumdum) 조병창에서 처음 만들어졌기 때문에 dumdum bullet이라는 별칭이 붙었다.(J. B. Hamilton, "The Evolution of The Dum-Dum Bullet", *The British Medical Journal, Vol. 1, No. 1950* (May 14, 1898), pp. 1250~1251). '덤덤탄(Dum-Dum Bullet)'을 사용하여 치명적인 살상을 입혔다는 것은 비인도적이라는 측면에서 이를 사용한 상대를 비방할 수 있는 주요

17세기 이후 계몽주의 사상의 영향과 자연과학의 발전은 무기의 발전뿐만 아니라 전쟁 양상 전반에 영향을 주었고, 작전과 전술을 과학적으로 체계화하려는 움직임도 나타나게 되었다.[8] 군사 작전의 과학적 운용은 상대를 보다 효과적으로 살상할 수 있는 방법으로 귀결되었다.[9] 살상력의 극대화는 군사적 경쟁이 종국에는 인류가 공멸할 것이라는 인식으로 이어졌고, 이는 '제한전쟁'(Limited War)의 필요성으로 이어졌다.[10] '제한전쟁'은 군비의 제한부터 특정 무기의 사용 제한까지 폭넓게 의미하였고, 이를 위해 국가 간의 협약을 체결하였다. 가장 대표적인 것이 1864년 제네바 협약이다.[11]

하지만 여전히 국가적 측면에서 군비의 급격한 팽창 계속되었다. 문제는 어느 한 국가의 군비 축소만으로 군비경쟁을 멈추기 어렵다는 점이

근거가 되었다. 이것은 아무리 전쟁이라도 비인도적 행위는 정당하지 않으며, 이를 사용할 경우 군사적으로 승리한다 해도 국제 사회에서 인정받기 어렵다는 것을 의미하였다.("German Experiences Of War Surgery", *The British Medical Journal, Vol. 2, No. 2852* (Aug. 28, 1915), p. 340.)

8　존 린, 2006, 이내주·박일송 역, 『배틀, 전쟁의 문화사』, 청어람미디어, 258~270쪽.

9　Michael Howard, 1997, *The Laws of War: Constraints on Warfare in the Western World*, Yale University Press, p. 1.

10　존 린, 위의 책, 271쪽.

11　앙리 뒤낭(Henry Dunant)은 1856년 이탈리아 독립전쟁 당시 솔페리노 전투 과정에서 부상으로 전쟁터에 남아 있는 군인들에 대한 비인도적 상황을 경험하였다. 이러한 상황을 개선하기 위해 국제 적십자를 창설하게 되었다.(Henry Dunant, 1986, *A Memory of Solferino*, International Committee of the Red Cross(Reprint edition), pp. 129~136.) 여기서 부상으로 고통받는 군인들을 치료하는 것이 양측 모두에게 궁극적으로 도움이 될 수 있다는 점은 국제사회에서 전시 인도적 치료에 동의하는 근거가 되었다. 즉 게임의 법칙에서 함무라비 법전식의 대응은 결국 악순환으로 이어져 파국으로 치달을 수밖에 없다는 경험적 이해 속에서 이러한 악순환에서 벗어나기 위해서는 그 고리 중 하나를 제거하겠다는 논리였고, 그것이 전시 부상병에 대한 인도적 치료라고 할 수 있었다.

었다. 군비경쟁을 멈춘다는 것은 항복 선언과 마찬가지였다. 따라서 이러한 목적을 달성하기 위해서는 관련 국가 간의 다자간 협약을 전제로 하였다.

1899년 헤이그 회의는 다자간 협약을 체결했지만, 군축 그 자체까지 이르지는 못하였다. 군축 이후 군사력을 재건하는 것은 여러 문제가 있었다. 특히 문제가 되는 것은 시간이 필요하다는 것이었다. 이러한 시간을 보장하지 않은 상태에서의 군축은 대립 중인 국가에 자칫 전쟁을 도발할 수 있는 기회라는 인식을 심어 줄 수 있었다.

영국도 이러한 다자간 협약을 통한 군축 제의가 영국의 해군력을 축소시키기 위한 대륙 국가의 의도가 포함되어 있을지도 모른다 우려하였다.[12] 이것은 주로 영국 해군과 대립하던 독일뿐만 아니라 러시아와 프랑스 등 다른 열강에 대한 경계에서 비롯되었다.[13] 이러한 우려는 군축보다는 국가 간의 분쟁을 '중재'하여 전쟁을 억제하는 것으로 이어졌다.[14] 실제로 1890년대 일부 국가 간에 고조되고 있던 전쟁 위기가 중재를 통해 해소되자 다른 국가 역시 적극적으로 '중재'라는 외교적 수단을 통해 무력 충돌을 억제하자는 주장의 주요 근거가 되었다. 이를테면 1897년 중남미 대륙에서 미국과 영국이 베네수엘라를 둘러싸고 일어난 전쟁 위

---

12 'Draft of Instructions for Peace Conference, 1899,' nd, *Sir John Charles Ardagh Papers*, Manuscript Collections, The National Archive, Kew, PRO 30/40/15.

13 Arthur J. Marder, 1940, *The Anatomy of British Sea Power*, New York, pp. 343~345.

14 Daniel Hucker, 2015, "British Peace Activism and 'New' Diplomacy: Revisiting the 1899 Hague Peace Conference," *Diplomacy & Statecraft, 26:3*, pp. 410~411.

기를 중재를 통해 해소한 것은 외교적 중재가 국가간의 무력 충돌을 억제할 수 있는 가능성을 보여주었다.[15]

러시아의 회의 제안은 많은 대중에게 호응을 얻었다. 대중은 참가를 주저하는 자국의 정치 지도자에게 시위를 통해 압력을 가하였고, 영국의 경우도 이러한 대중의 압력이 계속 이어졌다.[16] 이러한 유럽 정세는 대한제국에도 알려졌다.

俄國皇帝陛下께셔 各强國에 通牒ᄒ야 萬國平和의 維持함을 宣言하고 쏘 其方法을 講究하기를 爲하야 萬國會議의 開會함을 勸하얏더니 法國新聞紙는 法國이 領地를 回復하려고 連年其準備를 不怠히함을 俄帝가 不顧헌다고 菲難히여기는지라 俄帝의 通牒은 俄法同盟에 對하야 不好ᄒ 層折이 起하겟다고 一世가 想像들하난디 法國大統領 훨 氏와 及諸內閣員은 右通牒의 趣旨를 審議하기를 爲ᄒ야 巴里에 向ᄒ야 歸途애 遞就ᄒ얏다더라.[17]

당시 언론에서는 1899년 헤이그 회의를 만국의 평화를 위한 회의로 소개하였다. '만국 평화(international peace conference)'[18]라는 개념으

---

15 Duncan Andrew Campbell, 2007, *Unlikely Allies: Britain, America and the Victorian Origins of the Special Relationship*, London, pp. 188~191.
16 Daniel Hucker, 2015, 앞의 글, pp. 411~412.
17 『皇城新聞』 1898. 9. 14.
18 당시 이에 대한 개념은 영국군에서 발간하는 잡지인 *Army and Navy Gazette*(1899.1.7)에 자세히 소개되었다. 이에 따르면 그 연원을 1868년 상트페테르부르크 국제회의에서 찾고 있다. 그 회의에서 주된 논의는 비인도적 무기의 사용 금지 등에 대한 것이었으며, 1899년 회의는 1868년 회의 당시 논의를 보다 구체화한 것으로 설명하였다.

로 회의를 소개한 것은 국제 사회에서 인권 등 보편적 정의가 보다 적극적으로 반영되었고, 이것이 유럽뿐만 아니라 세계질서에도 영향을 주기 시작했기 때문이다. 이러한 국제질서의 변화는 평화에 대한 인식과 그 기저에 보편적 인권에 대한 가치가 자리하고 있으며, 이것이 상호 간에 영향을 주고 있다는 것을 의미했다.

세계화가 진행되는 가운데 각국의 상황이 국제 사회에 미치는 파급효과 역시 커졌다. 동북아시아와 유럽 국가 간의 관계는 더 이상 분리하여 생각할 수 없게 되었다. 이러한 국제 관계 변화는 1894년 일본과 청의 전쟁 역시 유럽에 지대한 영향을 끼칠 수 있다는 것을 의미하였다.

이와함께 주체적 존재로 성장한 대중 역시 무시할 수 없었다. 헤이그 회의는 비공개였지만 언론에서 회의 참석 인원과 내용 등을 전 세계에 중계하였고, 대한제국에서도 전달되었다.[19] 그로 인해 자신들의 권리를 자각하고, 권리를 주장하는 계기를 마련하였다.

이러한 대중의 권리 자각에는 크게 두 가지 요소가 결정적 기여를 하였다. 첫 번째는 전신의 발달이었다. 1890년대가 되면 전 세계 거의 모든 도시를 연결하는 전신이 가설되었다. 각국은 전신을 통해 각종 정보를 주고받았고, 이를 위한 국가 간 협약까지 맺어졌다.

전신을 통해 세계 각 지역에서 벌어지는 일들이 각국 언론에 전달되었다. 일부 신문에서는 이에 대한 소식란까지 마련하였다. 정부뿐만 아니라 일반인들도 세계에서 벌어지고 있는 상황을 인지하고, 이에 대해 반응할 수 있었다.

다른 하나는 기계적 운송 수단의 발달이었다. 1870년대 쥘 베른의 소

---

19 헤이그 회의의 상황은 조선까지 그대로 전달되었다.(『皇城新聞』1899. 3. 4.)

설속의 80일은[20] 1910년대에는 시베리아 횡단 철도가 개통하면서 도쿄에서 런던까지 불과 15일로 줄었고, 세계일주는 한 달여로 단축되었다. 인적·물적 교류가 활발해지면서 영향도 그에 비례하여 증가했다. 그러나 이러한 교류의 증가는 반작용 역시 증가하였다. 1899년 헤이그 회의에서도 평화에 대한 논의와[21] 함께 국가 간 대립이 심각해졌다.[22]

세계화는 헤이그 회의 등을 거치면서 국제 관계의 두 가지 측면을 보여주었다. 첫 번째는 유토피아적 국제 관계를 더 이상 기대하기 어렵다는 것이었다. 국제 관계는 새로운 마찰과 충돌을 증가하였고, 국가 간 관계를 예측하기 어려워지면서 유토피아적 관계는 현실적으로 불가능하다는 것이었다.[23] 오히려 일부 국가에서 '여분의 안정'[24]이라는 형태로

---

20 *Le Tour du monde en quatre-vingts jours* (1873). 이 소설에서는 세계 대부분의 교통수단을 소개하고 있다.

21 이것은 당시 보고서에서 잘 드러난다. 당시 보고서에서는 헤이그 회의의 성과에 대해서 상호 교류와 다자간 협의를 통해 많은 문제가 해결되었다고 결과보고를 하였다.(Holls speech to the Lake Mohonk Conference, 6 June 1900, in *Report of the Sixth Annual Meeting of the Lake Mohonk Conference on International Arbitration* (1900), pp. 9~10.)

22 Sandi Cooper, 1991, *Patriotic Pacifism: Waging War on War in Europe, 1815-1914*, p. 102. 특히 당시 각국 간의 비난이 공개적으로 이뤄지기 시작하였고, 이러한 공개적 비난은 그대로 전달되었다. 이러한 양상은 국민 감정을 자극하는 형태로까지 발전하게 되어 당시 국가 단위로 다른 국가의 행위에 대해서 적대적 감정을 표현하는 경향이 점차 강해지기 시작하였다. 이것은 나폴레옹 전쟁 이후에 나타나기 시작했고, 본격화된 것은 보불전쟁 당시 독일과 프랑스 국민 간의 적대적 감정 대립이었다. 이러한 양상을 잘 보여주는 것이 「마지막 수업」과 같은 작품이다.

23 F. de Martens, 1899, 'International Arbitration and the Peace Conference at The Hague,' *North American Review*, 169/516, p. 604.

24 모겐소(Morgenthau)는 당시의 국제 관계의 상황을 '여분의 안정'이라는 형태로 표현하였다. Hans J. Morgenthau, 1948, *Politics among Nations: The Struggle for Power and Peace*, Alfred A. Knopf.

25 H. J. Mackinder, 1904, *The Geographical Pivot of History*, pp. 421~437.

완충지대를 확보하기 위해 적극적으로 팽창 정책을 취하는 계기가 되었다. 하지만 매킨더(H. J. Mackinder)의 표현대로 더 이상 팽창이 불가능한 닫혀있는 세계에서 이러한 팽창은 제로섬과 같은 상황을 야기하였고,[25] 이것은 주변국에 대한 침략으로 이어졌다.

한편에서는 과학적 기술의 진보가 전쟁 무기를 지나치게 파괴적으로 발전시켜 이에 대한 우려와[26] 군사력으로 지탱하는 평화에 대한 우려가 자리하고 있었다. 평화를 어떻게 유지할 것인가 하는 문제였다. 결국 국가 간 규칙을 정하고, 이에 바탕을 둔 '중재'로 평화를 유지한다는 식으로 방법을 모색하게 되었다. 이러한 방안은 국가 간의 분쟁을 중재할 수 있는 상설기구의 필요성으로 이어졌다.[27]

1899년 헤이그 회의의 가장 큰 시사점은 어떠한 강대국도 더 이상 그 지위를 영원히 유지할 수 없다는 것을 확인했다는 점이다.[28] 이것은 국제법이 성립할 수 있는 근거가 되었다.

---

26 Frits Kalshoven, 2000, *Christopher Greenwood, Centennial of the First International Peace Conference: Reports and Conclusions*, Hague, p. 257.
27 Frits Kalshoven, 2000, 앞의 책, pp. 4~5.
28 W. Evans Darby, 1899, *The Peace Conference at The Hague: Its History, Work, and Results*, London, p. 53.

III. '육전규칙'에서 전투원과 비전투원 구분

1874년 브뤼셀 회의에서 관습적인 영토 등에 관련한 국제법적 규칙을 마련하였다.[29] 하지만 이것을 좀 더 정교화하고, 각국에게 실효적 강제성을 갖출 수 있도록 하기 위해서는 관련 국가 모두 참여해야 가능했다. 공식적으로 비준함으로써 이에 대한 강제성을 가질 수 있었다.

1874년 브뤼셀 회의는 기존에 관습적으로 전해지던 육상 전투 규칙을 검토하였다.[30] 하지만 이것은 당시 유럽의 강대국으로 부상하던 독일의 대외방침과 대치되었다.[31] 독일의 지리적 위치와 통일 과정에서 동서로 러시아와 프랑스 등과 국경을 접하면서 이들과의 관계가 매우 중요해졌다. 보불전쟁 이후 독일은 현상 유지를 목표로 했다. 우선 독일은 오스트리아, 러시아와 동맹을 확보하고,[32] 새로 편입한 알자스 로렌 등의 영토를 유지하는 것이었다. 하지만 보불전쟁 과정에서 무장한 민간인의 저항, 이른바 '프랑스 사냥꾼(Franc-tireur)'으로 불리는 프랑스 민

---

[29] D. Schindler·J. Toman, 1988, *The Laws of Armed Conflicts*, Martinus Nihjoff Publisher, pp. 22~34.

[30] Karma Nabulsi, 1999, *Traditions of war: Occupation, Resistance And The Law*, Oxford: Oxford University Press, pp. 4~5.

[31] A. J. P. Taylor, 1971, *The Struggle for Mastery in Europe*, Oxford University Press, p. 135.

[32] 독일은 이러한 상황 때문에 이중 조약을 체결해야 하는 상황이었다. 그래서 오스트리아-헝가리제국과 동맹을 체결한 상태에서 러시아와는 재보장 조약(Reinsurance Treaty)을 체결한 상태였다. 이 재보장 조약은 전적으로 비스마르크의 개인 신용에 의존한 조약에 가까웠다. 따라서 비밀조약의 형태로 독일재상 비스마르크와 러시아 외무장관 니콜라이 기르스 간에 체결되었다. 문제는 이것이 오스트리아-헝가리제국과 체결한 조약과 충돌된다는 점이었다. 이것은 국제법이 적용된다면 문제가 될 수 있었다.

병대의 무장 저항은 심각한 문제가 되었다. 특히 총기가 보급되면서 무장한 민간인의 저항은 점령군에게 상당한 피해를 야기하였다.[33] 하지만 이들에 대한 군사적 대응은 민간인 학살이라는 대중의 비난으로 이어질 수 있었다.

당시 대중의 영향력은 국가의 정책에 대해 상당한 구속력이 있었고, 계몽주의 등의 영향으로 인간의 권리 역시 자연적 현상과 마찬가지로 자연법적인 비합의적 법률로 인식하였다. 결국 국제법적으로도 인권을 보편적 가치를 가진 원칙으로 받아들였다.[34]

경제적 측면에서도 인간의 노동력은 중요한 생산수단이며, 조사를 통해 계량적으로 측정이 가능하였다. 이들을 동원하는 것이 무엇보다 중요해졌다. 그 결과 인구 등 몇 가지 척도를 통해 국력을 계량화하여 그 위상을 가늠하였고, 국가 간의 서열을 세우는 기준이 되었다. 이러한 국가 간 서열에 따라 전쟁 같은 극단적인 대립 역시 사전에 그 결과를 판단할 수 있다고 인식하였다. 이러한 측면은 대중의 영향력으로 이어졌.

이 때문에 브뤼셀에서 1874년 각국 대표들이 모여 육상 전투를 비롯한 영토 점령 등에 대한 규칙을 논의하는 과정에서 전시 민간인의 무장 저항은 중요한 안건이 되었다.[35] 총 56개 조항으로 이뤄진 브뤼셀 육전

---

[33] O. Von Glahn, 1965, *The Occupation of Enemy Territory*, University of Minnesota Press, p. 480.; R. Baxter, 1951, 'So Called "Unprivileged Belligerency": Spies, Guerrillas, and Saboteurs', *British Year book of International Law, 28*, pp. 323~345.

[34] Roberto Ago, 1957, 'Positive Law and International Law', *The American Journal of International Law, Vol. 51, No. 4* (Oct., 1957), p. 693.

[35] 당시 국제법학자로 가장 권위가 있었던 오펜하임은 브뤼셀 및 헤이그 회의의 결과에 대해서 문제를 제기하였다. 특히 오펜하임은 브뤼셀 등의 경우 강제력을 동원할 수 있는 수단이 없었기 때문에 국가 간에 이에 대한 거부 등의 문제가 발생하였을 때 오

규칙은 영토의 점령과 교전 대상, 그리고 그 수단과 방법, 전쟁 이후 처리 등에 대해 포괄하였다. 특히 영토 점령 시 지역민의 안전을 보장하도록 명시하였다.[36] 전투를 교전국 간 전투원의 행위로 규정하였다. 따라서 점령 이후에도 지역 행정조직은 남아 그 역할을 수행하며, 복종의 의무를 위반하지 않는 범위에서 기존의 질서와 안전 또한 보장받을 것이라는 약속을 선언적으로 하였다.[37]

이러한 선언적 규칙은 점령지 민간인을 안정시킬 수 있는 주요 수단이 되었다. 반면 점령군의 민간인 학살은 인권 보호를 명분으로 또 다른 주변국이 간섭할 수 있는 구실이 될 수 있었다. 이 때문에 점령지의 민간인 보호는 전쟁의 파괴적 속성을 억제할 수 있었다. 다만 민간인과 전투원에 대한 구분이 애매하다는 점이었다.[38]

전투원과 비전투원을 구분하여 전투 행위를 한정하는 것은 비전투원, 즉 민간인에 대한 무분별한 학살을 막기 위한 것이 명목상 이유였지만, 그 이면에는 비전투원의 전투 참여를 막기 위한 조건이기도 하였다. 결국 전투 참여 가능성 또는 저항 행위 이전의 무장 여부만으로 전투원으로 간주하는 것으로 조건을 변경하였다. 따라서 저항 여부와 관계없이 무기를 소지한 것만으로도 교전자로 간주될 수 있다. 이것은 민간인을

히려 심각한 문제가 야기될 수 있다는 점을 제기하였다. 즉 국제법 자체에 대한 위반 행위에 대해서 어떠한 제재를 할 수 없다는 점과 관련하여 심각한 한계를 안고 있었다. 이러한 문제점은 점증하고 있는 민간인의 저항과 관련하여 이에 대해 민간인 학살과 같은 형태로 문제를 해결하면서 이러한 문제점은 더욱 심각해졌다.
(L. Oppenheim, 1912, *International Law*, Longman, pp. 175~176.)

36 브뤼셀 조약 2조.
37 브뤼셀 조약 4조.
38 브뤼셀 조약 9조.

상대로 점령국의 군대가 전투를 수행할 수 있다는 것을 의미하였다. 브뤼셀 육전규칙은 주요 국가 간의 이견으로 합의까지 이르지 못했지만, 1880년 영국 옥스퍼드 국제법 연구소에서 메뉴얼로 정리되어 이후 중요한 영향을 끼쳤다.[39]

당시에는 국제관계의 주체를 국가로 한정하였다. 국가만이 국제 관계에서 행위의 주체가 될 수 있었다. 개전권은 국가의 고유 권리로 인식하였다.[40] 이때 전시 규칙은 전쟁 결과로서 영토에 대한 소유권과 밀접한 관계가 있었다.[41]

관습적 국제법 체제에서는 점령 행위에 대해 사실상 영토에 대한 소유권의 연장선으로 이해하였고, 그 개시 시점을 점령한 당사국의 항복 선언 등 간소한 것을 선호했다.[42] 그러나 점차 점령지를 영토로 인정받기 위해서는 그보다 많은 조건이 필요하였다. 최소한 군사적 점령이 실

---

[39] P. Bordwell, 1908, *The Law of War between Belligerents: A History and Commentary*, Stevens & Sons, p. 100.

[40] 전쟁을 시작할 수 있는 권리는 국가의 고유 권리이지만 이것에 대해서는 단지 그 기준이 필요하다고 인식하였다.(김대순,『국제법』, 삼영사, 2013, 1496쪽) 개전할 수 있는 기준에 대해서 국가를 방어하고 보존한다는 대전제를 기준으로 이에 대해서 일부에서는 '사활적 이익', '국가의 명예'와 같은 관습적 기준을 적용하였다. 이러한 사항에 대해서만 국가 간 전쟁 행위가 정당성을 가질 수 있다고 규정하였다. 그러나 이러한 행위에 대해서도 교전조리(交戰條理) 또는 전수이론(戰數理論)은 금지되었다. 하지만 독일의 루에데르 같은 경우 전쟁이라는 특수성은 국가의 생존에 관련된 것이기 때문에 모든 수단의 허용을 전제로 해야 한다는 전수이론을 주장을 하기도 하였다.(Julius Stone, 1954, *Legal Controls of International Conflict: A Treatise on the Dynamics of Disputes and War Law*, Rinehart, pp. 351~352.)

[41] 김대순, 2013,『국제법』, 삼영사, 974쪽.

[42] Sir Graham Bower, 1919, 'The Nation in Arms: Combatants and Non-Combatants', *Transactions of the Grotius Society, vol iv*, Grotius Society, p. 75.

효적 지배로 이어져야 가능했다.⁴³ 문제는 정규군 이외의 행위자가 점차 전쟁에서 비중을 차지하였고, 무장 저항은 치안 유지라는 전제가 충족될 수 없다는 점을 보여주었다.

유럽국가 간에 관습적으로 합법적 무장단체와 그 조직원 즉, 정규군으로 한정하였다. 이들만이 교전자가 될 수 있었다.⁴⁴ 총기의 보급 이후 대규모 정규군을 보유하기 어려운 국가는 민간인의 군사적 능력을 적극적으로 활용하고자 하였다.⁴⁵ 반대로 대규모 정규군을 보유할 수 있는 국가는 민간인의 저항권을 제한하고자 하였다.

전쟁 양상이 군대뿐만 아니라 국가 전체의 충돌로 발전하면서 대중은 다양한 형태로 전쟁에 동원되었다. 또한 국가 중심 사회는 교육 등의 '사회화'를 통해 구성원을 동원에 적합한 인적자원으로 양성하고자 하였다. 이 과정에서 사회 구성원은 국가 중심적 인식과 상대국가에 대한 적개심으로 나타났다.⁴⁶ 공동체에 대한 소속감은 감정적 형태로 표출되었고, 이른바⁴⁷ '애국심'이라는 형태로 구체화 되었다. 그 결과 감정을 기반으로 한 정치적 결사가 합목적성을 주장할 수 있는 중요한 매개가 되었다.

---

43 Henry Wheaton, 1889, *International Law asserted that occupation actually changed the "political status" of the inhabitants*, G. G. Wilson, p. 469.

44 M. Veuthey, 1976, *Guérrillas et droit humanitaire*, International Committee of the Red Cross, p. 193.

45 Adam Roberts, 1984, 'What is a Military Occupation?', *British Journal of International Law*, 55, pp. 249~305.

46 J. Morgan, 1915, *The German Warbook: Being 'The Usages of War on Land' Issued by the Great General Staff of the German Army*, John Murray, p. 121.

47 Karma Nabulsi, 1999, 앞의 책, p. 21.

IV. 파르티잔에 대한 육전규칙의 적용

1910년 2월 12일, 안중근은 재판 과정에서 자신에 대해 만국공법의 적용을 주장하였다.

> 辯護人의 말에 의하면 光武三年(一八九九年)에 締結된 條約에 의해 韓國民은 淸國內에서 治外法權을 가지며 本件은 韓國 刑法大全에 依해 治罪할 것이며 韓國刑法에 依하면 罰할 規定이 없다는 것인데 그것은 不當하며 愚論이라고나 말할 것으로 생각한다. 今日의 人間은 모두 法에 依하여 生活하고 있는데 現實로 사람을 죽인 者가 罰을 받지 않고 生存할 道理는 없는 것이다. 그러면 나는 어떠한 法에 依해 處罰되는가 하는 問題이지만 이것은 나는 韓國의 義兵이며 지금 敵軍의 捕虜가 되어 와 있으므로 마땅히 萬國公法에 依해 處斷되어야 할 것으로 생각한다.[48]

여기서 안중근은 변호인의 말(辯護人의 말에 의하면 光武三年(一八九九年)에 締結된 條約에 의해 韓國民은 淸國內에서 治外法權을 가지며 本件은 韓國 刑法大全에 依해 治罪할 것이며 韓國刑法에 依하면 罰할 規定이 없다는 것)언급하였다. 그것은 1899년 조청통상조약이다.[49] 청국은 청일전쟁에서 패전한 이후 시모노세키 조약에 따라 조선과 1882년 8월에 체결한 조청상민수륙무역장정(朝淸商民水陸貿易章程)을 폐기하고 다시 체결한

---

48 『한국독립운동사 자료』 6권 안중근편 I, 「五二. 公判始末書 第五回」.
49 『고종실록』 39권, 고종 36년 9월 11일.

吏에게 돈을 주어 韓國民에게 아무 것도 알리지 않고 드디어 第一銀行券을 發行하고 있다.

第十一. 韓國民의 負擔으로 돌아갈 國債 二千三百萬圓을 募集하여 이를 韓國民에게 알리지 않고 그 돈은 官吏들 사이에서 마음대로 分配하였다고도 하고 또는 土地를 掠奪하기 爲하여 使用하였다고도 하는데 이것이 韓國에 對하여는 대단히 不利益한 事件이다.

第十二. 伊藤은 東洋의 平和를 攪亂하였다. 그 까닭은 卽 露日戰爭 當時부터 東洋平和 維持라고 하면서 韓皇帝를 廢立하고 當初의 宣言과는 모조리 反對의 結果를 보기에 이르러 韓國民 二千萬은 다 憤慨하고 있다.

第十三. 韓國이 願하지 않음에도 不拘하고 伊藤은 韓國保護의 이름을 빌어 韓國 政府의 一部人士와 意思를 通하여 韓國에 不利한 施政을 하고 있다.

第十四. 距今 四十二年 前 現日本皇帝의 父君인 분을 伊藤이 없애 버린 그 事實은 韓國民이 다 알고 있다.

第十五. 伊藤은 韓國民이 憤慨하고 있음에도 不拘하고 日本 皇帝나 其他 世界 各國에 對하여 韓國은 無事하다고 하여 속이고 있다.

以上의 罪目에 依하여 伊藤을 殺害하였다.[58]

이러한 죄목에 따라 생존을 위협하는 이토를 척결하였다는 것이다. 이러한 안중근의 주장은 그가 의병활동을 했다는 점에서도 일관된다. 안중근의 의병활동은 일제의 침략에 대한 저항이었고, 이러한 저항은 '평

---

58 『한국독립운동사 자료』 6권 안중근편 I, 二. 被告人 訊問調書 (明治四十二年(一九〇九年) 十月 三十日).

화'라는 정치적 의식[59]을 갖고 있다는 점에서 파르티잔이라고 할 수 있었다.

> 나는 간도의 동포를 시찰하는 한편 민지 개발을 꾀할 생각이며 의병을 일으킬 생각은 털끝만큼도 없었던 것이다. 그런데 동지에서 내지의 형세를 보니 날로 동포는 불행에 빠질 뿐이므로 부득이 의병을 일으켜 천하를 향해 이등이 한민을 압제하는 것을 공포하고 … [60]

심문에서 안중근은 이전 의병 참여 사실 등을 부인했지만 재판 중 진술에서 '의병'이라고 공식적으로 언급하였고, 이를통해 안중근이 그 이전부터 의병활동에 참여했다는 사실은 여러 근거를 통해 확인할 수 있다.[61]

다만 여기서 주목할 점은 안중근이 연해주로 망명한 후 척결대상을 이토로 한정했다는 점이다. 안중근은 그 이유를 러일전쟁 이후 일제의 대한국 정책 변화라고 주장하였고, 여기에 결정적 기여를 한 사람이 이토라고 답변하였다.

問: 어떤 新聞의 記事를 正確하다고 믿고 있는가.
答(안중근): 新聞은 사람에 따라 그 選擇을 달리 하고 있다. 實際 韓國

---

59 『한국독립운동사 자료』 6권 안중근편 I, 二六. 被告人 第六回 訊問調書.
60 『한국독립운동사 자료』 7권 안중근편 II, 一○. 安重根 및 共謀嫌疑者에 대한 訊問에 關한 件, 境 警視의 訊問에 대한 安應七의 供述(제一回).
61 박민영, 2010, 「안중근의 연해주 의병투쟁 연구」, 『한국독립운동사연구』 35, 192~193쪽.

人民은 日露戰役 前까지는 好個의 親友로 日本國을 좋아했고 韓國의 幸福으로 믿고 있었다. 우리들 따위도 決코 排日思想 같은 것은 가지고 있지 않았다. 그런데 日露戰爭 後 日本이 露國으로부터 賠償金을 받았기 때문에 紛擾가 생겼으므로 伊藤은 그 代身 韓國을 奪取해버리자고 主張하고 그 結果 韓國에다 그 方針을 採用하게 되었다. 今日 내가 이와 같이 몸을 그르치게 된 것도 다 伊藤의 所爲에 基因하는 것이다. 日露戰役까지는 二千餘萬의 同胞가 日本의 從民임을 기뻐하고 있었다.

안중근은 러일전쟁 이후 일본이 한국을 탈취하려는 방침을 채용했기 때문에 저항하게 되었다고 진술하였다. 그리고 이러한 주장을 한 것이 이토이기 때문에 한국의 안전을 위해서는 우선 이토를 척결할 필요가 있다는 것이었다.

안중근 역시 러일전쟁 당시 아시아와 서구의 대립으로 보고, 일본이 아시아를 대표한다 보고 일본을 지지했다. 하지만 이후 일본의 침탈이 본격화되고, 일본의 야욕을 확인하면서 바뀐 것이다. 특히 이러한 인식의 전환은 단순히 국제정세의 변화에 기인한 것이 아니라 그 기저에는 한국인의 안위와 생존이 자리하고 있다는 것에 주목할 필요가 있다. 안중근이 의병활동을 거의하게 된 계기 역시 동포의 생존에 대한 절박한 요구였다. 이러한 문제의 발단이 이토에게 있다고 보고, 그를 척살한 것은 이에 대한 저항이었다.

이처럼 안중근의 활동은 한말 국권이 침탈 위기에 처해 있는 상황에서 생존이라는 당위성을 토대로 무장 저항을 이어나갔다.

공은 도리어 생각하기를 중령, 아령 등지에 흩어져 있는 우리 동포가 백만명 을 넉넉하니 마땅히 우수리 지방을 근거지로 하여 뜻있는 사람으로 더불어 청년 자제를 교육하여 훗날 후미병에 보충케 하고, 늙은이는 각기 자기의 직업을 다하여 군량과 그나마 모든 이를 돕게 하고, 장정은 모집하여 의병이 되게 하고, 또 이범윤의 부하를 합하여 한번 …[62]

안중근은 연해주 일대에 독립군 기지를 건설하고자 연해주 일대로 망명하였다. 특히 안중근이 연해주 일대를 택하게 된 이유는 연해주를 중심으로 한인사회가 크게 자리잡고 있었기 때문이었다. 그래서 안중근은 연해주에 이주한 직후에 이범윤이 주도하는 의병부대에 참모중장이라는 직책으로 가담할 수 있었다.

당시 이범윤의 부대는 200~300여 명의 중대 규모 정도의 전술단위 부대였다.[63] 안중근 부대는 연해주를 근거지로 국내 진공작전을 시도하였다. 1908년 7월 5일 이른바 연해주의 의병부대와[64] 예하에 우군 영장인 안중근 부대의 병력 100명과 좌군 영장인 엄인섭 부대의 병력 100명으로 편성되어 있었다.[65] 의병부대는 6~7일 두만강을 도섭하여 중산으로 진출하였다.[66] 여기서 안중근 의병부대는 일본군 경흥 수비대와 척후

---

[62] 계봉우, 「만고의사 안중근전」 『권업신문』, 1914. 8. 29.; 윤병석, 안중근 전기 전집, 526~527쪽.

[63] 안중근의사 숭모회, 1984, 「안중근 의사 자서전」, 130쪽. 국사편찬위원회, 1970, 『한국독립운동사』 자료 19, 의병편 XIII, 85쪽.

[64] 국사편찬위원회, 『한국독립운동사』 자료 7, 244쪽.

[65] 尹炳奭, 1999, 『安重根傳記全集』, 國家報勳處, 619쪽.

[66] 『권업신문』 1914. 8. 29.

병 4명과 조우하였고, 이들과 전투하여 사살하였다.[67]

안중근 의병부대는 갑산으로 계속 이동하였다. 이동 중 일본군 몇 명을 사로잡았다.[68] 하지만 안중근은 '만국공법'을 언급하며 그들을 모두 석방하였다. 하지만 석방한 일본군 때문에 부대의 위치가 노출되었고, 안중근 부대는 일본군의 기습을 받았다. 결국 안중근의 부대는 갑산으로의 진출을 포기하고 철수하였다.[69] 안중근의 국내 진공작전은 일제의 지배를 부정하고, 점령으로부터 조국을 해방시키기 위한다는 측면에서 중요한 근거라고 할 수 있다.

> 장교들이 불평하며 내게 말하기를 '어째서 사로잡은 적들을 놓아주는 것이오.' 하므로 나는 대답하되, '현재 만국공법에 사로잡은 적병을 죽이는 법은 전혀 없다. 어디다가 가두어 두었다가 뒷날 배상을 받고 돌려보내 주는 것이다. 더구나 그들이 말하는 것이 진정에서 나오는 의로운 말이라, 안 놓아주고 어쩌겠는가?' 하였더니 여러 사람들이 말하되, '저 적들은 우리 의병들을 사로잡으면 남김없이 잔혹하게 죽이는 것이요. 또 우리들도 적을 죽일 목적으로 이곳에 와서 풍찬노숙해 가면서 그렇게 애써서 사로잡은 놈들을 몽땅 놓아 보낸다면 우리들이 무엇을 목적하는 것이오' 하므로 나는 대답하되, '그렇지 않다. 그렇지 않다. 적들이 그같이 폭행하는 것은 하느님과 사람들이 다 함께 노하는 것인데, 이제 우리들마저 야만의 행동을 하고자 하는가, 또 일본의 4천만 인구를 모두 죽인 뒤 국권을 도로 회복하고자 하는가, 저쪽을 알고 나를 알면 백번 싸워 백번을 이기는

---

67 특보 7.11 호외; 경비 제6084호, 명치 41년 7월 24일, 폭도에 관한 편책, 91~92쪽.
68 한국독립운동사연구소, 『한말의병자료』 V, 1908. 7. 11.
69 백기인, 2009, 「안중근 의병의 전략전술적 성격」, 『군사』 70, 184쪽.

것이다. 이제 우리는 약하고 저들은 강하니 악전할 수는 없다. 뿐만 아니라, 충성된 행동과 의로운 거사로써 이등의 포악한 정략을 성토하여 세계에 널리 알려서 열강의 동정을 얻은 다음에라야, 한을 풀고 국권을 회복할 수 있을 것이니, 그것이 이른바 약한 것으로 강한 것을 물리치고 어진 것으로써 악한 것을 대적한다는 그것이다. 그대들은 부디 많은 말들을 하지 말라'하고 간곡하게 타일렀다.[70]

안중근이 일본군 포로를 석방하는 과정을 살펴보면, 주요 근거로서 만국공법 상의 '배상' 문제를 언급하였다. 하지만 안중근이 국내 진공작전 중 사로잡은 포로에 대한 처우와 이후 재판 과정의 진술을 살펴보면 당시 통용되고 있던 1907년 혹은 1899년 헤이그 조약상의 '육전규칙'과 차이가 있다. 이를테면 성경에 준한 행동이라고 할 수 있다.[71] 해전 시 배가 나포되었을 때 돈을 주고 데려오는 것이 관습적 형태로 남아 있었지만, 당시 '육전규칙'에 배상금을 주고 포로를 데려오는 조항은 없었다. 육전의 경우 중세 교회법에서 전쟁 포로를 죽이지 않고 종으로서 삼고, 배상금을 지불할 경우 풀어 주었다. 육전규칙의 관습과 성립과정을 중심으로 살펴보면, 안중근이 포로를 석방하고 대신 배상금을 주장한 것은 중세 교회법에 더 가깝고, 이것이 그가 천주교를 통해 '만국공법'을 접했기 때문이다. 더욱이 당시 유럽국가가 기독교적 원리에 따른다고 보여졌기 때문에 교회법을 만국공법으로 이해한 것은 자연스러웠다.

---

70 「안응칠 역사」, 윤병석, 『안응칠 전기 전집』, 162~163쪽.
71 직접적으로는 십계명의 '사람을 죽이지 마라'를 실천한 것으로 보기도 한다.(조광, 2010, 「안중근을 어떻게 볼 것인가」, 『제10회 가톨릭포럼 안중근과 동양평화사상』, 천주교 서울대교구 매스컴 위원회, 33쪽)

이미 국제 분쟁에 대한 상설 재판소가 1899년 헤이그 협약으로 만들어진 상태였다.[72] 그럼에도 안중근은 여전히 한중일의 분쟁을 교황에게 중재받아야 한다고 주장한 것 역시 같은 틀에서 이해할 수 있다. 이에 비추어 볼 때 안중근이 주장한 만국공법은 교회법에 기반한 것이라고 할 수 있다.

특히 안중근은 이토 척결에 대해 십계명에 따라 행위의 결과에 대해 책임을 져야 한다고 인식하고, 어떤 면제를 요구하지 않았다.[73] 사실상 안중근이 주장한 포로라는 의미는 면제 혹은 일본이 주장하는 일본 사법 질서 하의 범죄 행위가 아닌 한국을 부당하게 보호국화한 일본에 정당한 교전자로서 의미를 강조하기 위한 것이다. 그렇기 때문에 자신은 죄형법정주의에 따라 처벌이 불가능하지만 일본의 지배를 거부하는 파르티잔으로서 대우를 의미한다고 할 수 있다. 그렇기 때문에 그 대상이 누구던 간에 '살인'이라는 행위 자체를 부인할 생각이 없다는 진술 역시 그가 주장한 만국공법이 어디에 기인하는지 잘 보여준다.

이러한 안중근의 주장에도 불구하고 일본은 자국의 사법질서에 따라 집행하고자 하였다.

> 被告가 伊藤公爵을 殺害한 行爲야말로 그 決意가 私憤에 말미암은 것이 아니라 할지라도 深謀 熟慮에서 나왔고, 또 嚴肅한 警護를 뚫고 全部 知名의 人士가 集合한 場所에서 敢行한 것이므로 이에 殺人罪의 極刑

72　Statute of the Hague Conference on Private International Law.
73　일반적으로 많은 연구에서 안중근이 교전자라는 지위를 통해서 포로로 대우할 것을 요구한 것이 법적 처벌의 면제로 이해하는 경향이 있다. 하지만 안중근은 실제 처벌의 면제를 요구하지 않는다는 점에서 차이가 있다.

을 科하는 것이 至當하다고 認定하고 이 行爲에 依해 被告 安重根을 死刑에 處해야 할 것으로 한다.[74]

하지만 마지막 판결 시 안중근의 이토에 대한 척결에 대해 "결의(決意)가 사분(私憤)에 말미암은 것이 아니라 할지라도"라는 형태로 안중근의 의거가 사적 복수가 아니라는 점을 일부 인정하였다. 특히 안중근의 의거가 특정 대상을 척결하기 어려운 상황에서 추진하였기 때문에 처벌을 면하기 어렵다는 식으로 안중근의 주장을 일본 사법부 역시 일부 인정하였다.

IV. 맺음말

1909년 뤼순 재판 당시 안중근이 무죄를 주장한 배경에는 국제법적 토대가 자리하고 있다. 다만, 안중근이 주장한 국제법 인식과 당시 헤이그 회의를 통해 구체화된 국제법상 육전규칙은 일정한 차이가 있었고, 뤼순 재판에 이를 적용하기에는 당시 육전규칙의 한계가 분명 존재하였다. 특히 당시 제국주의 국가의 상황에서 민중 속에 존재하면서 전방위적으로 공격할 수 있는 파르티잔은 상대하기 어려운 문제였고, 이를 해결하기 위해 일종의 근거가 필요했다. 이러한 제국주의적 필요성이 당시 육전규칙에도 그대로 적용되었고, 이는 뤼순 재판에서도 마찬가지였다.

그럼에도 일본 역시 안중근의 거의 성격을 일반범죄와 다르다는 점을

---

[74] 『한국독립운동사 자료』 7 안중근편 II, 一一. 安重根 및 關聯被告에 대한 裁判及刑執行關係件, 判決文(明治四十三年(一九一〇) 二月 十四日).

인정하였고, 그의 정당성을 인정하였다. 일본은 집요하게 안중근의 무기와 이토 이외 불특정 다수에 대한 총격 문제 등을 문제삼아 안중근을 테러 혹은 일반 형사범으로 몰아가고자 하였다. 하지만 이 경우 마르텐스 조항의 적용 문제로 이어질 수 있는 문제였다. "더욱 완벽한 전쟁 법전이 제정되기 전까지는, 체약국들과 그들에 의하여 채택된 규칙에 포함되지 아니하는 경우에 있어서도 주민과 교전자들이 문명화된 민족들 간에 수립된 관행, 인도의 법칙 및 공공양심의 요구로부터 오는 국제법 원칙들의 보호 및 지배하에 놓인다고 선언함이 사리에 맞는다고 생각하는 바이다."[75] 그럼에도 일제는 안중근을 결국 자국의 논리에 따라 판결하였다. 그렇기 때문에 안중근의 이토 척결로 시작한 무장 저항은 뤼순 재판까지 이어졌다고 볼 수 있고, 그 결과로 우리 안에 안중근이 남아 있게 된 것이라 할 수 있다.

---

[75] Adms Roberts·Richard Guelff, 1982, *Document on the Laws of War*, Clarendon Press, p. 45.

참고문헌

『고종실록』
『권업신문』
『秘書類纂朝鮮交涉資料』
『日本外交文書』
『中日交涉史料』
『中日戰爭文獻彙編』
『폭도에 관한 편책』
『한국독립운동사 자료』
『한국독립운동사』
『한말의병자료』V, 1908. 7. 11.
『皇城新聞』
『皇城新聞』

Le Tour du monde en quatre-vingts jours (1873)

'Draft of Instructions for Peace Conference, 1899,' nd, Sir John Charles Ardagh Papers, Manuscript Collections, The National Archive, Kew, PRO 30/40/15.

김대순, 2013, 『국제법』, 삼영사.
대한적십자사, 2006, 『한국 적십자운동 100년』, 100년사 편찬위원회.
조광, 2010, 「안중근을 어떻게 볼 것인가」 『제10회 가톨릭포럼 안중근과 동양평화사상』, 천주교 서울대교구 매스컴 위원회.
박민영, 2010, 「안중근의 연해주 의병투쟁 연구」, 『한국독립운동사연구』 35.
박배근, 2008, 「국제법상 시제법의 이론과 실제」, 『국제법학회논총』 53(1).
백기인, 2009, 「안중근 의병의 전략전술적 성격」, 『군사』 70.
신희석, 2018, 「「대일항쟁기 중대인권침해 진상규명 등에 관한 법률안」의 기초가 되는 국제법 원칙」, 『한일민족문제연구』 34.
안중근의사 숭모회, 1984, 「안중근 의사 자서전」.
尹炳奭, 1999, 『安重根傳記全集』, 國家報勳處.

이기범, 2014, 「'국제점령법' 체계에서 1907년 헤이그 육전규칙 제43조의 실효성」, 『국제법평론』 40.

이근관, 2010, 「탈식민주의적 관점에서의 국제영토법리의 비판-카메룬 대 나이지리아 간 영토분쟁 사안(2002)을 중심으로」, 『서울국제법연구』 17(1).

존 린, 이내주·박일송 역, 2006, 『배틀, 전쟁의 문화사』, 청어람미디어.

존 키건, 1998, 『세계의 전쟁사』, 유병진 옮김, 까치.

Occupant 점령군정청 '입법, 행정, 사법의 권한을 모두 가지고 있다'
Occupying state 점령국

"German Experiences Of War Surgery", *The British Medical Journal, Vol. 2, No. 2852* (Aug. 28, 1915).

Ago, Roberto, 1957, 'Positive Law and International Law', *The American Journal of International Law, Vol. 51, No. 4*.

Baxter, R., 1951, 'So Called "Unprivileged Belligerency": Spies, Guerrillas, and Saboteurs', *British Year book of International Law, 28*.

Bos, Maarten, 1984, *A Methodology of International Law*, Amsterdam-New York-Oxford: Elsevier Science Publishers.)

Bower, Sir Graham, 1919, 'The Nation in Arms: Combatants and Non-Combatants', *Transactions of the Grotius Society, vol iv*, Grotius Society.

Hamilton, J. B., 1898, "The Evolution Of The Dum-Dum Bullet", *The British Medical Journal, Vol. 1, No. 1950.*

Hucker, Daniel, 2015, "British Peace Activism and 'New' Diplomacy: Revisiting the 1899 Hague Peace Conference," *Diplomacy & Statecraft, 26:3*.

Martens, F. de, 1899, 'International Arbitration and the Peace Conference at The Hague,' *North American Review, 169/516*.

Roberts, Adam, 1984, 'What is a Military Occupation?', *British Journal of International Law, 55*.

Benvenisti, Eyal, 2012, *The International Law of Occupation*, Oxford University Press.

Bordwell, P., 1908, *The Law of War between Belligerents: A History and*

Commentary, Stevens & Sons.

Campbell, Duncan Andrew, 2007, *Unlikely Allies: Britain, America and the Victorian Origins of the Special Relationship*, London.

Cooper, Sandi, 1991, *Patriotic Pacifism: Waging War on War in Europe, 1815-1914*, Oxford.

Darby, W. Evans, 1899, *The Peace Conference at The Hague: Its History, Work, and Results*, London.

Dunant, Henry, 1986, *A Memory of Solferino*, International Committee of the Red Cross; Reprint edition.

Glahn, O. Von, 1965, *The Occupation of Enemy Territory*, University of Minnesota Press.

Holls speech to the Lake Mohonk Conference, 6 June 1900, in *Report of the Sixth Annual Meeting of the Lake Mohonk Conference on International Arbitration* (1900).

Howard, Michael, 1997, *The Laws of War: Constraints on Warfare in the Western World*, Yale University Press.

Kalshoven, Frits, 2000, *Christopher Greenwood, Centennial of the First International Peace Conference: Reports and Conclusions*, The Hague.

Mackinder, H. J., 1904, *The Geographical Pivot of History*.

Marder, Arthur J., 1940, *The Anatomy of British Sea Power*, New York.

Morgan, J., 1915, *The German Warbook: Being 'The Usages of War on Land' Issued by the Great General Staff of the German Army*, John Murray.

Morgenthau, Hans J., 1948, *Politics among Nations: The Struggle for Power and Peace*, Alfred A. Knopf.

Nabulsi, Karma, 1999, *Traditions of war: Occupation, Resistance And The Law*, Oxford University Press.

Oppenheim, L., 1912, *International Law*, Longman.

Roberts, Adms, and Guelff, Richard, 1982, *Document on the Laws of War*, Clarendon Press.

Schindler, D., and Toman, J., 1988, *The Laws of Armed Conflicts*, Martinus Nihjoff Publisher.

Stone, Julius, 1954, *Legal Controls of International Conflict: A Treatise on the*

Dynamics of Disputes and War Law, Rinehart.

Taylor, A. J. P., 1971, *The Struggle for Mastery in Europe*, Oxford University Press.

Veuthey, M., 1976, *Guérrillas et droit humanitaire*, International Committee of the Red Cross.

Wheaton, Henry, 1889, *International Law asserted that occupation actually changed the "political status" of the inhabitants*, G. G. Wilson.

五十嵐憲一郎, 2001, 「日淸戰爭開戰前後の帝國陸海軍の情勢判斷と情報活動」, 『防衛省防衛硏究所戰史硏究年報』 4.

田保橋潔, 『近代日鮮關係の硏究』.

陳信德(譯), 「東鄕平八郞擊沈高陞號日記」, 『中日戰爭文獻彙編』 6.

3장

상해 한인사회와 독립운동

쑨커즈(孫科志)
푸단대학교 사학과 교수

I. 머리말

　2019년은 3·1운동이 일어난 지 100주년이 되는 해이며 대한민국 임시정부(이하 '임시정부') 수립 100주년이 되는 해이다. 한국 독립운동 역사와 임시정부의 역사가 다시 한번 주목을 받고 있다. 임시정부 수립과 독립운동을 이끈 기반인 상해 한인사회도 많은 사람들의 관심을 다시 받고 있다. 20년 전 필자는 「일제시기 상해 한인사회 연구(日帝時期上海韓人社會硏究)」라는 논문으로 고려대학교에서 문학 박사 학위를 받았지만 당시 문헌 자료 등 여건의 제약으로 논문의 일부 내용에 대해서 충분한 설명이 부족했고, 일부 내용 기술에 누락과 오류가 있었다. 20년이 지난 지금 문헌 자료 제반 환경도 많이 개선되어 예전에 접근이 어려웠던 문헌 자료를 지금은 쉽게 확보할 수 있게 되어 임시정부와 독립운동의 기반인 상해 한인사회를 다시 돌아보는 데 좋은 환경이 마련되었다. 이를 바탕으로 필자는 관련 문헌 자료를 수집하고 정리하여 상해 한인사회의 일부 내용은 새롭게 기술했고, 기존의 논문에서 부족한 부분, 누락된 부분이나 오류가 있었던 부분들을 보완, 수정하여 이 글의 완성도를 높이고자 한다.

II. 한인사회의 형성

　일찍이 개항 이전에 한인은 해상에서 풍랑을 만나 중국의 동남 연해로 표류해 들어왔다. 표류한 한인은 처음에는 연해 각 성 관부(官府)에서 베이징으로 이송된 후 다시 '본국으로 돌아왔다'. 후에 해상 교통이 발달하면서 상해는 표류한 한인들을 다시 돌려보내는 중요한 항구로 부상했다. 한인이 자발적으로 상해로 건너온 것은 한국 개항 이후로, 최초에 상해로 온 한인은 주로 관료, 학생, 상인이었다. 상대적으로 인원수도 적었고 장기간 거주하는 이도 많지 않았다. 특히 극히 일부의 한인만 정치적인 목적으로 상해로 건너왔다.[1]

　1910년 8월 29일, 일본의 강압으로 당시 대한제국 정부는 한일합방 조약을 체결하고 일본은 공식적으로 한국을 합병해 한국에 '무단'으로 식민 통치를 본격적으로 실시했다. 식민 통치 아래서 생존권조차 박탈당한 한인은 대거 해외로 이주를 했고 그중 많은 한인들이 중국의 동북, 상해 등지로 이주했다. 상해로 이주한 한인은 대부분 국가 독립 실현의 신념을 가진 애국지사들이었는데 신규식은 바로 그중 하나이다. 1911년 신규식은 한국을 떠나 신의주를 거쳐 중국으로 들어왔고, 후에 다시 북경, 천진, 청도를 거쳐 상해로 왔다.[2] 신규식은 상해로 들어온 후 중국 혁명당원들의 혁명 운동을 적극 지원했고, 상해의 박은식 등과 동제사(同濟社)를 조직해 반일 독립운동을 전개하였고,[3] 더 많은 한인 애국지사들이 상해로 들어와 상해는 해외 한인이 독립운동을 펼치는 중심지 중 하나가 되었다.[4]

　이 시기 상해로 건너온 한인은 독립운동의 신념을 가슴에 품은 애국

1　이 시기 상해 한인 상황은 손과지(孫科誌)·유목림(劉牧琳), 2016, 「만청시기 상해 조선인(晚淸時期上海的朝鮮人)」, 『사림(史林)』 5, 17~25쪽 참조.
2　신승하, 1983, 「예관 신규식과 중국혁명당의 관계」, 중국학론총간행 위원회 편찬 『김준엽 교수의 화갑 기념 중국학총서』, 596~598쪽.
3　김정명, 1967, 『한국독립운동』 I, 하라서방, 279쪽.
4　3·1운동 이전 한인애국지사 상해 이동 상황은 손과지, 2004, 『상해한인사회사연구』, 학원 출판사, 41~42쪽 참조.

지사 외에도 수많은 청년 학생들이 있었다. 식민 통치하에서 그들은 계속 교육을 받을 수 없었기 때문에 해외로 눈을 돌려 중국이나 다른 나라에서 학업을 지속하고자 했다. 1915년 4월, 한국인 소년 3명이 '중국인으로 변장하고 몰래 국경을 빠져나와 북방에서 기차를 타고 남경으로 건너와 상해에 도착한 후 배를 타고 미국으로 빠져나가는 것을 기다렸다'.[5] 최전태는 상해로 들어와 법과 정치 학교에서 공부하기를 바랐다.[6] 이후 한인 학생이 상해로 건너와 학업을 하거나 상해에서 다시 제 3국으로 건너가 학업을 하는 열풍이 꾸준히 이어졌고 1917년 12월 한인 학생 19명이 미국으로 유학을 가기 위해 한꺼번에 상해로 들어오는 일도 있었다.[7]

애국지사와 청년 학생들이 꾸준히 상해로 들어오면서 1917년 상해로 이주한 한인은 삼백여 명에 이르렀다.[8] 1917년 7월 신규식, 조소앙 등은 상해에서 '대동단결선언'을 발표, 국내외 각지의 한인이 단결해 독립 국가를 건설하자고 주장을 했다.[9] 이는 상해 한인 독립운동가들이 최초로 임시정부 수립을 주창한 것이다. 3·1운동 이후 상해의 한인 독립운동가들은 임시 사무실을 세우고 임시정부 조직을 준비한다. 임시정부 준비 과정에서 국내외에서 한인 애국지사들이 상해로 몰려든다. 일본 외무성의 조사 자료에 따르면 3·1운동 이후 매일 "수십 명이 상해로 왔다"고

---

5 「한인의 求學의 부자유」, 『신보』 1915년 4월 16일 제10판.
6 1915년 6월 18일 『신보』 제6판 〈중요 소식 2〉 목록에 최전태 등 2인이 법학 정치 학교 진학을 위해 중국인 담보와 학비를 지원을 구함.
7 「고려인은 자유를 얻지 못하다」, 『익세보(益世報)』 (북평) 1917년 12월 11일 3판.
8 한국독립운동사 편찬위원회, 『독립운동사』 4, 110쪽.
9 조동걸, 1986, 「임시정부 수립을 위해 1917년 발표한 대동단결선언」, 『한국학총서』 제9집, 한국국민대학교 한국학 연구소, 123~152쪽.

한다.[10] 당시 상해에 있던 선우훈은 "1919년 독립운동이 시작된 이후 국내, 국외에서 상해로 집결한 애국자와 지식인들이 수천 명에 이르며 일일이 셀 수 없을 정도로 많았다"고 회고했다.[11] 임시정부 수립 이후 더 많은 애국지사들이 상해로 건너왔는데 이는 19, 20세기까지 이어진다.

상해 한인 독립운동 세력이 커지고 독립운동이 활발히 전개되면서 일본은 한인에 대한 감시를 강화하는 한편 외교적 경로를 통해 프랑스와 교섭을 하며 프랑스 정부가 프랑스 조계 당국에게 훈령을 내려 조계지 내의 한인 독립운동가를 진압하는 일에 협조해 줄 것을 요청한다. 이전에 상해 한인 독립운동 감시는 주로 상해의 일본 총영사관이 책임을 졌다. 3·1운동 이후 조선총독부는 상해에 밀정을 파견해 상해 한인 독립운동가 감시 활동을 시작하고 정보를 수집했다.[12] 그래서 한인 독립운동가를 비롯해 일반 한인도 일본 밀정을 피해 일본의 개입이 쉽지 않은 프랑스 조계지로 속속 들어왔다. 1916년 가을, 공공 조계에 설립된 한인 민족 교육 기관 인성학교도 1919년 9월, 프랑스 조계지로 이전한다.[13] 특히 임시정부 수립 이후 일본은 독립운동 세력에 대한 감시를 한층 더 강화하고, 수단과 방법을 가리지 않고 독립운동의 지도부를 체포하고자 했다. 그래서 안전상의 문제로 대부분의 한인은 일본이 개입하기 어려운 프랑스 조계지 안으로 이주했고 프랑스 조계지 안에 임시정부 최초 소재지를 중심으로 한인 거주지가 형성되었다.

---

10 김정명, 1967, 「大韓民國臨時政府の動靜に關する情報報告の件」, 『한국독립운동』 II, 하라서방, 94쪽.
11 선우훈, 1955, 『민족의 수난』, 한성 독립정신보급회, 137쪽.
12 조선총독부 경무국, 1930, 『고등경찰연보』, 25쪽.
13 「상해대한인교민단의 과거와 현재 상황」, 『독립신문』 1920년 4월 8일.

최근 한국학자는 임시정부와 독립운동 단체가 공공 조계지에서 다양한 활동을 한 점을 근거로 당시 상해의 한인 독립운동가들에게 공공 조계지는 자유와 안전이 보장된 공간이었다고 밝혔다. 그러나 꼭 그렇지는 않다. 상해 한인이 독립운동을 전개하던 시기, 또는 1919년 임시정부 수립 이후 1942년에 프랑스 조계지가 취소될 때까지 프랑스 조계지가 한인 독립운동가들에게 상대적으로 안전한 활동 공간이었다. 일본은 일찍부터 공공 조계지 관리에 개입했고 공공 조계지에서는 영향력이 큰 편이었기 때문에 죄명을 날조하는 등의 수단으로 조계지 내 활동 중인 한인을 체포할 수 있었고, 1920년대와 1930년대 한인이 공공 조계지에서 활동할 때 일본 영사 경찰에게 체포되는 일들이 발생했다. 그러나 일본이 공공 조계지에서 한인을 체포할 때 어떤 제약도 받지 않았던 것은 아니다. 공부국(工部局, 옛날 조계의 행정 기관)의 제약과 일본과 서방 국가(공부국을 만든 국가)의 관계, 중일 관계의 제약을 받았으며 상해사회의 여론과 국제사회 여론의 압박도 있었기 때문에 일본은 공공 조계지에서 한인을 체포할 때 한인에게 각종 죄명을 뒤집어씌워 체포 행위가 합법적으로 진행된 것처럼 보이게 했다. 이는 한인 개인을 체포하거나 몇몇 한인을 체포하는 것에는 어느 정도 효과가 있었다. 윤봉길 의거 이후 단기간 내에 일본이 한인 교포를 대거 체포한 것 외에, 한인이 상해에서 수십 년 동안 활동했는데 일본이 한번에 한인을 대거 체포하는 일은 발생하지 않았다. 이는 한인이 공공 조계지에서 단체 활동을 할 수 있었던 이유를 잘 설명해 준다.

임시정부 수립 이후 상해 한인은 임시정부를 중심으로 단결했고 그 주변에 모여 거주를 했다. 이렇게 공동 조직, 공동 거주지역과 공동의 신념을 가진 한인 교민 사회가 형성되었다.

III. 초기 한인 독립운동

　1920년대 초기에 형성된 상해 한인 교민 사회는 '반일 독립운동을 중심으로 정치색이 짙은 교민 사회'였다.[14] 대다수 한인 교민은 다양한 형태의 독립운동에 적극 동참했고, 이러한 독립운동은 대부분 임시정부의 주도하에 전개되었다.

　임시정부 수립 이후, 임시정부는 외교 독립론을 가장 중요한 독립운동의 전략으로 정하고 외교적인 로비와 선전 활동을 통해 세계 각국에 독립과 자유를 추구하는 한민족의 의지를 알려 각국 정부와 민간의 연민과 지지를 얻어 그들의 도움으로 독립의 목표를 실현하고자 했다. 사실 임시정부를 조직하려는 움직임이 한창이던 시기에 상해의 신한청년당은 김규식을 파리 강화회의에 대표로 보내 청원 활동을 했고, 임시정부 수립 후 공식적으로 김규식을 대표로 정하고, 그를 임시정부의 대표로 파리 강화회의에 보내 청원을 했다. 비록 김규식은 파리 강화회의에 참석하지 못하고 파리 강화회의에 청원서를 제출하지 못했으며, 파리 강화회의 역시 조선의 문제를 회의 아젠다에 포함시키지 못했지만 김규식의 파리 활동은 지대한 영향을 가져왔다. 독립을 쟁취하기 위한 한국의 목소리가 서방 국가의 매스컴에 보도되기 시작했고, 영국, 프랑스 등 국가에서도 한국의 독립운동을 지지하는 사람들이 등장했다.

　임시정부 수립 이후 미국에서 구미 위원회가 설치되었다. 이승만은 미국의 선전 활동을 책임졌다. 3·1운동의 영향과 구미 위원회의 홍보로 1920년 3월 미국 상원 의원 찰스 토마스와 존 힐은 상원에 한국 독립

14　손과지, 2004, 앞의 책, 88쪽.

문제에 관한 결의안을 제출했다. 이 결의안에는 일본이 한국의 독립을 인정하라는 내용이 담겨있었다. 결의안은 결국 통과되지 못했지만 이 결의안을 통해 한국 독립운동은 더 많은 세계인에게 널리 알려졌으며 사람들의 연민과 지지를 얻게 되었다. 1920년 6월, 미국 국회 아시아 방문단이 상해로 오자 임시정부의 정인과, 여운형, 이희경, 여운홍, 기타 단체 대표들은 상해 대동여사에서 환영회를 열어 방문단 의원들을 초대했다. 임시정부 측은 방문단 의원들에게 진정서를 제출하고 일본 제국주의 식민 정책의 폭정을 폭로하고, 한국의 독립운동 지지를 호소했다. 1921년 11월 임시정부는 워싱턴에서 개최한 태평양 회의(워싱턴 회의)에서 외교 활동을 하며 회의 참가국 대표들에게 「독립 청원서」를 전했다. 청원서에는 한국 독립의 필요성과 정당성을 밝히고 한국의 독립을 호소하며 임시정부를 인정해야 한다는 내용이 담겨있었다.

임시정부는 서방 국가에서 외교 활동을 펼치는 한편 새로 수립된 소련 정부에도 외교 로비 활동을 진행하여 일련의 성과를 거두었다. 임시정부의 가장 성공한 외교 활동은 바로 중국 혁명당과 수많은 중국인들을 대상으로 한 활동이다. 임시정부 수립 이전에 독립운동의 지도자인 신규식, 박은식 등은 중국 혁명당원과 긴밀한 관계를 맺었다. 그들은 저서와 언론을 통해 중국인들에게 일본 제국주의의 한국에 대한 잔혹한 통치와, 독립을 쟁취하고자 하는 한국인의 치열한 투쟁을 알렸다. 동시에 중국의 지식인들도 저서를 통해 독립 쟁취를 위한 한국의 투쟁을 알렸다. 이런 선전 활동의 영향으로 1920년대 초 중국 사회에서는 한국의 독립운동을 지지하는 사회적 분위기가 형성되었고 이런 사회 분위기는 일본이 패전해 투항하고 한국이 광복을 맞이할 때까지 지속되었다.

중국 혁명당원의 외교 활동 과정에서 1920년 10월 임시정부 대리 총리이자 법무총장인 신규식은 손중산이 이끄는 호법 정부를 방문해 손중산과 우호적인 회담을 가졌다. 손중산은 호법 정부가 임시정부를 인정한다는 것과 다방면으로 임시정부가 이끄는 독립운동을 지원하겠다는 약속을 했다. 손중산의 약속은 이후 국민 정부가 임시정부와 독립운동을 지원하는 데 밑거름이 되었다.

임시정부 수립 이후 임시정부는 조국의 독립 목표에는 지나치게 긍정적이었지만 하부 조직 즉, 연통제 구축 노력은 실패했다. 대대적인 외교 활동은 비록 많은 성과를 거두었지만 독립이라는 최종 목표를 실현하지 못했고, 수많은 독립운동가들은 이에 실망하고 임시정부를 비평하는 목소리를 내기 시작했다. 독립운동 전략을 논하기 위해 1923년 상해에서 국민 대표 회의가 열렸다. 각지에서 온 독립운동 단체 대표가 상해에 모여 효과적인 독립운동 전개를 논의했다. 국민 대표 회의는 독립운동의 더 효과적인 전략을 찾지 못했고 오히려 독립운동 진영에 분열이 발생했다. 독립운동에서 임시정부의 구심적 역할은 약화되었고, 임시정부 또한 정체하게 되었다. 1926년 김구는 임시정부의 주석이 된 이후 특단의 조치로 독립운동의 침체된 분위기를 깰 필요가 있다고 생각하고 독립운동가들이 다시 일어나게 하기 위해 한인애국단을 조직했다. 한인애국단 조직 이후 이봉창의 도쿄 일본 천황 저격, 윤봉길의 홍커우 중국 침략 일본군의 요인 암살 등의 작전을 펼치며 다시 한번 한국 독립운동에 대한 전 세계의 관심을 불러모았으나, 동시에 임시정부와 그 지도부는 위협에 노출될 수밖에 없었다. 임시정부와 지도부는 일본 제국주의의 체포 활동을 피하기 위해 계속해서 이전하며 도피할 수밖에 없었다.

IV. 임시정부 이전 이후 독립운동

　1931년 3월 상해의 친일 한인은 상해조선인친목회를 조직했다. 이후 상해로 건너온 친일 한인은 점점 증가했는데, 특히 1932년 임시정부가 윤봉길의 홍커우 공원 의거를 계기로 상해를 떠나게 된 이후 친일 한인 세력이 한층 더 증가했다. 비록 일부 한인 청년이 화남한인청년연맹을 조직해 일본의 밀정과 친일 한인을 겨냥해 수차례 친일 한인 암살을 기도했으나 독립운동 세력은 눈에 띄게 약화되었다. 상해 한인 독립운동의 이런 변화로 독립운동사의 연구자들은 대부분 1932년 윤봉길 의거 이후 상해 독립운동 연구는 소홀히 했다. 화남한인청년연맹 및 친일 한인 암살 도모 사건 연구 외에는 임시정부가 상해를 떠난 후 한인 독립운동 관련 연구는 극히 일부에 불과하다. 그러나 사실, 상해 한인의 독립운동은 임시정부의 이전으로 멈춘 것이 아니었다. 상해는 여전히 한국 독립운동의 중심지 중 하나였다.

　임시정부가 상해를 떠난 이후 일부 한인 독립운동 단체는 상해에 계속 머물며 각종 기념일에 거사를 도모하며 한인의 반일 독립운동 투지를 계속 불러일으켰다. 윤봉길의 홍커우 공원 의거 이후 일본은 상해에서 영사 경찰을 동원해 한인을 대거 체포하였고, 일본의 육해군 사병도 한인을 체포해 한인 교민 사회는 공포에 휩싸이게 된다. 같은 해 8월 29일, 이런 공포가 계속 도사리는 상황에서도 대한 교민단은 프랑스 조계지 모처에서 '기념 대회 개최, 참여자가 매우 많았다', '거사 전, 한인 교민단 정무 위원회는 동문 명령을 보내 한인 교민이 일체의 오락을 멈추고, 애도로 각 가정에서 가정 기념회를 열며 일본인이 한국을 삼킨 아품의 역사를 연설'하는 활동을 지속한다. 한국 독립당 집행 위원회와 각 독립운동 단체도 속속 선언문을 발표하였고 일부 한인은 '프랑스 조계지 선종로(善鐘路)와 서문로(西門路) 등지에서 전단을 뿌리고 한중 관계를 소개하며 반일 동참을 희망한다'고 밝혔다.[15]

윤봉길 의거 이후 일본은 상해에 '상해일본특별경찰서'를 신설했다. 경찰 규모는 기존의 120명에서 320명으로 증가했는데 그 주요 목적은 '중국의 반일 운동과 한인 독립 사상을 철저히 척결한다'는 것이다.[16] 비록 일본은 한인 독립운동의 진압을 한층 강화했지만 한인들은 반일 독립 신념을 지켜나갔다. 1934년 8월 29일 '이 곳의 한인 독립당, 임시정부, 애국부인회 등 단체가 제 24주 국치 기념 거행'을 하고 선언을 발표했다. 한국 독립당은 선언문에서 '우리가 오늘을 기념하는 의의는 단순히 치욕과 비통한 역사를 알기 위함이 아니라 치욕적인 역사를 척결하고 혁명의 목적을 완성해 투쟁 결의와 역량을 강화하기 위한 것이다'라고 밝혔다. 애국부인회는 선언문에서 국치 기념의 의의는 '불굴의 정신으로 분발하여 악의 세력을 축출하고 우리의 강과 산을 다시 되찾는 것'이라고 했다. 임시정부는 선언문에서 향후 운동의 방향을 소개했다. 즉 '첫째, 무장 운동 추진, 둘째, 단결 도모, 셋째, 적의 전술을 주시하며 우리의 전선을 공고히 한다'는 내용이다.[17] 이를 통해서 윤봉길 의거 이후 비록 임시정부와 지도부는 상해를 떠났지만 임시정부가 이끄는 독립운동 세력은 상해를 떠나지 않고 상해를 독립운동의 중심지로 여기며 다

---

15 「이 곳 한인교민이 어제 망국기념을 거행」,『신보』 1932년 8월 31일 제14판.
16 「일본특별경찰서장 고케츠 야조(纐纈彌三) 어제 상해에 도착하다」,『신보』 1932년 9월 9일 제14판.
17 「한일합병기념 한국교민 독립당 등 선언 발표」,『신보』 1934년 8월 31일 제12판.

양한 독립운동을 전개했음을 알 수 있다.

　윤봉길 의거 이후 정화암, 이강훈 등 한인 청년은 상해에서 무정부주의 단체 화남한인청년연맹을 조직해 상해 소재 일본 조직을 파괴하고 친일 한인과 일본 요인을 암살하는 활동을 전개한다.[18] 화남한인청년연맹 조직 후 첫 번째 활동은 바로 아리요시 아키 주중 일본 공사를 암살하는 것이었다. 1933년 3월 17일 화남한인청년연맹 회원인 이강훈, 백구파, 현훈 등은 공공 조계지인 무창로의 송강춘 요리집에 잠복해 근처 일본 술집에 있던 아리요시 아키 주중 일본 공사 암살을 도모하지만 불행히도 이 세 명은 근처를 순찰중인 일본 밀정에게 발견되었고 아리요시 아키의 암살 계획은 성공하지 못한다.[19] 이후 화남한인청년연맹은 친일 한인 옥혜관, 상해조선인친우회 간사 이용로 등 암살을 계획하고 이는 성공한다.[20] 주목할 점은 암살이 성공한 후 화남한인청년연맹은 한인제간단(韓人除奸團)의 이름으로 옥혜관의 9개 죄상을 발표하고 그를 조선총독부가 파견한 밀정이라 칭하며 '한중일 각지역에서 활동하는 혁명가의 행적을 조사해 체포를 계획하는 사람'이라고 밝혔다는 것이다.[21] 그러나 옥혜관이 설립한 불자약창이사회(佛慈藥廠董事會)는 발표를 통해 한인 제간단의 고발 내용을 전면 부인했고[22] 중국국민당 상해 제2구 제

---

18 「조선무정부주의 화남한인청년연맹 파견」, 『신보』 1936년 3월 9일 제9판.
19 「일본 영사 경찰서 한국 혁명당원 3인을 체포」, 『신보』 1933년 3월 18일 제19판.
20 정화암, 1992, 『생명으로 집필한 근대사』, 한성 자유문고, 157, 164쪽. 「어제 저녁 망지로 암살 사건」, 『신보』 1933년 8월 2일 제14판, 「한국 이용로 암살되다」, 『신보』 1935년 3월 26일 제11판.
21 「옥혜관은 한국인에 의해 살해, 한인제간단이 죄상을 선포」, 『신보』 1933년 8월 9일 제12판.
22 「불자약창동사회 공개 서한」, 『신보』 1933년 8월 20일 제10판.

21분부(第二區第二十壹分部) 역시 특별 성명을 발표해 한인 제간단의 성명에 '너무 놀랍다'며 '열거한 내용은 모두 황당무계하며, 사실이 아니며 상당히 날조되었다'고 반박한다. 이 당부(당 기관)는 성명에서 '옥혜관은 3·1운동 이후 중국으로 들어와 중국 혁명에 동참했고 후에 상해로 건너와 한인 교민 혁명당과 연락을 하며 '한국의 독립에 협조'했고, 1928년 중국 국민당에 가입해 상해 특별시 제2구 20분부 상무 위원으로 선정되었다'고 말했다. 성명은 또 '옥혜관은 제1차 상해 사변 당시 시민 의용군 가입과 군사 훈련을 받은 사실을 예를 들어 그가 적과 내통한 사실을 부인하고 한인 제간단의 성명은 옥혜관을 모욕한 것'이라고 지적했다.[23] 상해시 제2특구 시민연합회, 제2특구 시민연합회 제4구 분회는 회의를 열어 옥혜관의 암살 사건을 논의하고 당국에 암살범을 법에 따라 엄중하게 처벌해 줄 것을 요청한다.[24] 중국 국민당 지역 당부도 입적한 한인의 명예를 위해 성명을 발표하였다. 이런 사례가 극히 드물어 옥혜관의 암살 사건에 다른 음모가 있었는지는 여부는 여전히 의문으로 남아 있다. 화남한인청년동맹 외에도 기타 한인 독립운동단체도 일본의 밀정과 친일 한인 암살, 상해 지역 일본 기관 파괴 활동을 하였고, 1937년 12월 한국의 독립 지사는 공공 조계지의 일본군대에 수류탄을 던져 일본군 3명이 다쳤다.[25] 한인 독립운동가의 활동은 일본 제국주의의 침략 기세를 꺾고 한인의 반일 독립운동 사기를 북돋는 데 중요한

---

23 「옥혜관 선생은 무고하다」, 『신보』 1933년 8월 12일 7판. 「옥혜관은 적과 내통하지 않았다」, 『화북일보』(북평) 1933년 8월 13일 제3판.
24 「입적 한인 옥혜관 암살 후 상해 일본 영사 경찰서가 시체를 강제 수습」, 『경보』(북평) 1933년 8월 7일 제5판.
25 「어제 대대 일본군이 공공 조계지를 통과하다」, 『신보』 1937년 12월 4일 제2판.

역할을 한다.

임시정부가 상해를 떠난 이후 일부 세력은 상해에서 독립운동을 지속해 나갔는데 그들은 바로 한인 공산주의자들로 1925년 조선공산당 성립 이후 상해에 지부를 설치해 독립운동을 전개했다. 1928년 12월 코민테른은 12월 결의안을 통과시켜 일국일당 원칙을 확립하였다. 상해에서 활동하는 조선 공산주의자들은 중국 공산당에 가입하여 중국 공산당 강소성 위원회 상해 법남구 한인 특별 지부가 조직되었다.[26] 임시정부가 상해를 떠난 후 한인 공산주의자는 상해에서 활동을 지속했다. 1935년 7월, 상해 일본 총영사관은 '최근 사천 공산군에 투입된 한인 공산당 2명이 삼엄한 경계망을 뚫고 상해로 잠입해 프랑스 조계지 모처에 은닉, 활동을 도모하고 있다'는 정보를 입수했다. 그래서 프랑스 조계 당국과 그들을 체포했다. 이 한인 공산당원 2명은 분명 서향전(徐向前) 부대의 조직원일 것이다.[27] 8월 1일 일본 총영사관은 상해에서 '공산당 관계 중요인물, 조선인 이름 금오연 1명'을 체포했다.[28] 금오연은 안창호와 함께 독립운동을 했던 인물이다.[29] 1935년 한 해에만 일본 영사 경찰은 '공공조계지 및 프랑스 조계지에서 조선인 7명을 공산당과 관련 있다고 들은 혐의자'를 체포했다.[30] 비록 현존하는 자료로는 임시정부가 떠난 이후 한인 공산주의자의 상해 활동 상황을 상세히 설명할 수 없지만 일본 영사

---

26 최봉춘, 2013, 「중공 상해 한인 지부」, 중국 조선사연구회 등 편찬, 『조선·조선역사연구』 제13집, 연변대학출판사, 268~289쪽.
27 「한인공산당 2명 사천에서 상해로 잠복하던 중 잡히다」, 『신천진』 1935년 7월 13일 제2판. 「일본영사관 조선인 공산당 요인 체포」, 『신보』 1935년 8월 6일 제11판.
28 「일본 영사관 조선인 공산당 요인 체포」, 『신보』 1935년 8월 6일 제11판.
29 「한국총리가 무석으로 와서 참관」, 『신보』 1928년 4월 11일 제10판.
30 「작년도 조계 정치 사건」, 『신보』 1936년 2월 23일 제11판.

경찰이 한인 공산주의자를 체포한 상황으로 볼 때 이 시기 한인 공산주의자는 상해 지역에서 활약하던 독립운동 세력이었을 것으로 보인다.

김원봉이 이끄는 조선 의열단은 상해를 중요한 활동 거점으로 삼고 1922년 4월 김익상, 오성륜 등은 상해 신관(新關) 부두에서 다나카 기이치(田中義壹) 대장 암살을 기도했다. 임시정부가 상해를 떠난 후 김원봉은 1932년 10월 남경에 조선혁명간부학교를 세우고 '군사정치인재를 양성하여 일본에 대응하자'고 했고,[31] 동시에 활동 거점을 남경과 상해를 중심으로 하는 지역으로 옮겼다. 1935년 7월 조선 의열단, 조선 독립당, 신한독립당, 조선혁명당 등이 남경에 공동으로 조선민족혁명당을 조직하고 상해를 중요한 활동 중심지로 삼았다.

조선민족혁명당 성립 이후 상해 특구 당부를 설치해 상해의 독립운동과 한중 연합 항일 운동을 책임졌다. 비록 1920년대 이후 조선 의열단은 더 이상 암살 등 의열 활동을 주요 활동으로 할 수 없었지만 조선민족혁명당 성립 후에도 김원봉 등은 의열 활동을 완전히 포기하지 않았다. 1936년 7월 조선민족혁명당 조직원은 '프랑스 조계지에 잠복해 총영사관을 폭파시킬 계획을 갖고 있고 반일 운동을 기획한다'.[32] 얼마 후 한인독립운동가가 프랑스 조계지에서 폭탄을 제조하다 폭발하는 사건도 발생했다.

1936년 8월 20일, 민족혁명당 회원은 프랑스 조계지에서 폭탄을 제조해 상해 일본 총영사관을 폭파시킬 준비를 하지만 불행히도 폭탄을 제조하는 과정에 폭발해 민족혁명당원이 죽었고 다른 한 명은 폭발 사

---

31 왕계현, 1940, 「중국 전장터의 조선 의용대」, 조선의용대 출판, 6쪽.
32 「조선독립당원 백명규가 일본 영사 경찰서에 자수」, 『신보』 1937년 5월 6일 제11판.

고로 일본 총영사관 제2과 조선인 파견단에게 붙잡힌다.[33] 1937년 3월 19일과 20일, 일본 영사 경찰은 프랑스 조계지에서 조선인 2명을 체포하는데 '모두 조선민족혁명당 당원'이었다.[34] 같은 해 7월 일본 영사 경찰은 프랑스 조계지에서 조선민족혁명당의 핵심 당원인 장지갑을 체포하고 '조선 경성으로 끌고 가 심문했다.[35] 조선민족혁명당원이 상해에서 일본 영사 경찰에게 체포되는 상황을 보면 김원봉이 이끄는 의열단을 중심으로 조직된 조선민족혁명당 성립 이후 상해를 비밀 활동의 거점으로 정했고 비밀 활동은 주로 상해 주재 일본 기관 파괴, 일본 밀정과 친일 한인 암살 등이었음을 알 수 있다.

조선민족혁명당 상해 특구 당부는 중국인민의 반일 운동에도 동참했다. 전면적인 항전 발발 이후 중국인민의 항일 투쟁을 더욱 적극적으로 성원하고 지지하며 한중 양국민이 함께 투쟁할 것을 주장했다. 1937년 8월 13일 제 2차 상해 사변 이후 '조선민족혁명당 상해 특구 당부는 상해의 모든 조선인을 각성하게 하고 광복 운동을 하는 것 외에도 우리의 항일 전사를 응원하였다. 상해의 조선인은 망명 중에도 먹는 것, 입는 것을 아끼고 작은 수입도 조금씩 모아 121위안 3자오를 모아 상해시에 보내 위원회를 위로했다. 면화로 만든 조끼 등 의류로 위로의 뜻을 보냈다.'[36] 10월 조선민족혁명당 상해 특구 당부는 '중한 민족 모든 동포에게

---

33 「조선독립당 영사관에 폭탄 투여 시도」,『신보』1936년 8월 23일 제13판. 「조선독립당원 백명규가 일본 영사 경찰에 자수」,『신보』1937년 5월 6일 제11판.
34 「어제 새벽 조선인 1명 추가 체포」,『신보』1937년 3월 21일 제14판.
35 「일본 영사 경찰이 프랑스 조계지를 탐문하며 한인 체포」,『신보』1937년 7월 8일 제15판.
36 「탄압 속에서 살아가는 조선민족의 망국한」,『신보』1937년 9월 19일 제1판.

긴급 선언을 고함'을 발표하고 '모든 조선민족의 각 계층, 각 당파, 모든 세력과 항일 운동을 하는 개인에게 호소한다. 중국과 소련 민족이 힘을 합쳐 30년간의 일본제국 강도의 통치를 물리치고, 동아시아 평화의 초석을 쌓자'.[37] 조선민족혁명당 선전부는 방송을 통해 국내외 한인에게 선전하고 다방면에서 중일전쟁 형세를 분석하며 전쟁의 '최후 승리는 중국에게 있음이 분명하다'고 여기고 조선인 노동자, 농민, 상인, 학생들이 '모든 힘을 합쳐 폭동, 암살, 파괴 등 다양한 수단을 동원해 적의 전후방을 교란하고, 적의 복장이 터지게 해 스스로 붕괴하도록 하자'고 호소했다. 이렇게 최후의 승리는 중국과 한국 민족의 것이 되었다.[38]

다시 말해, 임시정부가 상해를 떠난 이후 한인 독립운동의 역량은 상해를 완전히 떠나지 않았고 상해의 한인 독립운동도 멈추지 않았다. 임시정부 계통의 한인 단체, 무정부주의자, 공산주의자와 조선민족혁명당 등은 상해에서 독립운동을 전개하였고 이는 일본군이 상해를 침략하기 전까지 지속되었다.

---

[37] 「조선혁명당 선언 발표로 중한 단결 항일을 촉구」, 『신보』 1937년 10월 14일 제5판.
[38] 「조선혁명당 항일 역량 집중을 널리 알림」, 『신보』 1937년 11월 3일 제6판.

V. 맺음말

한국 개항 이후, 한국의 관료, 상인, 학생은 관광이나 사업, 학업을 목적으로 상해로 왔다. 그들은 상해에서 보고 들은 것, 경험한 것과 느낀 것을 주변인에게 전하며 한국인에게 상해가 중요한 역할을 하고 있는 곳임을 알렸다. 수많은 한국인에게 상해는 낯선 이국의 도시가 아닌 '자유'와 번화를 상징하는 국제 대도시가 되었다.

20세기 초 일본이 한국을 합병한 후 수많은 한인이 일본의 식민 통치를 피해 또는 독립운동을 위해 해외 이주를 준비할 때 많은 사람이 상해를 선택했다. 상해로 건너온 한인 특히 독립운동의 지도자도 늘어났고 상해는 한인 독립운동의 중심이 되면서 더 많은 한인이 상해로 들어왔다. 3·1운동 이후 국내외 한인 독립운동가들은 상해에 모여 임시정부를 세웠고 상해가 국내외 한인 독립운동의 중심이 되었다. 또한 독립운동을 핵심 목표로 하는 한인 교민 사회가 형성되고 한인 교민 사회는 독립운동이 상해에서 지속적으로 전개되는 중요한 기지가 되었다.

초기 상해 한인 독립운동에서 임시정부는 주도적인 역할을 하며 외교 선전 활동, 무장 투쟁, 의열 활동을 진행하고 전 세계에 독립, 자유, 평등을 추구하는 한민족의 강한 의지를 보여주었다. 임시정부는 전 세계 국민의 지지를 이끌어내며 전후 한국이 독립을 할 수 있었던 중요한 밑거름 중의 하나이며 한국 근대사에서 매우 중요한 위치에 있다. 임시정부가 상해를 떠난 후 한인 독립운동 세력은 상해를 떠나지 않았다. 임시정부 계통의 독립운동 세력, 한인 청년 무정부주의자, 한인 공산주의자와 조선민족혁명당 등은 상해에서 독립운동을 지속했고 일본이 상해를 침략하기 직전까지 이어졌다. 비록 상해 조계지에 머물던 시절에도 상해에서 독립운동을 전개한 한인은 분명히 있었고, 이 관련 문헌 자료와 역사적 사실은 향후 더 많이 발굴되어야 한다.

참고문헌

『경보』(북평).
『독립신문』.
『신보』.
『신천진』.
『익세보(益世報)』.
『화북일보』(북평).

조선총독부 경무국, 1930, 『고등경찰연보』.
한국독립운동사 편찬위원회, 『독립운동사』 4.

김정명, 1967, 『한국독립운동』, 하라서방.
선우훈, 1955, 『민족의 수난』, 한성 독립정신보급회.
손과지(孫科誌)·유목림(劉牧琳), 2016, 「만청시기 상해 조선인(晚淸時期上海的朝鮮人)」, 『사림(史林)』 5.
손과지, 2004, 『상해한인사회사연구』, 학원 출판사.
신승하, 1983, 「예관 신규식과 중국혁명당의 관계」, 중국학론총간행 위원회 편찬, 『김준엽 교수의 화갑 기념 중국학총서』.
왕계현, 1940, 「중국 전장터의 조선 의용대」, 조선의용대 출판.
정화암, 1992, 『생명으로 집필한 근대사』, 한성 자유문고.
조동걸, 1986, 「임시정부 수립을 위해 1917년 발표한 대동단결선언」, 『한국학총서』 제9집, 한국국민대학교 한국학 연구소.
최봉춘, 2013, 「중공 상해 한인 지부」, 중국 조선사연구회 등 편찬, 『조선·조선역사 연구』 제13집, 연변대학출판사.

4장

'동양평화론'과 당대 동북아 평화 구도: 역사와 현실의 대화

위웨이민(余伟民)
화동사범대학 역사학과 교수

I. '동양평화론'
: 민족주의와 범동아시아주의 간의 모순

100년 전 동북아 지역('동양')은 국제 체제의 재편과 역내 각국 사회 구조 전환이라는 거대한 변혁에 놓여 있었다. 변혁의 동력은 바로 '서양'으로부터 왔다. 초기 서학이 동양으로 전파부터 식민주의에 이르기까지 현대화에 앞장섰던 서방 국가는 선진 산업 문명을 기반으로 사상과 무기를 이용해 동방 전통사회의 문을 열고, 이에 따라 동방 국가는 자신의 발전 노선을 바꾸고 서방이 주도하는 현대 세계로 편입할 수밖에 없었다. 그중, 동북아 지역 각국은 서구 열강의 침략을 받았고, 전통적인 지역 국제질서(중국 중심의 '한자문화권'과 '조공체계')는 와해되었다. 서방(러시아 포함) 세력의 침입에 저항하는 공동 투쟁 과정에서 이 지역의 각국 간 상호 관계를 재정립하고, 새로운 지역 국제 체제를 형성하는 것은 당시 한중일 3국의 이익 갈등과 외교 갈등의 쟁점이 되었다. 이런 상황에서 안중근 의사는 '동양평화론'을 제시하며 한반도의 입장과 관점에서 동북아 국제 체제의 미래를 토로했다.

사상사의 맥락에서 안중근의 '동양평화론'은 당시 일본, 한국 양국 지식인들 사이에 유행했던 '흥아주의(興亞主義)'와 '아시아(3국) 연대론'의 영향을 받았다. 일본의 '흥아주의'는 후에 '대동아공영권'을 추진하는 핵심 사상으로서 일본이 중국을 대신해 동북아, 더 나아가 아시아를 주도하는 핵심 역량이 되고자 하는 민족 본위(本位)의 제국 사상을 말한다. 이러한 범아시아주의 사상이 한국에서 공감대를 불러일으킨 것은 범아시아주의가 일본 민족주의를 잘 드러내는 한편 동북아 지역이 서구 열강의 침략과 억압에 놓여 있어 '동양' 자주성을 추구하는 지역주의 이념을 보여주었기 때문이다. 이런 이념이 내포한 서방 식민주의에 저항하자 하는 요구 또한 동북아 3국의 공동 이익이기 때문에 각국 민족주의가 이를 수용할 수 있었고 각국의 민족주의의 목표가 되었다. 쇠락한 중국은 지역의 리더로서 책임을 부담할 여력이 없었고, 부상 중인 일본이 자연스럽게 지역의 중심 국가가 되었다. 중국과 일본 사이에 놓인 한국 또한 '3국 연대' 의의에 따라 중국과 일본의 위치가 뒤바뀌는 현실을 수용할 수 있었고, 이로써 동북아 지역의 새로운 구도 속에서 독립적인 지위를 모색했다. 안중근은 '지금의 세계는 동서로 나뉘어져 있고 인종도 각각 달라 서로 경쟁하고 있다. 지금 서양 세력이 동양으로 뻗쳐오는 화난을 동양 인종이 일치단결해서 극력 방어해야 함이 제일 상책이다'라고 밝혔다. 일본 천황이 대(對)러시아 「선전서(宣戰書)」에서 밝힌 '동양의 평화를 수호하고 대한 독립을 공고히 한다'는 선의에 대한 기대로 한국은 러일전쟁에서 일본을 지지하여 일본이 '동양인'과 '서양인'과의 전쟁에서 승리하도록 도왔다.

그러나 한국인을 실망시킨 것은 러시아에게 승리한 일본이 약속을 지키지 않고 오히려 '러시아보다 더 야만적인 행동'으로 한국을 침략하고 통제했으며, 결국 합병에 이르게 됐다는 것이다. 일본이 '같은 인종이자 이웃국가를 박해'한 악행에 대해 안중근은 당시 조선의 '통감'인 이토 히로부미를 민족의 원수이자 동양의 평화를 파괴한 '악인'으로 보았다. 그가 법정에서 자신이 이토 히로부미를 암살했다고 진술한 것은 한국 독립과 동양의 평화를 위한 것이었다. "본인은 동양의 한 사람으로서 악인을 제거하는 것이 나의 의무이다. 이런 사람이 살아 있는 것이 동양의 평화를 해치는 것이다. 고로, 동양의 평화를 위해서 그를 세상에서 처단한 것은 결코 개인 자격으로 한 것이 아니다"라고 진술했다. 안중근은 이토 히로부미 등이 실시한 정책은 한국과 중국에 해를 끼치고, 아시아에서 일본의 이익에도 피해를 주어 일본이 결코 아시아 각국이 인정하는 '패권국'이 될 수 없으며 만일 일본이 생각을 바꾸어 '동양평화공동체' 건설에 앞장서면 '일본은 태산처럼 굳건한 위치에서 각국으로부터 최고의 영예를 얻을 것이다'라고 생각했다.

안중근의 '동양평화론'은 20세기 초 동아시아 국제 체제의 전환 과정에서 국가 본위(本位)의 민족주의와 문화 본위(本位)의 범동아시아주의 사이의 심각한 갈등을 반영한다. 즉, 한편으로는 서방 식민주의가 가져온 현대민족국가관은 아시아 각국의 민족주의 사조를 불러일으켰고, 국가주권과 민족 독립의식이 전통적인 '사대주의' 왕조 의식과 '천하관'을 대신하게 되었다. 또 한편으로 '동문동종(同文同種: 다른 두 나라가 같은 문자를 사용하고 인종도 같음)'의 지역 공동체 이념은 여전히 전통적인 국제질서관을 계승했고, 이를 기반으로 '동방 패권' 재정립을 통해 강력한 서방 패권에 대한 대항을 시도했다. 일본의 '흥아주의'와 안중근의 '동양평화론'은 이러한 사상 갈등의 산물이다. 지역의 강국이 된 일본이 '흥아주의'로 제국 패권의 합법성을 확보하고자 하는 시도와 민족적 위기에 놓인 한국이 '동양'의 3국이 공존하는 공동 이익에 호소해 일본의 조선 합병을 막고 국가의 독립을 지키고자 한 데서 이 두 사상은 극명하게 엇갈린다. '동양평화론'의 관점에서 일본의 잘못은 지역 강국을 넘어 패권국이 되고자 한 것이 아니라 서방 식민주의를 모방해 동일한 문화권인 중국, 한국 양국에 식민지배와 침략 전쟁을 실시한 것이다. 그래서 만일 일본이 '철저히 회개하고', '기존의 정책을 바꾸고' 중국과 한국에 대한 침략 전쟁과 식민지배를 포기했다면, 일본이 중심이 되는 '동양평화공동체', '일·청·한 3국이 영구적인 평화와 행복을 누리는' 시대를 구축

했을지도 모른다. 이런 의미에서 '동양평화론'이 담고 있는 범동아시아주의는 민족주의에 대한 한국의 염원을 보여주며, 3국의 공동 이익과 비(非)식민지화를 바탕으로 한 일본의 지역 패권에 합법성을 부여한다.

물론 '동양평화론'을 통해 일본이 정책을 바꾸기를 기대한 것은 이상적인 일이었다. 왜냐하면 '동양평화론'은 서방 식민주의와 일본 제국주의에 의해 해체된 동북아 지역 전통 국제질서의 '부흥'을 기반으로 한 것이었기 때문이다. 이런 '부흥'의 청사진은 실현 불가능한 것으로 새로운 지역 패권은 더 이상 전통문화권의 이념에 따라 강자와 약자, 신분의 차이에 의해 구축된 '형제국가'의 '천하'를 구축하는 것이 아닌 서방 열강과 같은 '약소국을 침략하고 삼키는' 현대 식민주의 약육강식의 길을 걷고 있었기 때문이다.

안중근이 '동양평화론'을 제시한 같은 해, 일본은 한국을 공식 합병했고 한국은 일본의 식민지가 되었다. 이것을 계기로 한국인의 민족 국가 의식은 각성되었고, 1919년 '3·1운동'을 계기로 한반도에서는 국가 광복을 목표로 현대 민족 독립운동이 시작되었다.

II. 독립운동에서 한반도의 분열: 동북아 냉전 구도의 형성

'동양평화론'에 대한 기대와 항일 독립운동 전개에 이르는 한국인의 모습은 20세기 초 동북아 국제 관계 변화의 현실인 지역 구도의 분열을 반영한다. 전통적으로 이어져온 '3국 연대' 관계는 더 이상 존재하지 않았고, 일본은 중국과 한국 양국의 적이 되었다. 동시에 한국의 '3·1운동'

과 중국의 '5·4운동'은 세계적인 구도적 분열의 영향을 받았다. 1914~ 1918년 제1차 세계대전으로 서방이 주도한 초기 세계 체제는 몇몇 국가 그룹으로 나뉘었고, 유럽과 미국은 서방 세계의 '내전'에 돌입했다. 이 전쟁의 산물인 1917년 러시아 혁명은 서방 현대화 모델을 '대체'하는 사회주의 현대화 노선의 시작을 알렸다. 10월 혁명 이후 소련은 세계 혁명을 위해 동방 국가에 혁명의 모델을 알리고, 1919년 코민테른의 성립과 동방 전략의 추진은 동방 국가의 민족 독립운동에 사회주의를 불어넣었다. 이런 배경 속에 중국의 5·4운동은 사회주의가 이끄는 '신민주주의 혁명'의 시작이 되었고 3·1운동 이후 전개된 한국 독립운동 역시 다원성과 양극화된 정치 형태를 보여주었다.

일본 식민 당국이 독립운동을 무차별 진압하면서 해외에 망명 중인 항일 인사들이 한국의 독립운동을 조직하고 진행했는데, 이는 크게 세 가지로 분류된다. 첫째, '대한민국 임시정부'와 무장세력인 '광복군'으로 중국국민정부의 지원을 받아 상하이, 우한, 충칭 등 중국 항일전쟁 전쟁터에서 활동했다. 둘째, '독립동맹' 및 무장세력인 '의용군'으로 중국 공산당의 팔로군에 편입되어, 화북 지역의 중국 항일 전쟁의 적진 후방에서 주로 활동했다. 셋째, 중국 동북의 '항일연군'으로 원래 중공 만주성위원회 산하에 있다가 1935년 이후 중공 코민테른 대표단 및 파견 주둔 기구의 산하로 들어갔는데, 사실상 코민테른 직속 계통으로 편입되었다. 1940년 이후 항일연군 부대는 소련 극동 붉은 군대 지휘 계통에 편입되어 소련의 하바로프스크 부근으로 철수하여 훈련을 받았다. 1942년 8월 소련 붉은 군대 극동 제 88독립보병여단으로 편성된다. 이 여단의 김일성 소속 부대는 후에 소련군을 따라 한반도 북부로 진입하여 북한 정권의 핵심이 된다.

앞서 말한 세 계통 모두 일본 식민 통치 저항, 광복 실현, 독립 민족 국가 건설을 목표로 하고 있다. 또한 제2차 세계대전 중 전 세계 반파시스트 연맹에 가입하여 중국, 소련, 미국과 함께 일본 제국주의로부터 승리를 거두는 데 공헌을 했다. 하지만 이 세 계통은 다시 두 가지 정치 노선으로 갈린다. 하나는 서방 자유주의를 인정하고 자본주의 길을 지향하는 정치 노선, 다른 하나는 공산주의 이데올로기를 수용하고 사회주의 길을 걷는 정치 노선이다. 1945년 8월 광복과 민족 독립의 목표를 실현한 후 한반도에는 어떠한 형태의 새로운 국가를 건설할 것인가 하는 문제에서 두 노선 간에 첨예한 대립과 격렬한 투쟁이 벌어진다. 양극화된 국내 정치계와 전후 초기 미국 소련 냉전 충돌과 맞물리면서 광복 이후 한반도는 민족 분열과 갈등이 시작되었다. 1945년 한반도는 제도와 이데올로기가 대립하는 남과 북으로 나뉘어 각각 미국과 소련을 필두로 하는 양대 국제 진영으로 갈라진다.

한반도의 분열 과정에서 내적인 요인과 외적인 요인이 서로 교차하면서 한반도 내부 정치 분열과 좌우 대립은 매우 심각했다. 한민족 내부의 각 정치 파벌 및 그것이 대표하는 사회 계층과 집단이 각자의 이익과 이데올로기에 따라 분열하고 충돌하면서, 민족의 모든 역량을 응집해 외부에 의한 '타율적' 분열 시도를 저지할 수 없었다. 반대로 외세를 빌어 권력 투쟁에서 승리한 정치 세력은 자신의 그룹과 그 사회 계층의 이익을 민족 통일의 이익보다 우선시해야 했고, 외부 지배 세력과 결탁했다. 이런 상황에서 민족의 구심력을 견지한 중도파 민족주의 세력(김구, 여운형, 조만식 등 이 과정에서 암살된 좌우익 인사)은 더 이상 입지를 확장할 수 없었다. 그래서 한반도의 분열은 결국 미국과 소련이 한반도를 반으로 나누어 점령하게 된 미소 냉전의 결과이며, 한반도 민족 내부 정치의 양극화와 남북 제도 분열의 산물이다.

　한반도의 분열로 동북아 냉전 구도가 형성되었다. 한반도의 남한과 북한의 건국을 시작으로 동북아 지역의 국제 관계도 이중 구조가 드러났다. 한국-북한 대결 구도와 양대 동맹 관계(한미일-북중소)의 대결 구도가 형성되었다. 2차 세계대전에서 일본의 패배로 비록 동아시아 식민 체제는 무너졌지만 이 지역은 전통적인 '3국 연대'의 지역 국제 체제로 회귀하지 못하고 동북아 지역 각국의 분열과 대립이 더욱 심화되었으며, 이 지역의 구조적 모순은 세계적인 구조적 모순으로 발전했다. 이런 상황에서 만일 '동양평화론'이 구상한 미래를 제기하는 것은 '연목구어'와 다름없고 현실적인 기반도 없다. 냉전 시기, 동북아의 '평화 구도'는 단지 '정전 메커니즘' 또는 '위기 통제 메커니즘'일 뿐이며, 냉전 체제하에 각국의 이익을 나눌 수 있는 최선의 상황이었다.

III. 포스트 냉전 시대의 동북아 평화 구도
　　: 미래와 현실

　1991년 소련이 해체되고, 소련-동유럽권도 더 이상 존재하지 않게 되면서 미소 냉전도 종식되었다. 중국은 개혁 개방의 길을 걸으며 미국, 일본, 한국과 정상적인 외교 관계를 수립했다. 기존의 북중소 동맹은 해체되고, 중국과 북한 양자 간 동맹 관계 역시 역사상 가장 소원한 상태가 되었다. 한미일 동맹의 기능과 실질적인 역할도 이에 따라 변했다. 세계적인 구조적 변화는 포스트 냉전 시대의 동북아에 지역 국제 체제를 다시 재편할 수 있는 기회와 환경을 제공했다.

동북아 지역 구도 조정에서 두 가지 기본적인 구조적 문제를 해결해야 한다. 1. 냉전 동맹의 해체, 2. 한반도 남북한 통일이다. 두 가지 관계에서 한반도의 구도적 변화는 중요한 역할을 한다. 한반도 문제에서 전자는 외부적 문제로 이는 중미 관계로 결정되고, 후자는 내부적 문제로 북한의 제도 변화와 사회 체제 전환이 핵심이다. 안타까운 것은 20년간의 과도기를 거치면서 포스트 냉전 시대의 동북아 평화 구도는 줄곧 '난산(이루기 어려움)'이었다는 점이다. 북한의 왕조 통치 제도와 3대 세습, 체제 안정을 유지하기 위한 핵무기 개발은 동북아 평화 체제 형성을 저해하는 결정적 요인이다. 현재 세계는 '신냉전'의 위협에 놓여 있는데 동북아 지역은 아직 '구냉전'의 그림자에서 벗어나지 못했다. 불확실한 미래는 바로 한반도 문제로 인해 동북아 지역이 '구냉전'이 '신냉전'으로 이어지는 전초 지역이 될 수 있다는 것이다. 그럼에도 우리는 여전히 또 다른 가능한 불확실한 미래에 기대를 걸고 있다. 100년 전 안중근 의사가 감옥에서 남긴 '동양평화론'처럼 지금 우리는 동북아의 평화 구도에 우리의 바람을 담을 수 있다. 현실적인 문제에서는 당대 인식으로 '동양평화론'을 재해석하는 것이다.

만일 100년 전 '동양평화론'이 민족주의와 범동아시아주의 간의 심각한 갈등으로 실천에 옮기지 못했다면, 지금 동북아 평화 구도의 현실적인 기반은 반드시 민족주의와 전통지역주의를 초월하는 것을 전제로 해야 한다. 먼저 현대 동북아 평화 구도는 세계적인 평화 구도의 구성 부분으로 동북아 평화 구도는 더 이상 전통사회인 '동방세계'가 '서방세계'의 충격에 대한 대응이 아니라 현대 글로벌 문명과 융합한 이후의 동서양의 동질적인 지역 구도이며 그 객관적인 기반은 경제 글로벌화와 세계 체제의 전환과 발전이다. 경제글로벌화는 세계적인 동서양 대립을 해소할 수 있는 가장 강력한 힘이다. 통일된 세계 경제 구도에서 현대 세계 경제 발전의 핵심 엔진인 중국, 일본, 한국 3국은 이미 세계 경제의 선두에 있다. 3국은 함께 동북아 지역을 세계 경제의 핵심으로 만들 수 있다. 이런 의미에서 중국, 일본, 한국의 경제 일체화가 지속적으로 발전하면 동북아 지역의 평화 구도는 튼튼한 기반을 마련할 수 있다. 이는 이 지역의 발전에 부합하며, 세계 평화 구도 및 지역적 문제 해결의 성공적인 모범 사례가 될 것이다. 둘째, 미소 냉전 종식 이후 기존의 지역 동맹 관계는 서서히 약화되고 있다. 이런 흐름이 다시 역행하지 않으려면 동북아 지역은 냉전 동맹을 대체할 새로운 신형 국제 관계를 형성해야 한다. 비록 북한은 여전히 주요 장애물이긴 하지만 중미 관계가 안정적으로 발전해 나간다면 북핵 위기 해결은 중국과 한미일 협력을 추진하는 동력이 될 수 있다.

그러나 유리한 여건이 마련된 지금의 동북아 평화 구도는 최근 10년 동안 실현이 어려운 '난산'에 놓여 있다. 그 원인은 다음 두 가지와 같다.

첫째, 평화 구도의 제도적 장애가 다시 강화되고 확대되고 있다.

냉전 시기에 세계적이고 지역적인 평화 구도가 형성되기 어려운 이유는 당시 세계가 둘로 나뉘어 두 가지 제도와 이데올로기가 대립했기 때문이다. 냉전 구도는 제2차 세계대전 이후 확립된 이원·양극화된 세계 체제 구도였다. '이원(二元)'은 제2차 세계대전 이후 전 세계에 횡적인 구도적 분열의 발생을 의미한다. 이 분열은 인류 사회가 현대적 모순과 위기 과정에서 서로 다른 정치 이념에 따라 상이한 발전 목표를 추구하면서 야기된 제도적 분열이다. 소위 '양극'은 제도적 분열로 형성된 양대 국가 그룹 각자 지배적인 역량을 가지고 있고, 양자가 세계적으로 영향력을 발휘하면서 '두 가지 세계'의 대치를 형성했다. 그래서 냉전사가 보여주는 구조적 모순은 일반적인 의미의 국가 이익 경쟁과 국제 관계의 패권 경쟁이며, 실질적으로는 두 가지의 상호 대립하는 사회 제도와 이를 지배하는 이데올로기 간의 투쟁이다. 냉전의 종식으로 미소 간 극단적 대립이 해소되면서 두 세계는 하나로 다시 귀결된다. 하지만, 냉전 구도를 형성한 제도적 요인은 사라지지 않았다. 포스트 냉전 시대의 세계는 여전히 '현대적' 모순의 어려움에 직면했다. 소련 모델의 실패는 발전 노선의 경쟁을 종결하지 못했다. 그래서 사람들은 현대적 모순의 도전에 계속 대응해야 했고, 이익 갈등으로 인한 정치 이념과 이데올로기의 대립은 여러 유형의 충돌을 야기했다. 동북아 지역의 경우 이러한 제도적 모순이 한반도 남북한 사이에서 가장 먼저 나타났다. 소련 모델을 따른 북한은 이미 제도 경쟁에서는 뒤쳐졌지만 정권과 체제 안정을 지키기 위해서 제도 개혁을 거부하고 핵무기 개발을 통해 제도를 세습하고자 하는 목표를 실현했다. 이런 상황에서 한반도는 '제도 통일'이라는 헌정 문제에 직면했다. 한국이 두 가지 제도가 공존하는 '민족공동체' 모델을 제시해도 북한의 동의를 얻기 어렵다. 그 이유는 두 가지 제도가 일단 열린 경계의 공동체로 들어가게 되면 객관적으로 두 가지 제도의 장단점과 우열이 드러나게 되고, 낙후된 한 쪽은 공동체의 '포용적' 구조 속에서 부득이하게 제도 전환을 해야 한다. 이는 바로 북한 정권의 안위와 직결된 문제이다. 북한은 제도에 대한 자신감이 결여되어 있어서 제도적인 대립을 계속 끌고 나가야 한다. 제도적 대립이 해소되지 않는 한 한반도는 냉전식 평화를 유지할 수밖에 없다.

   동북아 평화 구도의 제도적 장애물이 한반도에만 국한되어 있다면 그래도 상황은 낙관적인 편이다. 관련국이 협력을 강화하고 북핵 위기 공동 대응을 강화하여 북한이 개혁과 개방의 길을 선택하게 하면 한반도의 제도적 대립은 외부로 확산되지 않고 효과적으로 통제될 수 있고, 최종적으로 한반도의 '탈냉전'을 실현해 북한을 지역의 평화 구도로 편입시킬 수 있다. 문제는 2008년 글로벌 금융 위기 이후 경제 글로벌화의 부정적인 영향과 세계 체제의 심층적인 갈등이 국가 본위의 민족주의와 반글로벌화의 포퓰리즘 확산을 불러일으켰다. 그리고 포스트 냉전 시대의 국제질서를 주도한 서방국가의 사회 제도와 거버넌스에 대한 회의적 시각이 대두되면서 제도의 '대안적 선택'이 다시 한번 국제사회, 특히 개도국가의 선택 옵션이 되었다. 동시에 도전에 직면해 기존의 패권을 유지하고자 한 서방 강국 역시 '스스로 제도를 지키는 제도(自衛)'를 강화하여, 현실적이고 잠재적인 도전에 대해 제도 경쟁을 강화했고, 주요 경쟁 상대에 대해 냉전식 '억제'를 재시도하려 한다. 이런 상황에서 동북아 지역 역시 제도적 경쟁이 일어날 수 있는 가능성이 나타나고 있다. 원래는 한반도에 국한된 냉전식 대립이 대국 관계의 변화에 따라 지역 평화 구도의 제도적 장애로 확대될 가능성이 있다.

둘째, 중미 관계의 갈등, 즉 '신(新)냉전'의 그림자이다.

중미 관계는 동북아 지역에서 가장 중요한 대국 관계이다. 냉전 시기, 중미 관계는 아시아 냉전 구도의 기초였고 미·소·중 3각 관계를 형성하고 냉전의 전환을 이끈 동력이었다. 포스트 냉전 시기, 중미 관계는 동북아 지역의 국제 관계를 주도했고, 지역의 평화 구도 형성에 결정적인 역할을 했다. 중미 관계가 순조롭게 발전하는 상황에서 양국의 전략적 협력은 동북아 국제 관계 재정립과 북핵 위기 해결에 많은 노력을 했고 중요한 성과를 거두었다. 만일 이런 상황이 안정적으로 지속되면 중미 관계는 한층 더 발전할 것이고, 동북아 지역도 결국 냉전을 종식하여 새로운 시대 평화 구도 형성도 기대할 수 있다. 그러나 지난 몇 년 간 중미 관계에도 여러 가지 우여곡절이 있었다. 특히 2018년부터 시작된 중미 무역 전쟁은 중미 관계를 약화시켰다. 중미 관계가 협력에서 대립으로 변하고 있고, 미국 당국이 중국을 냉전 시기의 소련과 같은 전략적 경쟁자로 정립해 '신냉전'이 막을 올렸다는 비관적인 견해도 있다.

중미 관계의 변화는 동북아 지역의 평화 구도에 분명 불리한 영향을 준다. 특히 대표적인 사례는 북핵 위기를 저지할 중요한 요소를 잃었다는 것이다. 북한은 이 기회를 이용해 '핵 보유' 목표를 달성하려고 한다. 한반도의 '비핵화' 노력 실패는 동북아 평화 구도를 근본적으로 파괴할 것이다. 동시에 한반도의 제도적 대립과 중미 관계 악화가 상호 영향을 주어 동북아 지역이 동맹들이 대립하는 구조적 모순이 재현될 것임을 배제하지 않을 수 없다. 비록 새로운 동맹 구도와 이전의 양대 동맹은 다소 다르지만 집단적인 대립은 분명 '신냉전'을 형성하는 계기가 될 것이다.

결론적으로 100년이 지난 지금 '동양평화론'을 재해석하는 것은 새로운 역사적 상황에서 당대의 의의를 부여하여 동북아 평화 구도에 실현 가능한 미래를 제시하고자 하는 기대를 담은 것이다. 하지만 지금의 엄중한 현실은 이론적으로 가능한 꿈꾸는 미래가 불확실한 미래로 향하게 하고 있다. 어쩌면 이것은 앞으로도 수년간 지속될 '역사와 현실의 대화'일 것이다.

5장

류코쿠대학 소장 안중근 유묵과 월경적 대화
: 동양평화론의 21세기적 재평가

이수임(李洙任, Lee Soo-im)
류코쿠대학 경영학부 교수

I. 머리말

일본 류코쿠대학(龍谷大學) 사회과학연구소 공동 연구 "일한미래평화 교류사업의 학제적 연구-류코쿠대학 소장 안중근 '유묵'·'단바망간기념관[3]으로 대표되는 역사·문화 자산의 조사 연구와 그 실효적 이용-"은 2013년 4월에 연구 활동을 시작하였다. 이 공동 연구의 출발을 계기로 2013년 5월에 '안중근동양평화연구센터'를 설치하여 안중근과 동양평화에 대한 연구 토대를 마련하였다.

우리 활동은 학술 연구에 한정하지 않고 연구 성과를 시민 활동과 연계할 목적으로, 다양한 연구자와 한일 관계 연구에 종사하는 연구센터와 기관 그리고 언론과 연계해 왔다. 이러한 인적 네트워크의 확대와 시민사회로의 확산은 공동 연구자들에게 연구 과제에 다각적으로 접근할 수 있는 시점을 제공하였을 뿐만 아니라, 탁상공론식 학문으로 끝내지 않겠다는 연구자의 내발적 동기를 고양하는 데에 기여하였다. 이는 무엇보다 인중근이라는 인물의 영향력에 힘입은 바가 크다.

일본에서는 안중근이라 하면 초대 내각 총리대신으로 초대 한국통감을 지낸 이토 히로부미(伊藤博文, 1841. 10. 16.~1909. 10. 26.)를 암살한 인물로 유명하다. 일본에서 돌연 안중근에 대한 관심이 높아진 것은

1　이 글은 이하의 저서를 편집, 가필한 것이다. 李洙任·重本直利 編著,『共同研究 安重根と東洋平和 東アジアの歴史をめぐる越境的対話』, 明石書店, 2017.
2　이 연구 프로젝트 대표, 류코쿠대학 사회과학연구소부속 안중근동양평화연구센터 센터장. 전공은 영어교육학, 이문화 비즈니스커뮤니케이션, 이민학. lee@biz.ryukoku.ac.jp.
3　한반도에서 건너온 이주 노동자가 직면한 가혹한 노동 환경을 알리고 있는 역사관.

2014년 1월 19일, 중국 하얼빈역(안중근이 이토를 쏜⁴ 장소)에 안중근기념관이 설립되면서부터였다. 이토 히로부미는 중국이나 한국에서 조국을 침략한 원흉으로 여겨지고 있으므로, 이 기념관은 안중근의 의사로서의 충절을 기리기 위한 것이다. 박근혜 전 대통령이 2013년 방중 당시 요청한 의거 현장의 기념비 건립에서 수 단계 발전해, 기념관을 개설하기에 이른 셈이다. 이에 안 스가(菅) 당시 일본 관방장관은 안중근을 '암살자', '테러리스트'라 칭하며 불쾌감을 적나라하게 드러냈다. 그리고 언론이 이를 일제히 보도하면서 일본 사회에서는 '안중근=테러리스트'라는 이미지가 확산된다. 당연히 평범한 일본인까지 그 영향을 받아 안중근은 혐한, 혐중의 상징적 존재로 떠오른다.

안중근을 '암살자'나 '테러리스트'라는 단어로 치부하는 행위는 이웃 나라와의 관계에 긍정적으로 작용하지 않는다. 중국 하얼빈역에 안중근기념관이 설립되었다는 사실은 안중근이 한국의 독립뿐만 아니라 중국과 일본 그리고 여타 아시아 국가들이 자국의 자주, 자립이라는 독립성을 지키면서 공영하는 동양 평화를 완수하는 것이 평생의 과업이라 믿던 인물이기 때문이다. 따라서 안중근을 한국의 영웅이라는 한정된 프레임으로 이해하지 않고, 안중근과 이토 히로부미를 둘러싼 정치적, 사회적 요인을 냉철하게 판단하고, 화해를 향한 관계성을 구축하기 위한 실마리를 모색하는 것이 필요하다. 이 중요한 작업의 실현 여부는 각국의 성숙도에 달려 있다. 이 글에서는 안중근이 제창한 동양평화론을 고찰하면서 안중근이 남긴 유묵의 의미를 이해하고, 국경을 초월한 대화의

---

4   '사살'(射殺)인가 아니면 '암살'(暗殺)인가, 단어 사용에 따라 독자가 품는 이미지가 다르므로, 이 글에서는 '쏜'으로 적었다.

실효성과 안중근이 한 세기 이전에 구상한 동양평화론을 재평가하고자 한다.

II. 류코쿠대학과 그 윤리 책임

안중근 연구에서 또 하나 중요한 주제는 대학과 윤리 책임이다. 류코쿠대학은 정토진종(淨土眞宗) 니시혼간지(西本願寺) 관계 대학이다. 승려 양성을 목적으로 설립되었으나, 지금은 10개 학부와 9개의 연구과를 거느린 종합대학이다. 하지만 건학 정신이 정토진종의 가르침에 뿌리를 두고 있는 만큼, 류코쿠대학[5]은 다른 대학에서는 볼 수 없는 종교관이 그 가르침에 면면히 계승되고 있으며, 정토진종 혼간지파의 (니시혼간지) 관계 학교들 중 최고 학부로서의 지위를 점하고 있다. 류코쿠대학이 안중근 유묵을 어째서 소장하게 되었는가의 내력과 관련해서는 류코쿠대학이 주체적으로 이 물음에 답해야 할 중요한 연구 과제가 존재한다.

그 실천의 일례로 류코쿠대학은 2009년에 창립 370주년 기념 일환으로 학도 출진에 관한 대규모 조사를 진행하였다. 승려가 되어야 할 청년이 전쟁터로 나가 전투 중 목숨을 잃었다. 그 과정에서 지원이나 징병으로 출정한 재학생·졸업생이나 교직원들이 많다는 사실이 밝혀졌고, 역사 연구로 명부 작성 작업이 착수되었다.[6] 전쟁에서 사망한 민간인을

---

5 1639년 니시혼간지(西本願寺)가 설립한 '가쿠료(學寮)'를 전신으로 하는 전국에서도 몇 안 되는 구제 대학이며, 건학 정신인 "진실을 추구하고, 진실에 살며, 진실을 밝힌다"는 정토진종의 가르침에 뿌리를 두고 있다.

6 류코쿠대학에서는 『류코쿠대학 전몰자 명부(龍谷大學戰没者名簿)』 간행을 기념하

포함한 300명의 '살아 있던 증거'가 글로 남았다. 감수 책임자인 니타 미쓰코(新田光子)는 전사자 가족에 대한 인터뷰 조사에서 가족이 "전쟁에 가지 마라"고 울며 간원해도 적극적으로 전쟁터로 나간 학생이 많았다는 것을 알 수 있었다고 한다.

학생들의 애국심을 고양한 배경에는 교단의 천황에 대한 보은이 있었음을 부정할 수 없다. 책임윤리는 비단 정치 무대에만 물을 것이 아니며, 화해에서 공존으로 발전하기 위해서는 사회 전체, 더 나아가 전쟁에 관여한 모든 단체와 조직이 독자적으로 역사와 마주하는 자세가 필요하다. 곧 종교 관계자와 기업 그리고 교육기관은 과거에 눈을 감는 게 아니라, 독자적인 역사관을 구축하여 평화 유지를 위해 과거, 현재, 미래로 이어지는 작업을 수행해야 하는 셈이다.

전쟁에 가담한 기업의 윤리 책임을 다하는 자세에서 독일과 일본은 현격한 차이를 보이고 있다. 또 유럽의 대학도 동일한 윤리 책임을 충실하게 해왔다.[7] 반면 일본의 기업이나 대학은 과거와 진지하게 마주하는 자세가 있었는지 심히 의심스럽다. 역사인식을 일치시키기 전에 식민지

여 '전쟁과 류코쿠대학'이라는 전시회를 개최하였다. 전시 기간은 2011년 10월 28일 ~11월 6일. 그리고 류코쿠대학은 전몰자조사실(실장: 니타 미쓰코 사회학부 교수)을 중심으로 전몰한 류코쿠대학 관계자(학생 및 교직원)에 관한 조사, 연구를 2009년 4월부터 2011년 10월까지 진행하였다. 또 주목할 점은 대학의 사회적 책임을 사명으로 내걸고, 사회에 그 메시지를 전달하고 있다. 龍谷大學プレスセンタ-, 「『龍谷大學戰没者名簿』刊行・展觀『戰争と龍谷大學』開催10月8日~11月6日」 https://www.u-presscenter.jp/modules/bulletin/index.php?page=article&storyid=3429, 접속일: 2016년 2월 2일.

7 重本直利, 「強制連行企業, 過去との対話-記憶, 責任, そして未来へ」, 「植民地支配と紛争解決にむけての対話-東アジアの相互理解のために-」 국내 워크숍(2012년 3월 15일) 기록, 龍谷大學アフラシア多文化社會研究センタ-研究シリ-ズ2, '한국병합' 100년 시민네트워크 공동 개최, 2013년, 9~15쪽.

지배의 의미를 정확하게 파악할 수 있도록 다각적인 역사 교육을 실행할 책임이 모든 교육기관에는 있다. 특히 류코쿠대학 같은 종교계 대학은 국가주도형 교육에서 일정 거리를 두면서 중요한 역할을 할 입장에 있다.

모리스 스즈키[8]는 오늘날 일본을 둘러싼 정치적·경제적 환경은 제2차 세계대전의 그것과 유사하다고 지적한다. 또 마키노 에이지(牧野英二)[9]는 한나 아렌트의 '악의 평범성'을 인용하여, 갈수록 사고 정지 상태에 매몰되어 가는 현재 일본 사회와 정치에 강한 위기감을 느끼고 광범위한 '악의 평범성'이 재연될지도 모른다고 경종을 울리고 있다. 이러한 우려는 역시 역사에서 배우는 자세가 부족한 데에서 말미암는다. 정치인의 질적 열화나 대기업의 국제 경쟁력 하락에 직면한 일본에서 일반 시민은 '악의 평범성'에 너무나도 쉽게 물들 수 있는 환경에 처해 있다. 비록 일본은 천황숭배주의에서 하루 아침에 세력 균형이 일변하여 미국에 의해 민주주의 사상이 이식되는 과정을 겪었으나, 전후 오늘날까지 어떠한 전쟁에도 직접 참여한 적 없이 평화주의를 유지해 온 것에 자부심을 느껴야 할 것이다.

---

8 テッサ・モリス=スズキ,「越境する戦争の記憶」安重根「東洋平和論と日韓歴史の國境越え」류코쿠대학 사회과학연구소부속 안중근동양평화연구센터, 안중근의사기념관 주최 국제학술회의 기조강연, 2015년 11월 7일.

9 牧野英二, 2014,「近くて遠い國」の間の対話に向けて-日本人の安重根像をめぐって」,『龍谷大學社會科學研究所付属安重根東洋平和研究センター-共同研究會基調講演集』(2013년 4월~2014년 3월 활동 기록), 龍谷大學社會科學研究所付属安重根東洋平和研究センター-, 30~47쪽.

1. 일본 불교의 전쟁 책임

 안중근은 신실한 가톨릭 신자였다(세례명: 토마스). 그는 한국에서는 순국 영웅으로 추앙되고 있으나, 안중근의 종교관에서 볼 때 국수주의자나 민족주의자라는 프레임으로 설명하기에는 무리가 있다. 또 안중근을 설명할 때는 식민지 지배하에 놓인 나라로 건너간 일본 불교의 승려라는 존재들을 빼놓을 수 없다.

 일본 불교는 식민지 지배를 긍정하고, 천황국가체제에 기반한 교의와 국가의 군사화 그리고 식민지 지배 정책에 찬동하였고, 이에 동조하여 많은 승려들이 조선과 타이완으로 건너갔다. 그 주요 목적은 일본인에 대한 포교였다. 하지만 일본을 전쟁의 길로 이끈 환경을 긍정한 점에서 일본 불교 역시 전쟁 책임이 있다.

 그 전쟁 책임을 날카롭게 추궁해 온 승려가 있다. 가령 야스쿠니 신사 아시아 소송 원고단, 고이즈미 야스쿠니 참배 소송 원고단 등 일본 정부를 상대로 한 소송 활동에 참여한 히시키 마사하루(菱木政晴)는 정토진종은 '현인신(現人神)'의 신앙을 인정하고, 전몰자의 현창을 의례화하는 형태로 국가신도의 일익을 담당하였고 해외 침략을 미화하는 역할을 수행하였다고 고발하고 있다.[10]

 정토진종의 개종조인 신란(親鸞)은 권력자와의 관계를 어떻게 생각하였을까라는 의문이 든다. 신란은 세속적인 은(恩) 사상의 가르침을 설파하지 않았다. 그리고 신란의 증손인 가쿠뇨(覚如, 1270~1351) 대까지 신란과 마찬가지로 비록 교의에 '은'에 관한 많은 기술이 보이나, 국왕에

---

10 히시키 마사하루(菱木政晴), 1993, 『仏教の戦争責任』, 岩波ブックレット.

대한 세속적인 은 사상은 존재하지 않았고 오히려 그와는 무관하였다. 하지만 가쿠뇨의 아들인 존카쿠(存覺, 1290~1373) 대에 이르러 명확히 부모와 국왕데 대한 '은'이 강조되기에 이른다.[11]

메이지시대에 공정(公定) 이데올로기로 등극한 국가신도에 기성 지위를 위협당한 일본 불교는 대외적으로 교세를 확장하는 전략을 취하기 시작한다. 이 흐름에 타 종파보다 일찍 편승한 곳이 정토진종 오타니파(大谷派)였다. 오타니파에게 있어 해외 진출은 일본 국내에서 좁아진 지위를 회복하고, 해외에서 새로운 포교원·포교권을 확보하기 위한 것이었다고 볼 수 있다.[12] 한일병합 전에 이미 히가시혼간지(東本願寺) 부산별원을 설치하고(1877년에 첫 포교소가 설치되었고, 1878년에 정토진종 오타니파 히가시혼간지 부산별원으로 명칭을 변경하였다), 본격적인 포교 활동에 나서고 있다.

적극적인 해외 진출의 배경에는 단가(檀家)제도에 안주하고, 막번 권력의 일익을 담당했던 상황이 급변하면서 종래의 지위가 위협당하기에 이른 일본내 사정이 있었다.[13] 조선에서는 포교의 주된 대상이 일본인이었으나, 다양한 형태로 조선인과도 관계를 맺으면서 포교 활동을 전개하고 있었다.[14] 또 타이완에서도 입식한 일본인에 대한 포교를 중심으로

---

11 山本邦彦, 2010, 「1920年代朝鮮における監獄教誨の一考察―勤労の強調をめぐって」, 佛教大學大學院紀要文學研究科篇第38号, 73~88쪽.
12 金潤煥, 2011, 「開港期釜山における東本願寺別院と地域社會(特集: 國際ワークショップ海港都市國際學術シンポジウム「東アジアの海洋文化の發展: 國際的ネットワークと社會變動」), 『海港都市硏究』 6, 43~57쪽.
13 金潤煥, 2011, 위의 책, 44쪽.
14 金潤煥, 2011, 위의 책, 45쪽.

많은 승려가 활약하고 있었다.[15] 에도시대 말엽에 미일화친조약이 체결되어 구미 각국과의 본격적인 교류와 교역이 시작된 무렵부터 일본 불교는 기독교에 대항할 목적으로 종교 정책을 조직화하기 시작한다. 니시혼간지 교단은 기독교의 유입을 두려워하며, 당시 종주인 고뇨(廣如)가 조슈(長州) 출신 승려인 겟쇼(月性)를 중용하여, '호국'의식과 서양에 대한 이적(夷狄) 사상 그리고 '방사(防邪)' 의식을 강화한다.[16] 히사기니시(東西) 두 혼간지가 도막존왕파(倒幕尊王派)에 접근하고 조정과도 긴밀한 관계를 유지하면서, 천황에 대한 '보은' 사상은 교의에서 정당화되기에 이른다. 덧붙여 이토 히로부미는 조슈 번사(藩士) 출신의 존왕양이 지사로 활약한 인물이기도 했다. 이런 점에서 당시 시대적 조류에 일본 불교는 본래의 교의와는 상반된 정치적 요소를 강화하면서 사회에서 괴리되어 있던 것일 수 있다. 또 조국에 이바지하기 위해 승려들은 입식한 일본인이나 현지인에게 "위로는 인자하신 성천자를 받들어 모시고 국위해외에 빛나는 대일본제국의 신민(臣民)으로서 태평 속에서 생활을 영위하고 있는 서로의 행복을 실로 진심으로 기뻐해 마지아니하여야 한다"라며, '천황의 은혜'에 보답하기 위한 국가에 대한 봉공의 중요성을 설파하고 있다.[17] 군국주의는 종교를 이용해 사람들의 애국심을 강제로 고취시켰다. 또 종교 단체는 천황숭배를 기반으로 국민에게 애국심을 고양하고, 사람들을 전쟁터로 내몰았으며, 식민지 지배까지 정당화하였다.

---

15 松金公正, 2006, 「真宗大谷派による台湾布教の変遷-植民地統治開始直後から台北別院の成立までの時期を中心に-」, アジア・アフリカ言語文化研究, No. 71. 마쓰카네(松金)는 柏原祐泉編, 1975, 『真宗資料集成第十一巻維新期の真宗』, 同朋舎의 '해설' 7~9쪽을 참조하였다.

16 山本邦彦, 2010, 앞의 책, 77쪽

17 山本邦彦, 2010, 위의 책, 74쪽

따라서 일본 불교의 전쟁 책임은 안중근 연구에서 중요한 주제 중 하나일 수밖에 없다.

III. 유묵을 통한 일본인과의 월경적 대화

1995년에 안중근과 일본인 간수들의 관계를 다큐멘터리로 제작하여 소개한 TV 프로그램이 방영되었다.[18] TV아사히 방송의 〈오도로키모모노키 20세기(驚きももの木二十世紀)〉[19]라는 프로그램이다. 이 프로그램은 논픽션 작가인 사키 류조(佐木隆三)[20]의 말로 시작한다. 사키는 안중근이 뤼순감옥에서 일본인과 교류한 인물임을 알고, 안중근에 관심을 가지게 되었다며, 저서『이토 히로부미와 안중근(伊藤博文と安重根)』(1996, 文藝春秋)을 집필한 동기를 밝히고 있다. 그리고 "안중근은 단순히 암살자나 테러리스트라는 범주에 가둘 수 있는 인물이 아니며, 어떠한 인물이었는지, 어떠한 대의명분으로 이러한 테러 행위에 나섰는가라는 의문에 일본인은 거의 알려고도 이해하려고도 노력한 적 없다"고 지적하고 있다. 이어서 류코쿠대학에 소장 중인 안중근의 유묵 세 점이 화면에 비치며, 현 상황을 방치해서는 안 된다는 메시지가 시청자에게 전달될 수 있도록 유묵이 효과적으로 사용되고 있다. 코멘테이터로 출연한 나카노 야스오

---

18 Youtube에서 본 프로그램을 볼 수 있으며, 한국어로 번역된 것도 있다.
19 〈오도로키모모노키 20세기〉는 1990년대에 TV아사히 계열에서 방송된 아사히방송(ABC) 제작의 교양 다큐멘터리 프로그램이다. 제작국인 아사히방송에서는 1993년 4월 16일부터 1999년 10월 1일까지 매주 금요일 1:00-21:54 (JST)에 방송. Wikipedia 참조.
20 佐木隆三, 1996,『伊藤博文と安重根』, 文藝春秋.

(中野泰雄) 아시아대학 명예교수는 "진실이라는 것은 그대로는 죽지 않는다"고 말한, 직후에 유묵은 안중근의 통절한 외침의 흔적이라는 내레이션이 흐른다. 그리고 한국과 일본 사이에는 넘을 수 없는 강이 흐르고 있다, 하지만 안중근의 인물상을 객관적으로 이해하고, 뤼순감옥에 근무했던 일본인들과의 교류에 착안한다면, 그 거리를 좁힐 수 있을지도 모른다는 내레이션이 이어진다.

이 프로그램은 당시의 정치적 배경을 시청자에게 간결하면서도 알기 쉽게 설명해 시청자들을 사로잡을 정도로 잘 만들어진 작품이었다. TV 프로그램 제작자의 역량이 시청자에게 감명을 준 셈이다. 이 프로그램은 이토 히로부미를 다음과 같이 설명하고 있다. "대도시 하얼빈역, 1번 플랫폼이 이토 히로부미의 마지막 무대가 되었다. 이토는 네 차례에 걸쳐 총리로 임명된 인물로 메이지의 원훈(元勳)이라고도 불리었다. 이토는 부국강병을 슬로건으로 내걸고 청일전쟁, 러일전쟁과 대일본제국의 초석을 다진 인물이었다."

이토는 식민지 지배에 관해서는 반대론자로, 안중근의 오해로 암살되면서 일본의 식민지 지배가 단숨에 앞당겨졌다고 해석하는 일본인이 많다. 하지만 당시 정계에서 한발 물러나 은거하던 이토는 확실한 정치력을 유지하고 있었고 당시 외무대신인 고무라 주타로(小村壽太郎)와 수상인 가쓰라 다로(桂太郎)의 조선에 대한 식민지 지배안에 이토가 허가를 내리는 형태로 '최후의 봉공'이라 칭하며 외교 교섭을 위해 대륙으로 건너간 것이었다. 이토의 목적은 식민지 지배와 관련해 만철(滿鐵)의 권익을 일본과 러시아가 나눠 가지는 것이었다.

1. 두 의(儀)가 충돌하는 순간

검찰관 미조부치 다카오(溝淵孝雄), 통역 소노키 스에키(園木末喜)는 뤼순감옥에서 안중근을 상대로 취조를 시작한다. 안중근은 조금의 막힘도 없이 이토 암살의 15가지 이유를 들고, 마지막으로 "내가 생각하고 있는 것을 천황께 아뢰십시오. 동양의 위기가 임박하고 있다"고 호소하고 있다. 뤼순감옥은 이상한 긴장감 속에 안중근을 맞았고, 간수들은 당초 '어떤 자식'이냐며 분노와 호기심으로 안중근을 바라보았으나, 안중근의 냉철한 태도와 꺾이지 않는 봄바람 같은 당당한 자세를 보면서, 기묘한 감정에 휩싸인다. 안중근의 의연한 태도에서 평범한 테러가 아니라고 생각하게 된 것이다.

검찰관이던 미조부치가 "동양이란, 어디를 가리키는가?"라고 묻자, 안중근은 "아시아주를 가리킵니다. 일본, 한국, 중국, 시암(태국), 버마가 여기에 포함되며, 각국이 자주 독립하는 것이 동양 평화입니다"라고 대답하고 있다. 자주독립을 기본 이념으로 내걸고, 동아시아 운명공동체를 확립한다. 그것이 실로 동양평화론이었다. 대일본제국도 마찬가지로 대동아공영론을 내세우며 조선을 방파제 삼아 동양평화를 유지한다고 주장하고 있었다. 그리고 청일전쟁은 한국의 독립을 도모하기 위한 것이라며 전쟁을 정당화하였다. 〈오도로키모모노키 20세기〉는 이 두 의(儀)가 충돌하는 순간을 효과적으로 설명한다. 그러나 안중근의 '동양 평화는 조선인, 일본인을 위해 필요하다'는 생각이 결코 이기적으로 들리지 않으며, 지역 자치의 중요성을 역설한 점에서 이 프로그램은 안중근의 사상 쪽에 손을 들어주고 있는 듯 보인다. 안중근이 만만한 인물이 아님을 눈치챈 고무라 주타로는 전보를 타전하고 재판이 시작되기 전에 극형을 지시하는 이례적인 통달을 내린다. 코멘테이터로 출연한 사이토 미치노리(斎藤充功)[21]는 "일본 정부가 두려워했던 이유는 안중근이 중요한 인물임을 인식하고, 국가에 위협이 될 제2의 안중근, 제3의 안중근이 등장할 가능성을 우려해 재판 전에 극형을 지시했다"고 설명하고 있다.

이렇듯 1995년에 방영된 이 TV 프로그램 〈오도로키모모노키 20세기〉는 '쏜 남자와 맞은 남자'라는 부제로 시청자가 이해하기 쉽게 안중근의 실제 모습에 다가가고 있다. 45분의 짧은 프로그램이나, 이토 사살의 이유를 안중근의 시선에서 설명을 시도하는 등 심적 여유를 느끼게 한다. 그리고 화해로 이끄는 긍정적인 코멘트가 프로그램의 마지막에 코멘테이터의 입을 통해 흘러나온다. 예를 들면 만화가 구로가네 히로시(黒鐵ヒロシ)는 "피해자는 현재형으로 기억하나 가해자는 과거형으로 기억하기 쉽다"고 지적하고, "이를 역지사지한다면 품격 있는 관계가 탄생하지 않을까"라고 제안하고 있다. 또 그는 "안중근은 낭만적인 인물"이라고 마무리짓는 등, 방영권 박탈과 보도의 자유를 막고자 정치적 압력을 행사하는 정치인이 존재하는 지금으로서는 도저히 상상할 수 없는 코멘트를 남기고 있다.

하지만 구로가네 히로시의 한국에 대한 인식은 표변했다. 현재 한일 관계가 악화되고있는 가운데, 2019년 7월 19일의 TV아사히 계열 〈오시타 요코 와이드! 스크램블(大下容子ワイド!スクランブル)〉에 반목 중인 한일 관계를 주제로 한 프로그램에 코멘테이터로 출연한 구로가네는 설

---

[21] 사이토 미치노리는 『伊藤博文を撃った男 革命義士安重根の原像』, 時事通信社, 1994, のち中公文庫을 펴낸 논픽션 작가이다.

명용 카드에 두 차례 조선 출병을 감행한 도요토미 히데요시(豊臣秀吉)의 일러스트를 그리고, 그 옆에 '단한(斷韓)'이라 썼다. 갈수록 악화되고 있는 한일 관계에 대한 거듭된 질문에 그는 "조선시대부터 저 나라는 늘 똑같았다"라는 코멘트를 덧붙이고 있다(밑줄은 필자). 한국에 대한 인식이 "늘 똑같았다"라면 1995년에는 어째서 긍정적인 코멘트를 남긴 것일까? 시대 배경에 따라 인간의 가치관이 이렇게도 변모할 수 있다는 일례일 것이다. 그것이 언론을 통해 사회에 전달되는 만큼 영향력은 대단하다.

2. 정치 권력자의 교체

1993년에는 '위안부' 관련 조사결과 발표에 대한 고노 내각관방장관 담화가, 1995년에는 일본의 패전 50주년을 맞는 1995년 8월 15일에 '전후 50주년의 종전기념일을 맞아'라는 무라야마 도미이치 내각총리대신 담화(무라야마 담화)가 발표되었다. 무라야마 담화는 일본 정부에 의해 각의 결정된 역사 인식으로, 이는 한일 관계의 정상화를 향해 구로가네 히로시가 표현한 '품격 있는' 한 발을 내딛는 것이었다. 무라야마 담화는 "우리나라는 멀지 않은 과거의 한 시기, 국가정책을 그르치고 전쟁에의 길로 나아가 국민을 존망의 위기에 빠뜨렸으며 식민지 지배와 침략으로 많은 나라들, 특히 아시아 제국의 여러분들에게 다대한 손해와 고통을 주었습니다"라며 사죄와 전쟁 책임의 주체를 '우리나라(일본)'로 못박은 점에서 책임 있는 담화였다.

전 세계는 2015년에 발표된 아베 담화에 주목하였다. 특히 일본군 '위안부' 문제에 관한 언급은 최대의 관심사였다. 8월 14일, 아베 총리는 전후 70년 '담화'를 발표하였고, 이는 각의 결정된다. 아베 담화의 내용은 안중근의 『동양평화론』의 역사적·현대적 고찰에 힘쓰고 있던 당 센터로서는 도저히 간과할 수 없는 것이었고, 이에 이러한 일본 정부의 공식적인 역사 인식에 거센 항의의 뜻을 표명하였다.[22] 아베 담화는 타이완과 조선의 식민지화와 식민지 지배에 대한 과오를 조금도 인정하고 있지 않았다. 반대로 조선의 식민지화에 결정타를 날린 러일전쟁을 일방적으로 미화하고 정당화하고 있으며, 도리어 식민지 지배에 대한 우월감까지 감지된다. 책임의 주체가 불명료하게 그려진 아베 담화의 결정적인 특징은 '식민지 지배의 최대 원인은 19세기의 경제적 배경에 있으며, 일본도 구미 열강에 지지 않고 그 흐름에 편승했을 뿐'이라는 생각을 읽을 수 있다는 점이다. 아베 정권의 스가 관방장관이 안중근을 '암살자', '테러리스트'로 부른 이유가 바로 거기에 있으며, 진지한 뉘우침의 자세는 감지되지 않는다.

3. 유묵에서 헤아릴 수 있는 것

뤼순감옥에서 안중근은 무려 100명의 일본인 간수와 고작 5개월밖에 되지 않는 짧은 기간동안 신뢰 관계를 쌓았으며, 몇몇에게는 그들의 가치관까지 영향을 주었다. 이른바 월경적 대화를 실현한 사람들이다. 안중근에 대한 고문 등은 없었고, 그가 필요하다고 한 붓, 먹, 종이 등을 제공하는 등, 간수들은 관용적인 태도나 행동으로 그를 대했다. 뤼순감옥에서 안중근은 최소한 인간으로서의 존엄은 유지할 수 있었을 거라

---

22 龍谷大學社會科學研究所付属안중근東洋平和研究センターニュースレターNo. 2, 2쪽.

상상할 수 있다. 일본인 간수가 지켜보는 가운데 집필한 『동양평화론』 은 현대에도 통용되는 부분이 있다. 곧 구미 열강의 지배에 맞서기 위해 서는 일본, 조선, 중국이 손을 잡고 공동체를 형성해 대항책을 내놓아야 한다는 발상이다. 이 구상은 EU(유럽연합)보다 100년 이상 앞선 '지역운 명공동체' 구상이다. 100여년 전에 서른한 살의 젊은 청년이 그러한 구상을 품고 구현하려 했다는 사실은 실로 경이로우며, 오로지 국방이라는 관점에만 매몰되어 있지 않다는 점이 특징적이다.

그 숭고한 사상을 내건 약관 서른한 살 청년의 존재를 앎으로써 조선에 대해 강한 멸시감을 품은 일본인을 일축할 수 있을 만큼 강건한 느낌까지 든다. 도리어 안중근의 존재가 위험하다고 느끼고, 그를 살려 두었다가는 제2의, 제3의 안중근 같은 인물이 등장할 것을 두려워한 일본 정부는 안중근을 심판하는 법정을 공개하지 않은 채 서둘러 극형을 내린다. 이것이야말로 일본 역사의 오점이다. 일본이 안중근 재판의 관할권의 근거로 삼은 을사보호조약에 대해 도쓰카 에쓰로(戶塚悦朗)는 날조된 무효라고 지적하고 재판은 부당함 그 자체였다고 입론하고 있다.[23]

이 검증은 한일 관계를 정상화하는 과정에서 필요하다. 1965년의 한일협정으로 일체가 해결된 것이 아니며, 이것을 기본으로, 역사로 삼아 교육을 통해 한일 관계의 정상화를 도모하고 사회로 환원해 나가는 작업이 지금 요구되고 있다.

안중근은 극형을 두려워하지 않고 군인의 처형 방법인 총살형을 원하였으나, 그의 명예는 박탈되었고 일반 범죄자처럼 다뤄져 교수형에 처해

---

23 戶塚悦朗, 2010, 「最終講義に代えて―「韓國併合100年の原点を振り返る―1905年「韓國保護条約(?)は捏造されたのか」, 『龍谷法學』 42卷3号, 311~336쪽.

졌다. 사형수에게도 인권은 보장되어 있다. 즉 처형 후 시신을 가족의 품으로 돌려보내고, 사형에 관한 상세 기록을 남기는 것을 법률로 정하고 있다. 그러나 안중근의 시신을 가족의 품으로 돌려보내지 않고 심지어 매장 장소마저 알리지 않는 등, 사자의 인권을 무시한 일본 정부의 행위는 도저히 자랑할 만한 것이 아니다.

4. 네 번째 유묵 − 〈독립(獨立)〉

류코쿠대학이 소장 중인 유묵 세 점에 안중근이 의탁한 메시지의 효력은 많은 사람들의 마음을 움직였다. 2015년 10월 22일, 기존의 세 점에 더해 새로이 유묵 〈독립(獨立)〉(액장: 1면)이 종교법인 간센지(願船寺)가 도서관 자료로 류코쿠대학에 기탁한다. 안중근의 네 번째 유묵은 그의 신념을 마치 일본 사회에 그치지 않고 세계에 전달하려는 양, 도쓰카 에쓰로[24]의 말을 빌리면 "100년의 잠에서 깬 유묵"이었다. 수감 시절의 안중근과 간수들은 어떻게 우정을 쌓고 신뢰 관계를 구축할 수 있었을까? 1909년 10월 26일, 중국 동북부의 하얼빈에서 이토 히로부미를 쏜 인간이니, 간수들은 증오와 분노의 감정으로 안중근을 맞았음에 틀림없다. 주야 이어지는 철저한 감시 속에서도 늠름한 태도를 흐트러트리지 않는 안중근이 예사 인물이 아니라고 감지한 간수들은, 안중근과 국경과 사상을 초월해 우정을 구축할 수 있었다. 오늘날의 소통 능력은 언어에 기대는 부분이 많기 십상으로, 언어 자체가 폭력적으로 쓰이는 '헤

---

24 戸塚悦郎, 2014, 「龍谷大學における安重根東洋平和論研究の歩み100年の眠りからさめた遺墨(上)(下)」, 『龍谷大學社會科學研究年報』(上)(44), 57~66쪽, (下), 67~78쪽.

이트 스피치(hate speech)'는 심각한 사회 문제로 부상하고 있다. 당시의 일본인 간수들과 안중근의 공통 언어는 한어 필담뿐으로 소통은 비언어적 도구에 의존했다고 상상할 수 있다.

종교법인 간센지로부터 기탁 받은 〈獨立〉은 세 점의 유묵과는 다른 의미를 지닌다. "獨立" 옆에는 "경술년(1910) 2월 뤼순감옥에서 대한국인 안중근(庚戌二月 於旅順獄中 大韓國人 安重根)"이라고 적혀 있고 그의 장인(掌印)이 찍혀 있다. 이 유묵에는 다른 유묵들과 달리 조국과 민족의 독립을 염원하는 강한 의지를 엿볼 수 있는 "독립"이라는 글자가 쓰여 있다. 간수는 본가인 히로시마현 아키타카타시(安芸高田市)에 위치한 간센지에 유묵을 가지고 갔고, 간센지는 그것을 소장하고 있었다. 하지만 최근 열화가 진행되고 있어 류코쿠대학에 기탁하여 열화를 막을 수 있는 환경에서 유묵을 보관하기에 이르렀다.

류코쿠대학이 소장 중인 유묵 네 점은 정토진종의 교회사(教誨師)였던 승려가 안중근으로부터 받은 것으로 알려져 있다. 처음 세 점은 사형수의 교회사로서 안중근과 접촉한 쓰다 가이준(津田海純, 뤼순 니시혼간지 출장소 주지)이 안중근으로 받은 것으로 해석되고 있다.[25] 안중근이 처형된 뤼순에서 유묵을 가지고 나온 이는 바로 조신지(浄心寺: 오카야마현 가사오카시 가사오카2065)의 14대 주지인 쓰다 메이카이(津田明海)의 3남인 쓰다 가이준이었다. 가이준은 게이오(慶応) 원년(1865)에 태어나 1926년에 왕생(서거)하였다. 혼간지파의 뤼순출장소에 머물면서 포교사 또는 교회사로 뤼순감옥에서 안중근과 접촉했다고 추측되나, 직접 접촉

---

25 이 안중근 친필 유묵 세 점 외 관계 자료는 1997년 6월, 오카야마현 가사오카시에 위치한 정토진종 혼간지파의 조신지로부터 기탁받아 류코쿠대학이 후카쿠사(深草) 도서관 특별서고에 귀중 도서로 보관 중이다.

했는지 여부는 불투명하다. 하지만 조신지의 창고에 소중히 보관되어 있었다는 점에서 안중근에게 긍정적인 감정을 품고 있었다고 상상할 수 있다. 증오심이나 분노를 느끼는 상대방의 친필을 소중히 보관하는 행동은 논리적이지 않기 때문이다.

수형자와 교회사라는 처지를 초월하여 안중근과 접견한 교회사들은 '동양평화'를 지향하는 안중근에 공감하는 부분이 많지 않았을까? 조신지의 쓰다 현 주지는 '한국병합' 100년 시민네트워크의 주최로 2012년 10월 27일에 열린 워크숍 '일본과 한반도의 화해의 길을 모색한다!'에서 '류코쿠뮤지엄'에서 기증한 유묵의 상설 전시를 요청하였다. 소장 상태로만 둔다면 '사장(死藏)'되고, 귀중한 교육 자료를 소중히 소장했던 쓰다 가이준의 뜻을 존중하기 위해서라도 이 귀중한 자료를 효과적으로 이용할 책임이 류코쿠대학에 있기 때문이다.

2015년 11월 7일에 일본의 안중근동양평화연구센터와 서울의 안중근의사기념관이 공동 주최한 국제학술회의가 열렸다. 이 날 안중근동양평화연구센터는 류코쿠대학 아반티홀에서 안중근이 옥중에서 써 내려간 『동양평화론』을 고찰하는 학술회의를 개최하였다. 그리고 여기에 참석한 한중일 연구자들이 류코쿠대학 도서관을 찾아 유묵 네 점을 견학하였다. 유묵을 기탁받은 류코쿠대학은 "안중근의 평가를 둘러싸고 한일 양국 정부가 상호 응수하는 가운데 안중근의 행동과 사상을 통해 한일사를 고찰해 보는 기회가 되기를 바란다"라고 언론에 밝히고 있으며,[26] 이 중요한 임무는 교육기관으로서 류코쿠대학만의 독자성을 강조하는 것이었다.

---

26 「安重根の獄中遺墨, 龍大に寄託「日韓史考えるきっかけに」」, 『京都新聞』, 2015년 11월 17일자.

5. 정토진종 혼간지파 도노히라 요시히코 주지의 강제연행 희생자 유골 반환사업

정토진종 혼간지파의 도노히라 요시히코(殿平善彦) 주지는 과거 15년이라는 세월 동안 한일 교류에 열정을 바쳐왔다. 그는 동아시아에 새로운 화해와 우정의 시대 '강제연행 희생자 유골 반환사업'을 2015년 9월 11일~21일에 전개하였고, 안중근동양평화연구센터도 지원 단체로 사업에 합류하고 있다.[27]

아시아태평양전쟁에서, 공습 또는 강제노동으로 수많은 사람들이 죽음으로 내몰렸다. 일본인 310만 명, 아시아인 2000만 명 이상이 목숨을 잃었다고 알려진다. 지금도 헤아릴 수 없이 많은 유골이 이국의 땅에 묻혀 있으며 그중 한 곳인 홋카이도에는 댐공사, 비행장 건설 또는 탄광에서 강제노동에 시달린 조선인, 중국인, 일본인 다코베야('문어방'이라 불리는 감금숙소) 노동자의 유골이 불교 사원에, 매장지에 남아 있다. 1970년대부터 홋카이도에서 시작된 발굴과 조사에서 발견된 유골은 언젠가 고향으로 돌아갈 날만을 기다리며 사원의 납골당에 오랜 세월 안치되어

---

[27] 도노히라 요시히코(殿平善彦) 정토진종 혼간지파 이치조지(一乘寺) 주지의 유골에 바친 바람-동아시아에 새로운 화해와 우정의 시대 '강제연행희생자유골반환사업', 도노히라 요시히코 이치조지 주지, 소라치(空知)민중사강좌 대표, 강제연행·강제노동희생자를 생각하는 홋카이도포럼 공동 대표, 2005년부터 한국 '일제강점하 강제동원피해진상규명위원회' 해외자문 위원. 1976년부터 홋카이도의 다코베야 노동자, 조선인강제노동희생자의 조사와 유골 발굴에 힘쓰고 있다. 1997년 슈마리나이에서 한일(훗날 동아시아로 개칭) 공동 워크숍을 개최. 2003년부터 혼간지 삿포로별원의 강제노동희생자 유골 조사를 비롯해 사루후쓰촌(猿払村)에서의 유골 발굴 등에 힘써 왔다.

있었다. 전쟁으로부터 70년이 흐른 2015년, 조선인, 중국인, 일본인 다코베야 희생자를 추모하면서 한국 출신 희생자의 유골을 한국의 유족에게, 고향으로 봉환하기에 이른다.

　1938년부터 1943년까지 홋카이도 슈마리나이(朱鞠内)에서는 우류(雨竜) 댐공사와 메이우선(名雨線) 철도공사가 진행되었고, 200명 이상의 노동자가 희생되었다. 슈마리나이호(朱鞠内湖)는 우류댐의 둑으로 막아 만든 인공 호수로, 전쟁 중 한반도에서 강제로 끌려온 조선인과 일본인 다코베야 노동자의 빼앗긴 목숨의 흔적이었다. 가혹한 노동과 약간의 식사, 도망에 대한 본보기로 린치가 횡행하였고, 사자(死者)의 존재는 알려지지 않은 채 공동묘지에 묻혔다. 그리고 1943~1945년에 걸쳐서는 비행장 건설이 진행되었다. 당시는 전쟁 말기로 전황이 극히 악화한 상태로 언제 미국이 북쪽에서 침공할지 알 수 없었고, 소련군도 남하할 수 있는 상황이었다. 이에 서둘러 방어망 건설에 착수해 오호츠크해 연안에 비행장을 급조했다. 네무로(根室)와 지금의 메만베쓰(女満別) 공항에도 그리고 가라후토(樺太)에도 건설되었다. 그리고 아사지노다이지(浅茅野台地)에는 2개의 비행장이 만들어졌다. 아사지노 비행장을 발주한 곳은 구 일본육군이었다. 실제로 공사를 도급한 곳은 홋카이도 내의 토건업자였고, 철도공업(鐵道工業), 스가와라구미(菅原組), 가와구치구미(川口組), 단노구미(丹野組) 등에 속한 노동자는 일본인과 수인도 있었으나 태반이 한반도에서 끌려온 조선인이었다.[28]

28　殿平善彦, 2014, 「強制連行犠牲者と歴史和解—犠牲者の遺骨問題と生死をめぐる浄土真宗の課題」, 『龍谷大學社會科學研究所付属安重根東洋平和研究センター共同研究會基調講演集』(2013년 4월~2014년 3월 활동 기록), 龍谷大學社會科學研究所付属安重根東洋平和研究センター-, 4~29쪽.

그 유골을 발굴하는 운동을 통해 종교인으로서 사자의 넋을 고향으로 돌려보내고 싶었던 도노히라 주지는 2014년, 서울의 안중근의사기념관이 개최한 국제 학술회의에서 구 아사지노 비행장 건설 희생자의 유골 발굴 조사에 관해 발표하여 참석한 많은 한국인에게 감동을 안겨 주었다. 도노히라 주지처럼 한일 관계에 온 힘을 쏟은 일본인의 존재를 이해할 때, 양국의 관계 개선은 자신감을 얻을 수 있다.

2004년 이후 한일 간에 유골 봉환을 둘러싼 협의가 이어져 왔으나, 기업에 의해 노동을 강요당한 사람들의 유골은 한일 정부 간에 반환되지 않은 채 남아 있었다. 금번 유골 봉환은 한국과 일본의 시민 그리고 종교인들이 사상, 신조, 종교의 차이를 초월하여 유골을 애타게 기다리고 있는 유족에게 전달하려는 것이었다. 유골 봉환은 한반도에서 끌려온 여정을 반대로 거슬러 올라가, 홋카이도·도쿄·간사이·시모노세키·부산·서울 그리고 망향의 동산으로 희생자가 통한의 심정으로 걸어온 여정을 더듬어 올라갔다. 다음은 주최자와 지원에 참여한 단체명이다.

강제노동희생자추도·유골봉환위원회
공동대표 도노히라 요시히코(정토진종 혼간지파 이치조지 주지)
정병호(한국 한양대 교수)

구성 단체 일본 측 강제연행·강제노동희생자를 생각하는 홋카이도 포럼
동아시아공동워크숍
유골 봉환을 바라는 종교자의 모임
NPO법인 동아시아시민네트워크

한국 측 NPO법인 평화디딤돌

지원단체   정토진종 혼간지 삿포로별원

               정토진종 혼간지파 조코지(常光寺)

               류코쿠대학 사회과학연구소부속 안중근동양평화연구센터

               홋카이도종교자평화협의회

베를린여성의 모임 Japanische Fraueninitiative Berlin

봉환된 유골은 아래와 같다.

혼간지 삿포로별원에 남아 있던 유골 중 한국 출신 희생자 71위, 유골함 1개

비바이(美唄)시 조코지에 안치되어 있던 한국 출신자 유골 6위, 유골함 6개

슈마리나이 우류댐건설공사 희생자 중 2위 관 2개

슈마리나이 우류댐건설공사 희생자(한국 충북대 참여) 2위 서울에서 참가

일본육군 아사지노비행장 건설 희생자 39위 관 10개 유골함 29개

합계 120위 납골함 36개 관 12개

2015년 9월에 실시한 유골 봉환 일정은 다음과 같다.

날짜	시간	행사 일정	거리
9. 11(금)	13:00	후카가와(深川)·이치조지 집합, 결단식.	209km
	저녁	하마톤베쓰 도착.	
9. 12(토)	9:00	에사시군(枝幸郡) 하마톤베쓰초(浜頓別町) 덴유지(天祐寺)에서 추도 법요 거행. 유골을 버스에 실음(39위).	217km
	14:00	슈마리나이 고겐지(光顯寺) '구 고겐지·사사노보효(笹の墓標)전시관' 슈마리나이댐공사 희생자 추도 법요(우류군 호로카나이초(幌加內町) 슈마리나이) 거행. 우류댐공사 희생자 유골(2위) 유골 인수.	
	18:00	이치조지 도착.	
9. 13(일)	8:00	이치조지 출발.	176km
	9:30	비바이 조코지에서 한국 봉환 유골 추도 법요 거행. 미쓰비시 비바이탄광 희생자의 유골을 버스에 실음(6위).	
	13:00	혼간지 삿포로별원에서 전시하 노무동원희생자추도 법요 거행.	
	17:00	혼간지 삿포로별원 납골당의 희생자 유골을 버스에 실음(71인분 1병). 도마코마이항(苫小牧港)에서 페리에 승선.	
9. 14(월)	15:00	이바라키현 오아라이항(大洗港) 도착, 도쿄로 이동.	124km
	19:00	쓰키지 혼간지에서 추도 법요 거행.	
9. 15(화)	7:00	쓰키지 혼간지 출발, 교토로 이동.	509km
	15:30	교토·니시혼간지 도착. 본산에서 추도회 거행. 종료 후 교토에서 오사카로 이동.	
	19:00	오사카·쓰무라(津村)별원에서 시민에 의한 추도회 거행.	
9. 16(수)	9:00	쓰무라별원 출발.	333km
	17:00	히로시마·히로시마별원에서 시민에 의한 추도회 거행.	

	9:00	히로시마·히로시마별원 출발.	
9. 17(목)	13:00	시모노세키·고묘지(光明寺) 추도회.	199km
	17:00	히로시마에서 시모노세키로. 고묘지에서 추모 법요 거행. 부관페리에 승선.	
	19:45	시모노세키 출발. 부산 도착(18일) 8:00	220km
9. 18(금)	6:00	부산항.	423km
	오후	부산 시내 추도 행사.	
	저녁	서울 시내 유골 안치소.	
9. 19(토)	종일	서울시청 앞에서 합동 장례식 엄수.	0km
9. 20(일)	오전	서울 시내에서 각 행사 개최.	100km
	오후	천안시 망향의 동산에 납골.	
9. 21(월)	-	유골봉환단 현지 해산 귀국.	

IV. 맺음말

안중근은 자서전 『안응칠 역사』를 1910년 1월 초순부터 집필하기 시작해 3월 18일 경에는 탈고 상태에 이르렀고, 곧이어 『동양평화론』의 집필에 착수한다. 하지만 채 10일도 되지 않아 사형이 집행되면서(26일), 미완으로 끝나고 말았다. 그가 가슴 속에 품고 있던 '동양평화론'은 어떠한 평화론이었을까를 규명하는 작업은 현 동아시아 지역의 안정과 평화 유지를 고민할 때 대단히 중요한 작업이다. 안중근은 동아시아의 평화를 실현하기 위해서는 동아시아 3국, 즉 한중일이 협력하고 연계해야 한다고 호소하고, 공동 군대의 배치와 3국의 공통 통화를 발행하기 위한 은행을 설치하는 안을 제안하는 등, 그 구상은 지금의 EU를 방불케 한다. 동아시아 지역의 시민이기도 한 복합적인 정체성은 지금 정히 한국인, 일본인, 중국인에게 필요하다고 여겨지고 있다. 세계화의 진전과 빈부격차의 확대, 저출산고령화 등 한국과 일본이 공유하는 사회경제적 요인은 불안정한 재료로 작용하여 정치에까지 영향을 미치고 있다.

불안한 장래로 말미암은 스트레스를 발산하고자 사회적 약자를 괴롭히는 현상은 다른 나라에서도 발견되며, EU라는 지역 통합을 이념으로 하는 공동체를 구축한 유럽에서도 이민 배척을 지향하는 세력의 대두가 두드러지고 있다. 미국에서도 공화당 출신 대통령의 이민자 배척이나 이슬람에 대한 '헤이트 스피치'로 풀이되는 발언이 미국 사회의 일정 계층에서 지지를 받고 있다. 이러한 '배척'과 '편견' 그리고 '증오'에 가득찬 전 세계적인 움직임은 2차 세계대전 이전의 혼돈했던 세계 정세와 흡사한 듯해 불길하기 그지없다.

2015년 11월 15일, 서울의 안중근의사기념관과 공동 주최로 학술회의를 개최하였다. 회의장인 류코쿠대학 교토홀 교우회관에서 류코쿠대학 도서관의 주최 아래 안중근의 유묵 레플리카가 전시되었고, 학술회의 참석자들은 넋을 잃고 관람하였다. 류코쿠대학 안도 도루(安藤徹) 전 도서관장은 기조강연자로 나선 테사 모리스-스즈키 호주국립대 교수의 저서[29]를 인용해, 경계가 "현대사회에서는 불가피한 조건 중 하나"이기에 "'가능 미래(future possible)'에 관한 월경적 대화를 실천하기 위한 단절된 전달 라인"의 재구축이 필요하며, "평화를 향한 준비"를 위해서는 "다종다양한 배경을 가지며 그리고 어쩌면 사뭇 이질적인 정치적·사회적 시점을 가진 다양한 국가의 다양한 사람들이 생각을 공유하고, 대화를 나누고, 서로 배워 억압이나 폭력에 대한 저항 속에서 상부상조할 때"에

---

29 テッサ・モリス=スズキ, 2014, 『過去は死なない―メディア・記憶・歴史』, 岩波書店.

"국경을 초월한 커뮤니케이션 네트워크를 구축"할 수 있다는 전망을 가지는 것이 중요하다고 강조하고 있다. 류코쿠대학이 안중근의 유묵을 이웃나라와의 관계에서 더 한층 유효하게 이용하겠다고 약속하는 순간이었다. 안중근은 사상가이자 철학자이다. 그리고 현대에 필요한 교육관까지 제안한 교육자이기도 하다. 그러므로 류코쿠대학이 자랑할 만한 교육 자원을 보다 적극적으로 유효 이용하여 안중근이 그린 동양평화론을 진지하게 재평가하는 것이 우리 센터의 책무라 할 것이다.

〈사진 1〉 안중근과 지바 도시치(千葉十七)의 합동 법요
* 일본 미야기현 구리하라시의 다이린지(大林寺), 필자 소장

〈사진 2〉 유골 반환 홍보 포스터

*유골봉환위원회 제공

참고문헌

金潤煥, 2011, 「開港期釜山における東本願寺別院と地域社會(特集: 國際ワークショップ 海港都市國際學術シンポジウム「東アジアの海洋文化の発展: 國際的ネットワークと 社會変動」)」, 『海港都市研究』 6.

菱木政晴 1993, 『仏教の戦争責任』, 岩波ブックレット.

牧野英二, 2014, 「「近くて遠い國」の間の対話に向けて-日本人の安重根像をめぐって」, 『龍谷大學社會科學研究所付属安重根東洋平和研究センタ-共同研究會基調講演 集』(2013년 4월~2014년 3월 활동 기록), 龍谷大學社會科學研究所付属安重根東 洋平和研究センタ-.

龍谷大學社會科學研究所付属안중근東洋平和研究センタ-ニュ-スレタ-No. 2.

龍谷大學プレスセンタ-, 「『龍谷大學戦没者名簿』刊行・展觀『戦争と龍谷大學』開催10月 8日~11月 6日」

「安重根の獄中遺墨, 龍大に寄託,「日韓史考えるきっかけに」, 『京都新聞』.

李洙任・重本直利 編著, 2017, 『共同研究 安重根と東洋平和 東アジアの歴史をめぐる 越境的対話』, 明石書店.

重本直利, 2013, 「強制連行企業, 過去との対話-記憶, 責任, そして未来へ」, 「植民地支 配と紛争解決にむけての対話-東アジアの相互理解のために-」국내 워크숍(2012년 3월 15일) 기록, 龍谷大學アフラシア多文化社會研究センタ-研究シリ-ズ 2, '한국 병합' 100년 시민네트워크 공동 개최.

山本邦彦, 2010, 「1920年代朝鮮における監獄教誨の一考察―勤労の強調をめぐって」, 佛教大學大學院紀要文學研究科 篇 第38号.

松金公正, 2006, 「真宗大谷派による台湾布教の変遷-植民地統治開始直後から台北別 院の成立までの時期を中心に-」, アジア・アフリカ言語文化研究, No. 71.

佐木隆三, 1996, 『伊藤博文と安重根』, 文藝春秋.

殿平善彦, 2014, 「強制連行犠牲者と歴史和解―犠牲者の遺骨問題と生死をめぐる浄土 真宗の課題」, 『龍谷大學社會科學研究所付属安重根東洋平和研究センタ-共同研 究會基調講演集』(2013년 4월~2014년 3월 활동 기록), 龍谷大學社會科學研究所 付属安重根東洋平和研究センタ-.

戸塚悦朗, 2010, 「最終講義に代えて―「韓國併合100年の原点を振り返る―1905年「韓 國保護條約(?)は担造されたのか」, 『龍谷法學』42巻3号.

戸塚悦朗, 2014, 「龍谷大學における安重根東洋平和論研究の歩み100年の眠りからさめた遺墨(上)(下)」, 『龍谷大學社會科學研究年報』.

テッサ・もりス＝スズキ, 2014, 『過去は死なない―メディア・記憶・歴史』, 岩波書店.

_____, 2015, 「越境する戦争の記憶」 安重根 「東洋平和論と日韓歷史の國境越え」 류코쿠대학 사회과학연구소부속 안중근동양평화연구센터, 안중근의사기념관 주최 국제학술회의 기조강연.

6장

안중근 의거에 대한 미국 언론의 반응

홍선표
나라역사연구소 소장, 한국기술교육대학교 겸임교수

I. 머리말

대한제국의 국망을 바로 앞둔 시기에 일어난 안중근 의거는 살신성인의 국권수호운동을 대표할 만한 민족적 업적이자 전 세계에 일대 파란을 일으킨 국제적인 거사이다. 안중근 의거에 대한 연구는 그동안 무수히 진행되어 왔고 앞으로도 계속 진행되어야 할 만큼 근대 한국사의 위치에서 중요한 위상을 차지한다.

이 글은 안중근 의거를 보도한 미국 내 언론, 즉 신문을 중심으로 그 반응과 논조를 살핀 글이다. 여기서 미국 신문이라 함은 미국 본토의 신문뿐만 아니라 당시 미국령 하와이에서 발행된 신문까지를 포함한다. 하와이 내 미국 신문은 하와이 한인사회의 활동과 연관되어 있어 이 연구를 위해 뗄 수 없는 언론 매체이다.

안중근 의거에 대한 미국 언론의 동향과 반응을 다룬 연구는 그동안 국내 학계에서 직접적이고 심층적으로 다루어지지 못하고 간접적인 방식으로 이루어졌다. 먼저 미주 한인과 한인사회를 중심으로 안중근 의거를 다룬 한상권과 신운용의 논문이 있다.[1] 두 논문은 안중근 의거에 대한 미주 한인과 한인사회의 반응과 인식에 초점을 맞추어 서술하면서 미국 언론의 동향을 잠시 언급하고 있는 정도이고 미국 언론의 보도 상황을 주된 목표로 삼아 분석하지는 않고 있다.

다음으로 세계 각국의 언론 동향을 살피면서 미국 언론의 보도 내용

---

[1] 한상권, 2005, 「안중근 의거에 대한 미주 한인의 인식」, 『한국근현대사연구』 33집, 2005년 여름호; 신운용, 2007, 「안중근 의거에 대한 국외 한인사회의 인식과 반응」, 『한국독립운동사연구』 28집.

을 다룬 이상일과 방광석의 연구가 있다.[2] 이들 연구는 미국 언론의 보도 기사들을 일일이 조사해서 고찰한 글이 아니다. 두 연구 모두 일본 외무성 외교사료관 소장 자료『이등공작 만주시찰 일건(伊藤公爵滿洲視察一件)』에 편철된「이등공작 조난에 관한 각국인의 태도와 신문논조(伊藤公爵遭難ニ關シ各國人ノ態度竝新聞論調)」에 실린 일부 미국 언론 보도를 바탕으로 단편적으로 다루고 있다.[3] 그 외 신운용이 안중근 의거에 관한 한국어·일본어·중국어·러시아어 신문 자료들을 소개하면서 부분적으로 미국 언론의 논조를 간략히 소개한 바 있다.[4]

이 글은 기존 연구에서 다루지 못한 안중근 의거에 대한 미국 신문 기사들을 직접 조사해 이를 바탕으로 그 반응과 논조를 살폈다. 본 글은 크게 두 가지 면에 초점을 두었다. 먼저 미국 신문에 보도된 안중근 의거의 기사와 논평을 중심으로 그 내용을 분석했다. 이러한 보도 분석을 통해 미국 언론에서 바라본 이토의 죽음에 대한 동정론, 안중근 의거에 대한 태도와 시각, 그리고 한·일 간의 민족문제 등을 살피고 극동의 주요 관심사였던 만주문제에 대한 미일 간의 입장을 고찰하려 했다. 다음으로 안중근 의거로 인해 격동된 하와이 사회의 동향을 한·중·일의 언론과 그곳 주류사회의 언론인 영자 신문의 반응을 중심으로 살폈다. 안

---

[2] 이상일, 2002,「안중근 의거에 대한 각국의 동향과 신문논조」,『한국민족운동사연구』30집.
방광석, 2010,「이토 히로부미 저격사건에 대한 각국 언론의 반응과 일본정부의 인식」,『동북아역사논총』30집.

[3] 「伊藤公爵遭難ニ關シ各國人ノ態度竝新聞論調」를 포함해 일본 외무성 외교사료관에 소장된 안중근 관계 문건들은 자료집『亞洲第一義俠 安重根』1~3(국가보훈처, 1995)으로 편찬되었다.

[4] 신운용, 2009,「안중근에 관한 신문자료의 연구」,『안중근 연구의 기초』, 경인문화사, 72~73쪽.

중근 의거 발발로 인해 하와이 사회가 한·일 간의 민족문제뿐만 아니라 한·중·일 간의 문제로 확산되어 갔음을 밝히려 했다.

안중근 의거에 대한 미국 언론 보도는 미국 내 주요 신문은 물론 각 지역의 신문에서 때론 집중적으로, 때론 산발적으로 이루어진다. 본 글에서 조사·분석한 미국 신문들은 안중근 의거 사실을 비교적 상세하게 보도하고 있는 것들이다. 그렇지만 필자의 조사 역량의 한계 때문에 조사한 신문들이 미국 언론 전체에 해당된다거나 미국 언론을 대표하는 것으로 보지 않는다는 점을 미리 밝혀 둔다. 이번 미국 언론에 대한 동향 분석을 통해 그동안 국내를 비롯해 중국·일본·러시아 측 중심으로 이루어진 학계의 연구 범위에서 벗어나 안중근 의거를 또 다른 국제적인 시야의 측면에서 바라볼 수 있는 계기가 되었으면 한다.

II. 안중근 의거에 대한 미국 언론의 보도와 인식

1. 이토 히로부미(伊藤博文) 사망에 대한 보도

미국 언론의 안중근 의거 보도 시점은 의거가 발생한 당일인 1909년 10월 26일자부터였다. 먼저 미국 동부의 신문에는 『뉴욕 타임스(The New York Times)』, 『뉴욕 트리뷴(New York tribune)』, 『워싱턴 타임스(The Washington Times)』, 『이브닝 스타(The Evening Star)』가, 미국 서부의 신문에는 『샌프란시스코 콜(The San Francisco Call)』, 『샌프란시스코 크로니클(San Francisco Chronicle)』, 『로스앤젤레스 타임스(The Los Angeles Times)』, 『로스앤젤레스 헤럴드(Los Angeles Herald)』 등이 1면

에 안중근 의거 소식을 실었다. 하와이의 경우 『이브닝 불리튼(Evening Bulletin)』, 『하와이안 가제트(Hawaiian Gazete)』, 『퍼시픽 커머셜 애드버타이저(The Pacific Commercial Advertiser)』 등에서 1면에 보도했다. 이는 하얼빈과 미국 간의 시차를 감안할 때 의거 발생 즉시 보도했을 만큼 매우 신속한 보도였다.

안중근 의거에 대한 미국 언론의 관심은 한국인 '안중근'과 '의거'에 대한 것이 아니었다. 주된 관심은 이토 히로부미(伊藤博文)의 충격적인 사망 관련 소식이었다. 『뉴욕 타임스』는 도쿄발 통신으로 오후 3시 뉴스를 받고 10월 26일 1면에 "이토 공작이 암살당했다"라는 제목으로 보도했다.[5] 이 신문은 일본의 비스마르크인 이토가 하얼빈에서 한국인에 의해 죽었고, 통감 재직 때 가혹한 통치로 한국인의 미움을 받은 인물이라 했다. 그러면서 일황(日皇)이 신임하는 원로 정치인 이토가 어떤 사람이었고 무슨 활동을 하였는지를 상세히 알렸다.

『뉴욕 타임스』의 이토 사망 관련 보도는 그 다음날인 10월 27일~31일까지 계속된다. 그 가운데 27일 자 신문은 1면 보도 외에 2면 전면을 이토의 사진과 그와 관련한 기사로 도배하다시피 했다.

이토가 암살로 사망했다는 보도는 『뉴욕 타임스』 외에 미국 전역의 신문에서 동시 다발로 이루어졌다. 『로스앤젤레스 타임스』는 1면에 "이토 공작이 암살되었다"고 했고,[6] 『샌프란시스코 콜』은 "이토가 하얼빈에서 한국인에 의해 살해되었다"고 1면에 보도했다.[7] 하와이의 『퍼시픽 커

---

[5] "Prince Ito Assassinated", *The New York Times*, October 26, 1909.
[6] "Prince Ito is Slain", *The Los Angeles Times*, October 26, 1909.
[7] "Ito Slain By Korean at Harbin", *The San Francisco Call*, October 26, 1909.

머셜 애드버타이저』는 "이토 공작이 암살자에게 희생되었다"고 1면에 보도했다.[8] 그 외 여러 많은 미국 신문들은 이토의 사망 소식을 1면에 신속하게 알렸다.

미국 언론은 이토 죽음에 대한 미국 정부 차원의 대일(對日) 위문활동이 신속하게 진행되고 있음을 알렸다. 1905년 7월 일본 방문 때 이토와 인연을 맺었던 미국 대통령 태프트(William H. Taft)는 이토의 사망 소식을 듣고 즉각 깊은 애도를 표했고,[9] 공식 위로 전문(10월 27일자)을 도쿄 주재 미국 대사 오브리엔(Thomas J. O'Brien)을 통해 보냈다.[10] 10월 26일 늦은 오후 일본 외무성이 도쿄 주재 각국 외교관들을 소집할 때 오브리엔은 러시아 대사와 함께 가장 먼저 도착해 이토의 죽음을 추모하고 위로문을 발표했다. 그는 이토를 평화적이고 진취적 인물로 간주하고 지난 30년 동안 일본에서 가장 영향력 있고 유능한 인물로 평가하였고 그의 사망을 매우 특별한 불행으로 평가했다.[11] 주일 미국 대리공사로 있을 때 이토와 아주 가까운 친구로 지낸 미 국무부 장관대리 윌슨(Huntington Wilson)은 이토가 통감으로 재직할 때 대한제국 내 미국인 선교사와 사업가들을 공정하게 대해 준 데 대해 감사를 전한다고 했

---

8   "Prince Ito Falls Victim to Assassin", *The Pacific Commercial Advertiser*, October 26, 1909.

9   "Meeting of Taft and Ito", "Taft Express Sorrow", *The New York Times*, October 27, 1909. 태프트는 1905년 7월 29일 도쿄에서 가쓰라-태프트 밀약을 체결한 장본인으로 일본의 소위 대한(對韓) 보호정책을 지지하는 등 당시 시어도어 루즈벨트 미국 대통령과 함께 친일적인 인물이다. 루즈벨트 대통령의 신임을 받아 미국 27대 대통령(1909~1913)으로 활동했다.

10 "Attitude of Japan to Korea Unchanged", *The New York Times*, October 28, 1909.

11 "Japan Mourns for Ito", *The New York Times*, October 27, 1909.

고 근대 일본의 역사와 함께 한 인물이자 세계 역사상 가장 위대한 정치가 중 한 사람, 그리고 전 세계 평화의 능력자로 추모했다.[12] 그 밖에 미국 신문은 영국, 독일, 이태리, 프랑스, 러시아에서도 이토 죽음을 애도하는 위로문을 즉각 발표한 사실을 알리고 유럽 내 일고 있는 동정 여론의 분위기를 전했다.[13]

미국 언론은 이토의 충격적인 죽음을 맞이한 일본인과 일본 내의 분위기도 전했다. 안중근 의거 당시 일본 민간 경제사절단을 이끌고 미국을 방문 중이던 시부사와 에이이치(澁澤榮一)는 이토의 사망 소식을 듣고 '어린애처럼' 비통하게 울었다고 했다.[14] 일본 전체는 이토의 죽음을 애도하고 있으며 그런 가운데 일황 중심으로 장례를 준비한다고 전했다.[15] 『로스앤젤레스 타임스』, 『워싱턴 포스트』, 『선』은 11월 4일 도쿄에

---

[12] "State Department Praise", *The New York Times*, October 27, 1909. 또한 *The Courier Journal* 1910년 10월 30일자 기사에는 서울에서 미국 총영사로 활동하다 미국 귀국 후 잠시 미국 루이스빌(Louisville)을 방문한 새몬스(Thomas Sammons)의 말을 빌리어 재한 미 선교사들이 대한제국 정치 문제에 관여하지 않는 한 이토는 이들의 선교활동을 충분히 보장해 준 공정한 인물이었다고 보도했다. ("Prince Ito", *The Courier Journal*, October 30, 1909)

[13] "Europe's Opinion of Ito", *The New York Times*, October 27, 1909; "Russia is Grieved", "True Founder", *The Enquirer* (Cincinnati), October 27, 1909.

[14] "Baron Shibusawa Weeps", *The New York Times*, October 27, 1909; "Japanese Visitors Weep", *The Boston Daily Globe*, October 27, 1909. 일본에서 근대 자본주의의 영도자, 금융의 아버지로 불리는 시부사와 에이이치(1840~1931)는 1909년 8월 미국의 초청으로 일본 실업계를 대표하여 경제사절단을 이끌고 미국을 방문해 태프트 대통령을 회견하고 미국의 각 도시를 순방하며 민간 경제외교를 펼치다 그해 12월 귀국했다. 그는 1869~1873년까지 일본 정부의 조세 및 구조개혁 담당 국장으로 재직할 때 이토와 함께 일본의 화폐제도를 금본위제로 개혁하였고, 1886년 이토가 여성교육을 위해 여자교육장려회를 창립하고 도쿄 여학관을 설립할 때 그의 활동을 적극 지지하는 등 개인적으로도 막역한 사이였다.

[15] "Japan Mourns for Ito", *The New York Times*, October 27, 1909; "Nation Mourns", *The Los Angeles Times*, October 27, 1909; "Ito Slain By a Korean",

서 신도의식(神道儀式)으로 거행된 이토 장례식 상황을 상세히 보도했다.[16]

미국 언론은 이토의 사망 소식과 함께 그의 삶을 재조명하며 추모했다. 이토를 '새 일본을 만든 선구자',[17] '일본의 비스마르크',[18] '전 일본 최고의 정치가이자 힘센 인물',[19] '영국의 글래드스톤'[20] 등으로 표현하며 칭송했다. 이토를 이렇게까지 칭송한 배경에는 그를 열정적인 미국 찬양가라고 불릴 만큼 친미적 인물로 본 때문이었다. 이토는 두 번이나 미국에 와서 미국의 화폐제도와 정치제도, 산업시설 등을 조사한 바 있을 정도로 미국을 잘 아는 미국의 친구였다는 것이다.[21] 1905년 태프트의 일본 방문 때 그를 수행한 미국 전쟁부 도서국(島嶼局) 국장 에드워드(Clarence R. Edward)는 이토와 일본 정치인들이 태프트와 미국 수행원들에게 베푼 호의와 친절을 회상하며 미국인을 매우 좋아했던 이토를 대인(大人)

The Sun (Baltimore), October 27, 1909; "Nippon is The House of Sorrow", *The San Francisco Call*, October 27, 1909; "Japan will Halt Work", *The Indianapolis Star*, November 2, 1909.

16 "Body of Ito Laid at Rest", *The Los Angeles Times*, November 5, 1909; "8,000 at Funeral of Ito", *The Washington Post*, November 5, 1909; "Prince Ito's Burial Imposing", *The Sun* (Baltimore), November 5, 1909.

17 "Japanese Visitors Weep", *The Boston Daily Globe*, October 27, 1909.

18 "The Bismark of Japan", *The Enquirer* (Cincinnati), October 27, 1909.

19 "Prince Ito, Greatest of All the Japan", *The Detroit Free Press*, October 27, 1909; St. Louis Post Dispatch, October 27, 1909; "The Strong Man of Japan", *The Sun* (New York), October 27, 1909.

20 "Ito Slain By Korean at Harbin", *The San Francisco Call*, October 26, 1909.

21 "Prince Ito is Slain", *The Los Angeles Times*, October 26, 1909. 미국 신문은 이토가 1866년과 1872년 미국을 방문했다고 했는데 실제로는 1870년과 1872년이다. 이토는 1870년 재정·화폐제도 조사를 목적으로 미국을 방문한 후 그 다음해 일본에 금본위제를 채용했다. 1871년 이와쿠라 토모미(岩倉具視)가 이끄는 46명의 이와쿠라 사절단(岩倉使節團) 부단장으로 약 2년간 구미 각국을 시찰할 때 미국을 방문했다.

으로 높이 평가했다.[22]

2. 이토 사망을 둘러싼 한국과 만주문제에 대한 인식

미국 언론은 이토의 죽음을 추모하고 칭송하는 것으로만 그치지 않았다. 이토 사망을 계기로 한국인의 손에 의해 죽은 이토의 대한(對韓) 통치와 일본 정부의 대한 정책의 실상을 되짚어 보려 했고 이토의 하얼빈 행차에서 드러난 만주문제를 검토하는 기회로 삼았다.

이토가 통감 시절 펼친 대한 통치와 그에 따른 한국 상황에 대해 미국 언론은 일본의 조선 침탈 역사를 재조명하면서 여러 각도에서 살피고 있다. 즉 이토의 통감 통치가 한국과 한국인에게 근대적인 발전을 위한 일이었는지 아니면 한국인들에게 민족적 분노를 일으키게 한 원인을 제공하였는지에 대한 분석이다. 이것은 이토를 평가하는 또 다른 잣대이자 일본에 의해 소위 '보호국화'된 한국 상황을 제대로 파악하기 위한 노력이다. 그런데 미국 언론 보도의 거의 보편적 정서는 전자의 시각으로 채워져 있고 반면 한국인의 민족적 분노를 이해하고 받아들이려 하는 정서는 소수에 불과한 실정이다.

먼저 이토는 한국문제에 있어서 한국인들의 진정한 친구였다는 시각으로 바라보는 미국 언론의 태도이다. 이 같은 논조는 미국 언론 보도의 거의 대부분을 차지할 정도로 보편적인 정서이고 대신 안중근 의거를 찬양하는 『워싱턴 포스트』는 일본이 은둔의 나라를 통치하면서 이토는 한국인에게 증오의 대상이 되었으나 건설적이고 온건한 통치 방식 때문

---

22 "Meeting of Taft and Ito", *The New York Times*, October 27, 1909.

에 한국인의 친구로서 역할했다고 설명했다.[23] 미국 테네시 주 루이스빌(Louisville)에서 발간된 『쿠리어 저널(The Courier-Journal)』은 "이토 공작의 살인"이란 논평에서 일본에 대한 한국인들의 적개심은 수백 년 동안 계속되었고 그러한 증오는 지난 20여 년의 사건으로 더욱 심해졌다고 했다.[24] 대한제국 황후에 대한 일본인의 잔인한 살해는 어느 문명국가에서도 비교할 수 없는 야만적인 행위였고, 러일전쟁 직후 일본의 지속적인 한국 침략 과정에서 이토 또한 대한제국의 독립을 파괴하는 데 맹활약을 펼친 인물이었다고 했다. 그럼에도 이토는 통감 재직 시 평화적인 통치방법을 사용하여 대한제국 내 지적인 상위 계층의 한국인들로부터 적극적인 지지와 찬사를 받았다고 했다. 그래서 일본에 대한 한국인의 개인별 입장이 어떠하였던 간에 이 위대한 인물인 이토에 대한 존경과 찬사를 보내지 않을 수 없다고 결론지었다.

이토가 한국의 친구로서 한국의 발전을 위해 노력한 인물이었다는 미국 언론의 보도는 미국 언론인들의 자의적인 판단에 의한 것으로 보기 어렵다. 이토의 죽음으로 큰 충격에 빠진 일본인들은 자국 언론을 통해 그를 추모하고 찬양하는 기사를 쏟아 냈는데,[25] 미국 언론은 이런 일본 측의 보도들을 참조하여 인용한 것으로 보인다. 예컨대 『뉴욕 타임스』는 『오사카아사히신문(大阪朝日新聞)』 편집장이자 일본 의회 의원인 이시바시 타메나수케(Ishibashi Tamenasuke)의 말을 인용해 '이토의 진정

---

[23] "Assassination of Ito", *The Washington Post*, October 27, 1909.
[24] "The Murder of Prince Ito", *The Courier Journal*, October 27, 1909.
[25] 안중근 의거로 이토가 죽었다는 소식을 들은 일본인들은 일본 언론을 통해 이토를 '명치의 원훈(明治의 元勳)', '문명적 정치가이자 평화적 정치가의 전형', '국보적(國寶的) 인간'으로 찬양하고 추모했다. 여기에 대해선 이규수, 2009, 「안중근 의거에 대한 일본 언론계의 인식」, 『한국독립운동사연구』 제34집 참조.

한 소원은 한국의 재건과 한국민의 생활 향상이었고 실제로 그는 한국을 위해 죽었다. 일부 사람들이 그가 한국문제를 너무 나약하게 추진한다고 비판할 정도로 그는 매우 온건한 인물이어서 그의 죽음은 한국에 아주 큰 슬픔'이라 했다.[26] 『로스앤젤레스 타임스』와 『쿠리어 저널』은 도쿄발 10월 26일 자 소식을 전하면서 일본 내 모든 신문 사설에서 언급하기를 이토는 한국에 대한 일본의 즉각적인 '병합'을 저지시킨 인물이자 고국 일본의 반대를 무릅쓰고 한국 재건을 위해 제악(諸惡)의 상황들을 완화시킨 한국인의 가장 좋은 친구였다고 보도했다.[27]

비록 한 개인의 의견에 불과하겠지만 미국 언론은 이토를 비롯해 일본을 잘 아는 미국인들의 논평을 통해 이토의 대한(對韓) 통감통치를 찬양하는 소재로 삼았다. 친일 미국인 교수 래드(George T. Ladd)[28]는 이토의 사망 소식을 받은 그날 밤 코네티컷 주 뉴 헤이븐(New Haven)에서 자신의 견해를 발표했다. 그는 이토가 통감 재직 시 일반 한국인의 이익을 위해 애쓴 사실을 가까이서 보지 않은 사람들은 잘 모를 것이라고 전제하고 그의 죽음은 한국이 가장 현명하고 헌신적인 강력한 친구를 잃는 것으로 평가했다.[29]

---

26 "Baron Shibisawa Weeps", *The New York Times*, October 27, 1909.
27 "Nation Mourns", *The Los Angeles Times*, October 27, 1909; "Murdered Ito Korea's Friend", *The Courier Journal*, October 27, 1909.
28 예일대학교 철학과 교수 래드는 1905년 11월 을사늑약 강요를 위해 이토와 함께 한국을 방문한 후 1908년 *In Korea With Ito* (『이토와 한국에서』)란 책을 쓴 자로 그리피스, 조지 케난(George F. Kennan) 등과 함께 미국 내 대표적인 친일 미국인 중 한 사람이다. 래드는 장인환·전명운의 스티븐스 처단 의거 때(1908.3.23) 『뉴욕 타임스』 1908년 3월 26일자에 "한국인들, 피로 더럽혀진 민족"이라는 제목으로 두 사람을 무지하고 비천한 한국 출신자로 매도하고 스티븐스의 죽음을 애도하였다.
29 "New Haven, Conn., Oct. 26", *The New York Times*, October 27, 1909.

『뉴욕 타임스』는 "한국인 애국자들"이란 사설에서 한국과 필리핀의 식민 통치 상황을 비교한 하트(Bushnell Hart) 교수의 글을 인용해 "조금도 의심할 수 없는 바는 한국에서 일본의 통치 행위는 우리 미국이 필리핀에서 했던 것과 같은 방향대로 일반 민중들의 물질적 복지를 위한 것이었다"고 했다.[30] 그러면서 단지 일본의 통치 방식은 우리 미국의 것보다 더 가혹했을 뿐, 만약 이토의 정신을 제대로 수행한다면 한국인들은 연약한 군주와 소수의 탐욕스런 집권층의 지배하에서는 얻을 수 없는 번영과 모든 근대 문명의 사상을 누리게 될 것이라고 논평했다.

이토의 통감 통치로 한국인들은 많은 물질적, 문화적 혜택을 받게 되었다고 주장한 또 다른 인물은 그리피스(William Elliot Griffis)다.[31] 그는 『워싱턴 포스트』에 기고한 글에서 이토는 만성적인 가난에 찌든 팔백만의 한국인들을 구원하고, 근대적인 사람으로 발전시킨 인물이며 한국을 '병합'하는 것보다 '보호국'화하는 데 노력한 인물이라 했다.[32]

대한제국의 멸망을 재촉한 일본의 소위 '보호국화'의 본질을 외면한 미국 언론의 보도 논조는 톰 월리스(Tom Wallace)가 쓴 『쿠리어 저널』의 특집 기사에서 적나라하게 드러난다. 즉, 미국에서 바라볼 때 일본이 한국에서 전권 위임을 갖고 휘두르고 있는 것은 한국은 망해 가는 나라

---

30 "The Korean Patriots", *The New York Times*, October 30, 1909.
31 일본 전문가이자 대표적인 친일 미국인으로 활동한 그리피스는 1882년 미국인이 쓴 최초의 한국사인 *Corea The Hermit Nation*(『은둔의 나라 한국』)을 펴낸 인물이다. 그는 은둔의 나라 조선의 낙후성을 지적하고 일본의 조선 침략과 보호국화, 나아가 강제 병합과 식민 통치를 적극 지지하고 찬양하였다. 여기에 대해선 이영미, 2015, 『그리피스(1843-1928)의 한국 인식과 동아시아』, 인하대학교 대학원 박사학위논문 참조.
32 "Statesmanship of Ito", *The Washington Post*, January 5, 1910.

이고 티베트와 같이 거의 알려져 있지 않아 서구의 평가에서도 거의 무시할 정도의 나라이기 때문이라 했다.[33]

이처럼 미국 언론 가운데는 일본 내 여론과 일본을 잘 안다고 하는 일부 미국인들의 견해를 빌어 이토의 통치로 오히려 한국인들은 많은 혜택을 받았다고 주장하며 일본의 한국 침략과 통치 행위까지 합리화하려 했다. 이 같은 보도 논조에는 한국인의 친구였던 이토의 죽음을 동정하면서 한국인의 암살 동기를 이해할 수 없고 그를 죽인 행위는 전체 한국인들에게 결코 유익하지 않다는 점을 알리고 싶은 의도가 담겨 있다.

미국 언론은 일본 정부의 말을 인용해 이토가 죽은 뒤에도 일본 정부는 대한 정책을 바꾸지 않을 것이라고 보도했다.[34] 가쓰라 수상은 안중근 의거 직후 가진 기자 회견에서 "이토의 죽음으로 일본의 정책을 바꾸지 않을 것이다. 이토의 평화적인 동기는 여전히 유지될 것이고 그가 남긴 전통은 그대로 수행될 것"[35]이라고 발표했다. 안중근 의거 이후 한국 내 무장 봉기의 가능성을 두려워하여 군사력을 강화하여 한국을 강제 '병합'해야 한다는 강경 여론이 일본인들 사이에서 일고 있었지만,[36] 일본 정부는 이토가 추구한 한국의 '보호국화' 정책을 계속 밀고 나가겠다고

---

33 "Ito's Death an Incident in Tragedy of the Far East", *The Courier Journal*, November 7, 1909.
34 "Attitude of Japan to Korea Unchanged", *The New York Times*, October 28, 1909; "Korea Not to Suffer", *The Sun* (Baltimore), October 27, 1909; "Japan Declares There Will be No Change of Policy", *The Los Angeles Times*, October 28, 1909.
35 "Japan Mourns for Ito", *The New York Times*, October 27, 1909.
36 "To Crush Uprising", *The Los Angeles Times*, November 2, 1909.

한 것이다. 이 같은 일본의 방침을 본 미국 언론은 이토를 더욱더 한국인의 유익과 발전에 기여한 인물인 것으로 간주하였다.

이토 사망 직후 나타난 미국 언론 보도 경향에 대해 신임 주미 임시 일본대리대사 마쓰이(松井慶四郎)는 1909년 10월 30일 자로 다음과 같이 일본 정부에 보고했다.

> 이등공작 흉변에 조우하였다는 보(報)[도에] 이르자 당국 인사에게 일대 경악을 주어 조야(朝野)를 통하여 동공(同公) 및 일본에 대하여 심후한 동정을 환기하고 신문지(新聞紙)는 상세히 본건의 경과를 보도함을 게을리 하지 않았다. 또 동공의 경력을 서(敍)하여 기세계적(其世界的) 공적을 격상하고 생전 동공과 면식이 있는 인물은 소재(所在) 회견담을 공개하여 공을 추모하였다. 또 중요한 신문으로서 사설로 애도의 의(意)를 표하지 않은 것이 없고 모두 동공의 훙거(薨去)는 다만 일신의 참사일 뿐만 아니라 일본제국의 일대손실이라고 술하고 있다. 더욱이 동공(同公)의 사업은 모두 완성하고 취중(就中) 최근의 사업인 한국의 경영은 이미 기 기초가 확립되었으므로 차변(此邊)에 관하여 유감은 적을 것이라는 의향을 누설하였다. 특히 차제 제국 정부가 한국에 대하여 종래의 방침을 답습할 것을 표명한 것은 당국 인사에게 안심과 만족을 준 것으로 보인다. 또 이등공의 만주에 있어서의 사명에 관하여 신문지상에 이러쿵 저러쿵 췌마억측(揣摩臆測)을 가하여 일도(日露) 양국을 피지방에서 공통의 이해를 가졌으므로써 위(右)에 관하여 하등 협정을 위하여 노국(露國) 당국과 회결할 예정이었으나 해계획은 금회 사건으로 일시 중단할 수밖에 없기에

지(至)한 차제(次第)라고 평하고 있다.[37]

마쓰이는 미국의 언론들이 일제히 이토의 죽음을 추모하고 있고 이토의 대한 통치는 그 기초가 확립된 데다 일본 정부가 대한 방침을 바꾸지 않을 것이라고 표명한 것은 미국인들에게 안심과 만족을 주었다고 했다. 또 이토의 만주행에 대해 많은 억측들이 나오고 있는데 이번 사건으로 일시 중단되는 것으로 보고 있다고 했다.[38] 이토의 만주행 내용을 제외하고 그의 보고 내용은 대체로 미국 언론의 일반적인 보도 경향을 담고 있는 것으로 보인다.

그러나 이토가 끝까지 밀고 나가려 했다는 소위 한국의 '보호국화' 정책이나 그의 정책을 변함없이 수용할 것이라는 일본 정부 측의 발표 모두 일본의 기만적인 선전에 불과했다. 1909년 4월 10일 이토는 가쓰라 수상과 고무라 외무대신 간 비밀 회담에서 한국을 '병합'한다는 내용을 담은 2개조의 「대한방침서」에 찬동하고 합의했다.[39] 이런 합의를 바탕으로 일본 정부는 1909년 7월 6일 적당한 시기에 한국 병탄을 단행하되 병탄의 시기가 도래할 때까지 잠시 유보한다는 「각의 결정 한국병합에 관한 건」을 결정하였다. 이로 보면 이토는 처음부터 보호정책을 추진한 것이 아니라 병탄 과정에서 발생할지 모르는 한국인들의 저항과 마찰을

---

37 국사편찬위원회 편, 1983, 『한국독립운동사자료』 7, 28~29쪽.
38 그의 보고 중 이토의 만주행에 대한 보고는 미국 언론의 보도를 명확하게 분석한 것이라기보다는 다소 애매하고 자의적인 표현이다. 실제로 그는 미국 언론을 향해 이토는 1년 전에 은퇴한 인물이고 만주에 가서 코코프초프를 만난 것은 공식 직무와 상관없는 사사로운 만남이었다고 설명했다.
39 한철호, 2016, 『근대 일본은 한국을 어떻게 병탄했나?』, 한국독립운동사연구소 기획, 86쪽.

최소화하면서 한국 병탄을 시도한 노회한 전략가였을 뿐이다.[40] 또 이러한 사실을 숨긴 채 발표한 일본 정부의 태도는 구미 열강의 관심을 죽은 이토에 대한 동정 여론으로 집중시켜 한국 병탄의 본의를 흐리게 한 기만적인 술책이었다.

미국 언론 가운데는 많지 않지만 이토의 죽음을 동정하면서도 다른 한편 일본의 침탈 때문에 당하고 있는 한국 민족의 고통과 분노를 헤아리는 보도도 있다. 이 같은 보도 논조는 이토는 물론 일본의 침탈 행위에 강력히 반발하는 한국인의 항일 투쟁 분위기를 있는 그대로 전달한 것으로 한국인의 입장을 가능한 한 이해하고 대변하는 모습이다. 여기에 대한 상세한 내용은 다음 3절의 안중근 의거에 대한 미국 언론의 인식에서 자세히 살피려 한다.

한편 안중근 의거를 계기로 미국 언론은 이토의 하얼빈 방문 목적에 의구심을 갖고 포츠머스강화조약 이후 미국과 러·일 간에 각축을 벌이고 있는 만주문제를 되짚어 보게 했다. 러일전쟁을 종결시키기 위해 포츠머스에서 러·일 강화회의를 주선한 미국은 문호개방과 기회균등의 원칙을 내세워 중국 본토는 물론 만주까지 경제적인 이익을 확대시키려 했다.[41]

---

40 같은 책, 92~93쪽.
41 1899년 미 국무장관 존 헤이(John Hay)가 중국 내 어떠한 특권도 타국의 무역을 저해할 수 없다는 「무역상의 문호개방정책에 관한 선언」(일명 '문호개방정책')을 발표한 이후 미국은 중국 본토는 물론 만주까지 진출을 확대시켰다. 미국의 대표적인 만주 진출 계획은 1905년 미국 철도왕 해리먼(Edward H. Harriman)의 남만주철도 미일공동경영안과 1909년 미 국무장관 녹스(Philander C. Knox)의 만주철도 국제관리안이다. 그런데 제1차 러일협약(1907.7.30)을 맺은 일본은 러시아와 공동전선을 펼쳐 미국의 만주 진출을 막았고 대신 만주(특히 남만주)에서의 일본의 특수이익을 확보함으로써 미일 관계를 악화시켰다. 여기에 대해선 김경창, 1987, 『동양외

이런 때에 이토의 죽음으로 그의 만주행과 러시아 재무장관 코코프초프(V. N. Kokovtsov) 사이의 회담 목적에 대해 미국 언론은 특별한 관심을 가졌다. 1909년 10월 27일 자 『뉴욕 타임스』는 "이토의 죽음으로 일본의 비밀 계획을 봉쇄하다"라는 특별 논평에서 수도 워싱턴에서는 이토의 암살에 충격을 받았겠지만 그곳 외교관들은 하얼빈 회담(이토-코코프초프 회담)이 중단된 데 대해 첨예한 관심을 갖고 지켜보고 있었다고 했다.[42] 그런데 신임 주미 일본대리대사로 부임한 마쓰이는 통감에서 물러나 아무 공식 직함도 없는 이토의 만주행은 일본 정부의 공식 업무가 아니라 하여 두 사람 사이의 하얼빈 회담의 의미를 애써 축소시켰다.[43] 이런 일본 측의 해명에도 불구하고 앞에서 언급한 10월 27일 자 『뉴욕 타임스』의 특별 논평에서는 일본이 만주의 이익을 지키기 위해 비밀리에 러시아와 공동전선을 펼쳐 미국 등 열강의 문호개방 요구를 막으려 한다고 보았다. 『로스앤젤레스 타임스』는 일본이 한국을 침탈한 것처럼 만주 또한 자유로운 통제하에 두려고 한다며 일본의 만주 장악 의도를 노골적으로 비판하였다.[44] 미국 언론은 이토의 죽음을 동정하였지만 다른 한편 만주 진출을 둘러싼 미국의 국익과 관련해서는 이토의 만주행과 만주를 둘러싼 일본 정부의 비밀 외교 행위에 대해 매우 비판적인 시각

교사』, 집문당, 620~638쪽 참조.

42 "Ito's Death Blocks Japan's Secret Plan", *The New York Times*, October 27, 1909.

43 위와 같음. 그 외 로마 주재 일본 대사 하야시도 이토의 만주 방문 목적을 오해하지 말아달라고 하면서 이번 이토의 만주 방문은 개인적인 일이고 러시아 재무장관과는 우연한 만남에서 나온 일반적인 예우 행위라고 설명했다.("Attitude of Japan to Korea Unchanged", *The New York Times*, October 27, 1909)

44 "The Wrong Conception of Japan", *The Los Angeles Times*, January 15, 1910.

으로 바라보았다.[45]

3. '안중근'과 '의거'에 대한 인식

미국 언론이 안중근 의거 사실을 보도할 때 '안중근'의 이름을 정확하게 보도한 곳은 단 한 곳도 없다. 거의 모든 미국 언론은 의거를 일으킨 안중근을 '인찬 안간(Inchan Angan)'으로 보도했다. 그것도 안중근 의거가 일어난 지 3일이 지난 10월 29일 자부터 하얼빈발 통신을 근거로 보도했다.[46] 하얼빈의 의거 상황은 당시 미주 지역까지 세세하게 전달되기 어려운 조건이었다. 무엇보다 안중근의 이름과 신분에 대해 러시아 헌병대와 하얼빈 일본총영사관이 극비에 부치고 외부에 발설하지 않게 한 요인이 크게 작용했고, 안중근의 이름이 한국어·러시아어·중국어 발음으로 혼용되어 나타난 것도 혼란을 부추겼다.[47] 예컨대 의거 발생 당일 러시아 측에서 실시한 취조문과 예심기록에 따르면 안중근을 러시아식 발음으로 '우치 안' 또는 '안 가이' 등으로 기록했다.[48] 안중근 의거의 세부 내용을 확인하기 어려운 상황에서 AP통신 등 여러 통신 매체들은 미국 언론에 'Inchan Angan'으로 알렸다.

---

45 이토의 만주 방문과 안중근 의거를 둘러싼 러·일과 미국 간의 국제 관계에 대해선 홍웅호, 2010, 「안중근의 이토 사살 사건과 러일 관계」, 『사학연구』 100 참조.

46 "Uprising in Korea May Follow Murrder", *The New York Times*, October 29, 1909; "Koreans Favor Violence Against Japan", *Los Angeles Herald*, October 29, 1909.

47 최봉룡, 2020, 「안중근 의거에 대한 중국인의 반향」, 『한국독립운동사연구』 제69집, 307쪽.

48 신운용, 2009, 「일제의 국외한인에 대한 사법권 침탈과 안중근 재판」, 『한국사연구』 146, 222~223쪽.

공판 과정을 통해 의거에 대한 진상이 상당 부분 알려졌을 것으로 생각되는 1910년이 되어서도 안중근에 대한 미국 언론의 보도 또한 제대로 이루어지지 않았다. 1910년 2월 15일 자 『샌프란시스코 콜』 기사는 안중근의 이름을 'Tiehan Angen'으로 기술했다.⁴⁹ 그나마 안중근의 실제 이름과 비교적 가깝게 보도한 곳은 워싱턴 D. C.에서 발간된 『이브닝 스타』이다. 이 신문은 도쿄발 통신을 인용하여, 안중근의 사형집행이 당초 3월 25일로 예정되어 있었으나 그가 집필하려는 '극동의 평화(Peace in the Far East)'에 관한 원고가 완성될 때까지 잠시 형 집행이 연기되었다고 알리면서 안중근의 이름을 'An Ju Kon'으로 기술했다.⁵⁰ 이 보도가 1910년 4월 8일자에 나갔으니 모든 공판 과정이 끝나 사형선고를 받고 안중근이 순국한 지 2주나 지난 뒤였다. 대신 『이브닝 스타』의 보도는 안중근이 옥중에서 '동양평화론'을 집필하였다는 사실을 처음으로 미국 언론에 알린 점에서 주목할 만하다.

사실 미주 한인의 신문들도 처음부터 누가 의거를 일으켰는지에 대한 정확한 정보를 갖지 못했다. 호놀룰루에서 발행된 『신한국보』는 1909년 11월 2일자에 미국 신문에서 언급한 '인찬 안간(Inchan Angan)'이란 이름을 그대로 차용했다.⁵¹ 샌프란시스코에서 발행된 『신한민보』는 안중근의 이름을 '엄태남(嚴泰南)'으로 알고 1909년 11월 3일자 논설에서 '엄의사'로 표현했다.⁵² '엄태남'이란 이름도 당시 샌프란시스코에서 발간된 중국인 신문 『세계일보』가 북경 특전을 통해 보도한 것을 그대

---

49 "Slayer of Prince Ito", *The San Francisco Call*, February 15, 1910.
50 "Ito's Slayer is Reprieved", *The Evening Star*, April 8, 1910.
51 『신한국보』, 1909년 11월 2일, 「烈士之鐵血」.
52 『신한민보』, 1909년 11월 3일, 「논설: 嚴義士-擊殺伊賊雪公憤」.

로 차용한 것이었다. 사실 안중근 의거에 큰 관심을 갖고 보도한 중국 언론의 경우 안중근의 이름을 제대로 보도하기 시작한 때는 『신보(申報)』의 1909년 11월 5일 자 기사 「專電(旅順)」이다. 이 때는 안응칠로 언급했고 『민우일보(民吁日報)』의 11월 18일자 「역전(譯電)」에서 비로소 가명은 안응칠이고 실명은 안중근이라 했다.[53] 이런 연유로 『신한민보』에서 안중근의 이름을 정확히 기술한 때는 1909년 12월부터다. 12월 29일 자 『신한민보』에서 처음으로 안중근이란 정확한 이름을 기술했다.[54]

당시 열악한 정보 전달 사정을 감안할 때 미국 언론은 안중근의 이름을 제대로 보도하기 어려웠을 것이라 생각하지만 달리 보면 이토가 죽은 사실에 주목하려 했지 누가, 왜 그를 죽였는지에 대해선 관심 밖일 수 있었다. 즉, 이토란 인물이 중요했지 그를 죽인 '안중근'에 대해선 굳이 찾아서 부각시킬 의도가 없었을 것으로 생각된다. 다만 의거를 감행한 인물이 '한국인'이라는 사실에는 초점을 두었고 그것도 늘 '미확인' 한국인이었다. 이 '미확인' 한국인에 대한 보도도 서울에서 활동한 전 신문 편집인이라는 것과 일본의 정치인들을 죽이기로 맹세한 20명의 조직원 중 1인이었다는 정도였다.[55]

미국 언론은 의거를 일으킨 '미확인' 한국인을 일관되게 '살해자(slayer)', '암살범(assassin)', '살인자(murderer)' 등으로 표현하며 의거 자체를 범죄 행위로 규정했다.[56] 『쿠리어 저널』 1909년 10월 27일 자 사설은 이토

---

53 최봉룡, 앞의 글, 308쪽.
54 『신한민보』, 1909년 12월 29일, 「三韓人一擊大有人氣」.
55 "Uprising in Korea May Follow Murder", *The New York Times*, October 29, 1909; "Ito's Assassin is Identified", *The Courier Journal*, October 29, 1909.
56 "Assassination of Ito", *The Washington Post*, October 27, 1909; "Prince Ito,

살인은 한국인에게 유익을 줄 수 없는 어리석은 범죄이고 최고의 정치적 실수라고 간주했다.[57] 또 11월 7일 자 톰 월리스의 논평 기사에는 "한국인에 의한 이토의 암살은 잔혹한 범죄일 뿐 아니라 전략적인 실수"로 단정했다.[58] 왜냐하면 한일 간의 마찰을 증대시켜 한국과 극동문제에 대한 일본의 무력 수단을 강화시켜 주는 계기를 만들어 주기 때문이라는 것이다. 『뉴욕 타임스』는 이토의 암살은 단지 사소한 한 개인의 성공에 불과한 것이라 하여 그 의미를 크게 축소시켰다.[59]

그런데 미국 언론에 보도된 안중근의 행동은 당당하고 정당한 모습이었다. 안중근은 의거 수행 직후 재빨리 도망가지 않고 '당당히(defiantly)' 서서 군중을 향해 다음과 같이 '드라마틱하게' 자신의 거사 목적을 외쳤다고 했다.

> 나는 내 나라 원수의 복수를 위해 오로지 이토를 암살할 목적으로 하얼빈에 왔다.[60]

물론 이 같은 외침이 실제 안중근의 입에서 직접 나온 것인지는 확인하기 어렵지만 미국 언론은 안중근의 외침을 이번 거사의 목적으로 보

The Victim of an Assassin", *San Francisco Chronicle*, October 26, 1909; "Ito's Assassin Sentenced", *The New York Times*, February 15, 1910.

57 "The Murder of Prince Ito", *The Courier Journal*, October 27, 1909.
58 "Ito's Death an Incident in Tragedy of the Far East", *The Courier Journal*, November 7, 1909.
59 "The Murder of Prince Ito", *The New York Times*, October 27, 1909.
60 "Slew Ito to Avenge Conquest of Korea", *The New York Times*, October 27, 1909. 영문으로는 "I came to Harbin for the sole purpose of assassinating prince Ito to avenge my country"로 되어 있다.

왔다. 이런 보도가 나올 수 있었던 데는 10월 26일 의거 당일 안중근을 심문했던 러시아 측의 견해 때문으로 보인다. 당시 심문을 맡은 밀레르 검사는 "이토 히로부미 암살은 정치적인 이유를 바탕으로 하고 있다. 이는 한국 국민의 일본 통감에 대한 복수이다"[61]라고 하며 안중근 의거를 한국 민족의 복수로 규정했다. 이러한 러시아 측 심문 내용이 흘러나와 미국 언론에 그대로 전달되었을 것으로 추측된다.

실제로 안중근은 뤼순법정 공판 과정에서 당당하게 자신의 의거 목적을 밝혔는데 이는 거사 당일 안중근이 군중을 향해 외쳤다고 하는 것과 전체 맥락에서 거의 일치한다.[62] 그런데 안중근이 체포된 이후 의거 사유로 밝힌 「이토 히로부미의 죄악」 15개조 등 뤼순법정에서 행한 일련의 공판 내용에 대해선 어느 미국 언론도 관심을 갖고 보도한 바 없다. 의거를 일으킨 안중근이라는 인물보다 그에 의해 죽은 이토에게 관심이 거의 대부분 집중하고 있기 때문이다.

미국 언론은 비록 완전하진 않았겠지만 드라마틱한 안중근의 외침 소리를 통해 어느 정도 안중근의 의거 목적을 충분히 간파했을 것으로 생각된다. 『뉴욕 타임스』는 체포된 직후 심문 과정에서 '암살범'으로 지목된 안중근이 자신의 행동은 한국인에 대한 일본의 잘못 때문에 나온

---

61 박 보리스 드미트리예비치·박 벨라 보리소브나, 2004, 「안중근 의사의 위업에 대한 露國문서 및 자료」, 안중근의사기념관 편, 『안중근 의사의 위업과 사상 재조명』, 135쪽.

62 안중근은 공판 과정에서 다음과 같이 자신의 거사 목적을 밝혔다.
"내가 이토 히로부미를 쏘아 죽인 것은 대한 독립전쟁의 한 부분이요. 내가 일본 법정에 서게 된 것은 전쟁에 패배하여 포로가 된 때문이다. 나는 개인 자격으로서 이 일을 행한 것이 아니요, 대한의군 참모중장의 자격으로 조국의 독립과 동양평화를 위해서 행한 것이니 만국공법에 의하여 처리하도록 하라."(원문을 현대어로 수정: 국사편찬위원회 편, 1983, 『한국독립운동사자료』 7, 503쪽)

것이므로 애국적 동기에 의한 것이었다고 보도했다.[63] 안중근과 함께 공범으로 붙잡힌 두 사람도 압제를 저지른 이토의 통감 통치에 복수한 것을 매우 자랑스러워했다고 했다. 그러면서 이토가 한국인 동료들을 처형한 것에 대한 개인적인 원한도 갖고 있었다 하여 민족적인 복수 외에 사적(私的)인 복수심도 갖고 있는 것처럼 보도했다.[64]

이런 연유로 미국 언론은 안중근과 그 의거자들을 한국인 애국자로 불렀다. 1909년 10월 30일 자 『뉴욕 타임스』는 이토 암살범과 그 공범들을 설명하면서 사설 제목을 '한국인 애국자들'로 표현했다.[65] 그러나 미국 언론의 기사 제목에서 의거를 일으킨 한국인을 '애국자'로 표현한 곳은 『하와이안 스타』의 1909년 10월 26일 자 보도와[66] 앞에서 언급한 『뉴욕 타임스』 보도 외 찾아보기 어려울 정도다.

미국 언론은 안중근 의거의 동기를 개인적인 원한에 의한 것으로 보기도 했지만 근본적인 동기는 애국심에 바탕을 둔 '정치적'인 행동으로 평가했다. 당시 정확한 정보를 입수할 수 없는 상태에서 미국 언론의 '정치적' 평가는 안중근 의거가 한 개인의 원한 차원이 아닌 한국인의 민족적 분노 때문에 촉발되었다는 점을 비중 있게 두는 것이다. 미국 언론은 이토의 죽음으로 유럽 각국에서 애도의 물결이 일고 있지만, 자기 고국

---

63 "Slew Ito to Avenge Conquest of Korea", *The New York Times*, October 27, 1909.

64 "Ito's Murder Deadly Blow", *The Arizona Republican*, October 27, 1909; "Ito Slain by a Korean", *The Sun*(Baltimore), October 27, 1909.

65 "The Korean Patriots", *The New York Times*, October 30, 1909. 『하와이안 스타』는 의거 소식을 처음 보도한 10월 26일자 기사에서 안중근을 '미확인 한국인 애국자'로 표현하였다.

66 "Prince Ito Murdered by Korean Patriot", *Hawaiian Star*, October 26, 1909.

에 대한 일본의 점령을 원통해 하고 분개하는 한국인의 입장에 비추어 보면 안중근의 의거는 그리 놀랄 일이 아니라는 유럽 외교가들의 논평을 전했다.[67]

이에 반해 일본의 외교관들은 안중근 의거를 명백한 개인 범죄로 치부함으로써 절대다수의 한국인들과 분리시키려 했다. 런던 주재 일본총영사관 참사관(參事官) 야마자 엔지로(山座円次郎)는 "나는 이번 비극이 조직된 음모에서 비롯되었다고 생각하지 않는다. 오히려 이토를 민족의 적으로 간주한 한 한국인 개인의 고립된 범죄였다고 확신한다"[68]고 주장했다. 이 같은 주장은 안중근 의거 직후 일본 외교정가의 기본 대외방침이었는지 모른다. 의거 발생 이틀 뒤인 10월 28일 고무라 주타로(小村壽太郎) 외무대신이 정무국장 쿠라치(創知鐵吉)를 뤼순으로 보내 안중근 의거 조사활동을 시킨 뒤 안중근 개인이 저지른 살인 범죄로 최종 결론 내려 사건의 본질을 축소, 은폐시키려 했던 것[69]과 일맥상통한다.

그러나 일본의 침략과 압제가 없었다는 주장을 뒷받침할 만한 근거를 찾아보기 어려울 정도로 당시 한국 상황이 참혹하였다는 것을 감안할 때, 미국 언론은 일본 측의 변호나 주장에 동조하기보다 한국인의 민족적 분노를 그대로 이해하고 받아들였을 것이다. 『워싱턴 포스트』는 일본이 독립을 약속해 놓고 한국을 점령한 기만적인 행위에 대해 한국인들은 절대로 잊지 않았고 그때부터 스티븐스와 이토는 한국인들의 암살

---

67 "Europe's Opinion of Ito", *The New York Times*, October 27, 1909; "Korea's Vengeance", *The Enquier* (Cincinnati), October 27, 1909.
68 위의 글.
69 이태진, 2002, 「안중근-불의불법을 쏜 의병장」, 『한국사 시민강좌』 30, 일조각, 248쪽.

표적이 되었다고 보도했다.[70] 암살 행위를 지지하지는 않았지만 『뉴욕 타임스』는 "암살 행위는 분명히 애국심에 의해 촉발되었고 적어도 일본이 수행한 대한 정책에 분개했기 때문이라는 것은 실로 짐작할 수 있다"[71]고 했다.

미국 언론의 보도 논조를 보면 안중근 의거의 동기를 단순한 개인적인 원한으로 보기보다는 적어도 애국심에 바탕을 둔 '정치적'인 활동이었다는 사실을 인식했다. 암살 행위 자체를 정당화하지 않으면서 의거 행위자들을 한국인 애국자로 보려 한 것은 어찌 보면 일본의 한국 지배에 대한 한국인의 항거가 정당할 수 있다는 논리를 담고 있다.

대체로 미국 언론의 입장은 안중근 의거를 범죄 행위로 단정하면서도 애국적 행위로 인식하는 복잡하고 양면적인 성향을 보여 준다. 이토와 스티븐스의 죽음을 비교한 미국 언론의 보도에서 이런 양면성을 잘 드러낸다. 1908년 3월 23일 장인환·전명운의 스티븐스 처단지인 샌프란시스코에서 발간된 『샌프란시스코 콜』은 한국인의 복수심에 의해 일어난 암살 행위는 스티븐스의 살인 사례와 같다고 보고 이토 암살과 같은 행위를 사악하고 옹호할 수 없는 것으로 보았다.[72] 또 대의에 전혀 이롭지 않으며 모든 인도적인 사람들의 동정도 얻을 수 없는 행위라 했다.

『뉴욕 타임스』는 이토의 죽음을 미국인 스티븐스 죽음과 연관시키면서 안중근 의거를 애국적 행위로 조명했다. 이토는 일본의 한국병합에 복수하려는 한국인 '암살범'들의 두 번째 희생자이고 스티븐스는 이러한

---

70 "Death of Ito a Blow to U.S. Diplomatists", *The Washington Times*, October 26, 1909.
71 "The Murder of Prince Ito", *The New York Times*, October 27, 1909.
72 "The Assassination of Prince Ito", *The San Francisco Call*, October 27, 1909.

병합에 협력한 인물이자 그 첫 번째 희생자라 했다. 스티븐스와 이토는 뗄 수 없을 만큼 매우 밀접한 사이였으므로 한국인의 적대감이 이 두 인물에게 작동했다는 것이다. 그러면서 장인환·전명운 의거로 죽음을 눈앞에 둔 상황에 스티븐스는 자신에게 총을 쏜 한국인에 대해 다음과 같이 자신에게도 그만한 책임이 있었다고 시인했다 한다.

이것은 명백히 샌프란시스코 안팎에 있는 작은 학생 선동가들의 작업이다. 그들은 일본이 한국을 보호국화 한 사실에 분개했는데 나는 한국문제가 이런 상황이 된 것에 대해 어느 정도 나에게 책임이 있다고 본다.[73]

그런데 『뉴욕 타임스』는 스티븐스 처단 의거를 조사하는 과정에서 나온 한 「통문」을 안중근 의거 사건을 계기로 보도했다. 이 「통문」은 1908년 1월경 경기도 양주에서 결성된 13도 창의대진소 총대장 이인영의 이름으로 작성된 것으로 동년 3월 스티븐스가 샌프란시스코로 가기 위해 탄 같은 배편으로 누군가가 갖고 들어온 것이라 했다. 『뉴욕 타임스』가 보도한 「통문」의 내용은 다음과 같다.

전 세계 모든 한국인들에게
나라와 부모에 충효를 다하는 것은 인간 본성의 기본법이다. 의무를 위해 살고 죽는 것은 또한 자연의 이치이다. … 일본은 우리 황제를 퇴위시키고 우리의 마을과 형제, 우리 땅들을 파괴하고 죽이며 강탈했다. … 동포들이여, 우리는 반드시 단합해 우리 목숨을 나라를 위해 바치고 우리의

---

[73] "Ito The Second Victim", *The New York Times*, October 27, 1909.

독립을 회복시키자. 우리는 밀정과 야만적인 군인 등과 같은 모든 일본인들을 죽이는 데 전념을 다해야 한다. … 우리는 죽기까지 일본인을 완전히 근절시키겠다는 명세가 이루어질 때까지 오늘 패배하면 내일 또다시 공격할 것이다.[74]

이상의 「통문」은 일본을 향한 한국인의 항일 투쟁의 정신을 잘 보여준다. 이 같은 「통문」을 안중근 의거 발발 직후 공개한 『뉴욕 타임스』의 의도는 스티븐스 처단 사건이 단순한 살인 사건이 아닌 것처럼 이토를 죽인 안중근 의거 또한 한국의 국권을 지키기 위한 애국적인 행동이었다는 점을 시인하고 알리고 싶었던 것으로 보인다.

안중근 의거가 정치적인 행위라는 관점은 『이브닝 스타』의 사설에서도 잘 드러난다. 다만 이 신문은 이토에 대한 암살은 샌프란시스코에서 스티븐스를 살해한 것과 같은 정치적인 '범죄'로 분류되어야 한다고 주장했다.[75] 스티븐스가 한국에서 일본의 정책방향에 영향을 주어 한국에 해를 끼친 것 때문에 소위 애국적 복수로 죽었듯이 이토 또한 한국인의 민족적 복수심에 의한 것으로 보지만 어디까지나 '범죄' 행위로 판단한다는 입장이었다.

이토의 죽음을 스티븐스의 죽음과 연결시킨 미국 신문의 논조는 안중근 의거를 바라보는 미국사회의 여론이 이토의 죽음을 애도하는 것처럼 일관된 모습을 보이는 것이 아니라 복잡한 심정으로 얽혀 있다는 사실을 보여준다. 즉, 일제에 항거하는 한국인의 행위를 마냥 정당방위인

---

[74] "Ito The Second Victim", 앞의 기사.
[75] "Ito's Assassination", *The Evening Star*, October 27, 1909.

것처럼 동조해 줄 수도 없고 암살 행위가 범죄이므로 이들을 일반 살인자와 같은 단순한 범죄자로도 단정 짓기 어려운 미국인들의 복잡한 심정이 언론 보도 속에 담겨 있었다고 하겠다.

미국 언론은 안중근 의사의 일련의 공판 과정에 대해 대체로 무관심했으나 일부 신문의 경우 관심을 갖고 보도했다. 『뉴욕 타임스』는 안중근이 의거를 일으킬 때 러시아인 사진사가 상세하게 현장을 촬영했는데 한 일본인 관리가 이 영상물을 입수해 재판 때 사용할 예정이라 하여 영상 화면에 관심을 두었다.[76] 안중근이 1910년 2월 14일 뤼순법정에서 사형선고를 받자 『뉴욕 타임스』, 『이브닝 불리튼』, 『샌프란시스코 콜』, 『로스앤젤레스 헤럴드』 등은 이 사실을 짤막하게 보도했다.[77]

안중근의 사형 집형 소식 또한 대체로 무관심했으나 일부 신문에서 간략하게 보도하는 수준이었다. 『뉴욕 타임스』는 하얼빈발 3월 25일자 통신을 근거로 '오늘(3월 26일) 아침 뤼순에서 안중근의 사형이 집형되었다'고 짧게 보도했다.[78] 그 외 『하와이안 스타』,[79] 『이브닝 불리튼』,[80]

---

76 "Ito's Murder Pictured", *The New York Times*, December 10, 1909.
77 "Ito's Assassin Sentenced", *The New York Times*, February 15, 1910; "Ito's Assassin Sentenced to Die", *Evening Bulletin*, February 14, 1910; "Unchan Angan was Convicted", *The Evening Star*, February 14, 1910; "Slayer of Prince Ito Sentenced to Death", *The San Francisco Call*, February 15, 1910; "Ito's Slayer Must Die", *Los Angeles Herald*, February 15, 1910.
78 "Ito's Assassin Executed", *The New York Times*, March 26, 1910.
79 "Ito's Slayer is Executed", *Hawaiian Star*, March 26, 1910.
80 "Pays Penalty", *Evening Bulletin*, March 25, 1910.

『로스앤젤레스 헤럴드』,[81] 『필라델피아 인콰이어』,[82] 『샌프란시스 콜』[83] 등에서도 짤막하게 안중근의 사형 집형 소식을 전했다. 『퍼시픽 커머셜 애드버타이저』는 뤼순발 통신으로 프랑스인 선교사 '홍 신부'이지만 '홍석구(Nicolas joseph Marie Willhelm)'에게 고해성사를 한 안중근이 심리적으로 안정을 찾았고 당초 3월 27일 사형을 집행하려 했으나 그 날이 부활절이어서 25일에 집행된 것으로 보도했다.[84]

III. 하와이 내 안중근 의거에 대한 한·중·일 사회의 대응과 언론 보도

1. 하와이 한인사회의 안중근 의거 지지활동과 언론 보도

10월 26일 안중근 의거 소식을 듣자 즉시 하와이 『신한국보』와 『포와한인교보』[85] 두 신문은 공동으로 「호외」를 발행해 전 하와이 한인들에

---

81 "Ito's Slayer Put to Death", *Los Angeles Herald*, March 26, 1910.
82 "Ito's Assassin Pays Penalty", *The Philadelphia Inquirer*, March 26, 1910.
83 "Assassin of Prince Ito Hanged at Fort Arthur", *The San Francisco Call*, March 26, 1910
84 "Last Days of Ito's Assassin", *The Pacific Commercial Advertiser*, March 26, 1910. 안중근이 뤼순에서 사형 집행된 날은 3월 26일인데 미국 신문에서 3월 25일로 보도한 것은 뤼순과 미국 간의 시차 때문이다.
85 『포와한인교보』는 1904년 11월 호놀룰루 한인기독교회에서 발간한 한글 잡지로 1909년 당시 사장 겸 편집인은 와드맨이고 기자 겸 사무장이자 부편집인은 민찬호이다. 하와이 내에서 한인사회를 대표할 때 민찬호를 보통 포와한인교보사 주필 겸 편집인으로 불렀다.

게 알렸다.[86] 그런 후 호놀룰루 시내 한인기독교회에서 포와한인교보사(주필 민찬호)와 대한인국민회 하와이지방총회(총회장 이래수)가 공동 협력하여 안중근 의거를 축하하고 찬양하는 집회를 가졌다.[87] 이날 모임에서 민찬호는 한국인들은 이토의 통치하에 많은 고통을 받았고 일본의 학정이 계속된다면 자유와 독립을 위한 한국민의 봉기는 계속될 것이라고 연설했다. 그런 후 참석자들은 '하와이 한인애국연맹[The Korean Patriotic League of Hawaii, 또는 '하와이 한인애국협회(韓人愛國協會)']'[88]의 이름으로 '결의문[89]'을 만들어 발표했다.

하와이 한인들의 안중근 의거의 찬양과 지지활동에 대해 그 다음 날 호놀룰루의 『이브닝 불리튼』은 짤막하게 사실을 보도한 것으로 그쳤으나[90] 『퍼시픽 커머셜 애드버타이저』는 한인들의 집회 활동을 집중적으로 보도했다. 10월 27일 자 『퍼시픽 커머셜 애드버타이저』는 "이곳 한인들이 살인을 기뻐한다"는 기사에서 어제 하와이 한인들은 암살범을 애국자로 칭송하고 기뻐하였으며 한인애국연맹은 'The Circular('결의문')'을 발행했다고 보도했다. 'The Circular'의 내용은 "Korea's Opportunity"란

86　『신한국보』와 『포와한인교보』에서 공동 발행한 「호외」를 호놀룰루 주재 일본총영사관은 포와한인교보사에서 발행한 「호외」인 것으로 기록했다. 때문에 이 「호외」가 포와한인교보사의 것으로 오인하게 되는데 실제는 『신한국보』와 『포와한인교보』가 공동 발행한 것이다.(『신한국보』 1909년 11월 9일 「쁠래큰의 의단」 참조)

87　국가보훈처 편, 1995, 『亞洲第一義俠 安重根』 3, 154~156쪽.

88　하와이 한인들이 만든 단체에 대해 하와이와 미국 본토의 영자 신문은 'The Korean Patriotic League'로 보도했고 호놀룰루 주재 일본 총영사관은 '[한인]애국협회'로 기술했다.

89　'결의문'인지 '격문'인지는 실체를 알 수 없어 불분명하나 영자 신문에는 'The Circular'로 보도한다.

90　"Japanese Consul Gets Official News", *Evening Bulletin*, October 27, 1909.

소제목으로 번역해 소개되었다.

> 지금은 우리 2천만 민중이 그렇게 갈망하던 독립을 확보하기 위한 기회이다. 이토는 죽었다. 그는 82,000평방마일의 아름다운 우리나라를 일본 정부의 압제하에 두고 2천만 민중을 노예로 삼은 자다.
>
> 그의 탐욕은 대가를 치렀다. 우리는 그의 범죄를 용서할 수 없다. 러일전쟁 시작 때 세계 열강들에게 우리의 독립을 약속했던 그를 우리가 어찌 잊을 수 있겠는가. 지금 우리 민족의 자유는 어디에 있는가. 우리나라의 위상은 어떻게 되었는가.
>
> 이토에게 일어난 것은 그가 우리를 속인 것에 대한 대가이자 우리나라를 도적질한 데 대한 정당한 징벌이다. 우리는 이토를 칼로 죽인 애국자 한국인이 누구인지 모르지만 그가 누구이든 그는 우리나라와 우리 민족을 위해 행동했다. 그의 이름은 우리 민족의 역사 속에 영원히 명예롭게 기록될 것이다. 그의 희생적인 애국심은 잠자고 있는 우리 2천만 민중 앞에 하나의 본보기로 빛날 것이다.[91]

'결의문'에서 하와이 한인들은 이토를 죽인 것은 정말 장한 일이고 그를 죽인 한국인이 누구인지는 모르지만 그를 애국자이자 우리 민족의 역사에 길이 빛낼 자로 칭송했다.

또한 『퍼시픽 커머셜 애드버타이저』는 10월 26일 한인기독교회에서 가진 집회에서 행한 민찬호의 연설 내용을 상세히 보도했다. 민찬호는 이토가 한국인들에게 많은 약속을 했으나 하나도 지켜지지 않았고 한

---

[91] "Koreans Here are Pleased at Murder", *The Pacific Commercial Advertiser*, October 27, 1909.

국인은 일본의 침탈 속에 많은 고통을 겪게 되었다고 하면서 다음과 같이 안중근 의거의 정당성을 주장했다.

> 나는 이토를 죽인 암살범의 행위가 한순간이라도 잘못된 것이라고 말 할 수 없으며, 한국인은 일본인과 이토에 의해 아주 '특별하게' 취급되었음을 말하려 한다. 한국인은 자기 나라에서 어떠한 기회도 갖지 못한다. 일본인이 한국인의 땅을 빼앗았기 때문에 한국인은 고역과 가난이라는 매우 비참한 상황에 처했다.
> 스스로 이토는 모든 면에서 한국인들을 보호할 것이라는 점을 한국인에게 약속했다. 한국인의 땅은 굳이 팔지 않는 한 자국민의 소유로 남아야 하고 열강들은 한국과의 교역을 위해 외교적으로 접근할 수 있어야 한다고 약속했다. 그러나 이러한 약속들은 이행되지 않았다. 만약 일본이 계속해서 한국인들을 압박한다면 한국 민중은 중대한 폭발을 일으킬 것이다.[92]

일본을 비롯해 미국과 유럽 등 세계 각국에서 일제히 이토에 대한 추모와 애도를 쏟아내고 일본을 향한 동정 분위기에 집중할 때 하와이 한인들이 모여 안중근 의거를 칭송하고 「호외」와 '결의문'을 낸 소식은 하와이라는 지역을 넘어 미국 본토의 주요 언론에까지 영향을 주었다. 10월 28일 자 『뉴욕 타임스』는 '이토 암살범을 찬양하다'라는 제목에서 하와이 한인들이 결성한 한인애국연맹은 이토가 2천만 한국인을 노예화시긴 장본인이므로 그의 죽음은 매우 기뻐할 일이라 하며 항일 독립투쟁을

---

92 "Koreans Here are Pleased at Murder", 앞의 기사.

촉구했다고 전했다.[93] 볼티모어에서 발간된 『선(*The Sun*)』은 1909년 10월 28일 자에 호놀룰루의 한인들이 안중근 의거 소식에 기뻐했다는 소식을 전하는 한편 한국인의 자유를 잃게 만든 이토의 책임론을 제기했다.[94] 『로스앤젤레스 타임스』는 한국인들 상당수는 이토의 죽음을 기뻐하고 있고 서울의 비밀단체들은 일제 침탈에 항거하는 폭력을 선동해 외국 열강들의 주목과 개입을 이끌어 내려 한다고 보도했다.[95] 하와이 한인들의 항일활동에 주목한 미국 언론은 안중근 의거와 같은 일이 이번 한 번으로 끝날 것이 아니라는 것을 인식하고 일본의 압제를 받고 있는 한국 민족의 처지를 되돌아보는 한 계기로 삼았을 것이다.

한편 이토의 죽음 소식에 충격 받고 추모활동을 펼치던 하와이의 일인들은 한인들이 모여 안중근 의거를 찬양하고 「호외」와 '결의문'을 낸 사실에 분노했다. 호놀룰루에서 발간되는 일인 신문 『일포시사(日布時事, The Daily Nippu Jiji)』는 10월 27일 자 1면 전면에 하와이 한인들이 이토 사망을 한국 독립을 위한 서광으로 여기고 격문을 돌렸다 하고 이들의 소위는 러시아와 유럽에서 활동하는 무정부당원(無政府黨員)들과 별반 다를 바 없다고 주장했다.[96] 그러면서 1년 전 스티븐스의 죽음과 해리스 박사의 암살 계획 모두 이들 한인들에 의한 것이었다고 주장하

---

[93] "Praise Ito's Slayer", *The New York Times*, October 28, 1909; "Satisfaction Expressed by Koreans Patriotic League over the Assassin of Prince Ito", *The Enquire*(Cincinnati), October 28, 1909; "Praise of Assassin", *The Courier Journal*, October 28, 1909.

[94] "Honolulu Koreans Rejoice"; "Prince Ito", *The Sun*, October 28, 1909.

[95] "Many Koreans are Please by Murder", *The Los Angeles Times*, October 29, 1909.

[96] 『日布時事』, 1909년 10월 27일, 「韓人の狂愚を戒む」.(『日布時事』의 열람은 hojishinbun.hoover.org 참조)

며 하와이 한인들을 경거망동한 위험분자로 취급했다.

이어서 『일포시사』는 하와이 한인 언론의 「호외」를 「포와한인교보사별보」란 이름으로 지면에 실었다.[97] 일문으로 번역한 「호외」에는 "우리 2천만 동포의 희망이던 독립이 오늘 회복되었다. 우리 독립을 방해하고 우리 자유를 속박한 이토를 우리 애국의사(愛國義士)가 죽인 것은 어찌 일본의 재앙이요 우리의 행복이 아니랴"[98]라 했다.

『일포시사』가 게재한 「포와한인교보사별보」는 호놀룰루 주재 일본총영사관 통역인 하야(河野)가 하와이 한인의 「호외」를 일문으로 번역한 것으로 일인 신문의 언론 보도 배후에 호놀룰루 주재 일본총영사관의 역할이 매우 컸다. 호놀룰루 주재 일본총영사관은 이번 하와이 한인들의 안중근 의거 찬양·지지활동을 예의 주시하고 즉각 조사에 나섰다. 조사 결과는 10월 28일 총영사 우에노(上野專一)의 이름으로 외무대신 고무라(小村壽太郎)에게 보고되었다.[99] 조사한 내용에는 일문으로 번역한 포와한인교보사 「호외」, 하와이 한인애국연맹 '결의문', 민찬호 연설문을 담고 있고, 다음 장에서 언급할 『자유신보(自由新報)』의 로신(盧信) 사설의 일문 번역문까지 수록하고 있다. 일본총영사관의 활동은 이런 조사·보고로만 그치지 않았다. 하와이의 일인 신문을 비롯해 주류 사회의 영자 신문 등을 이용해 이번 일에 관여한 한국인들과 중국인을 무정부주의자인 것처럼 선동해 추방 공작을 펼친 배후세력으로 활동했다.[100]

일인 신문의 논조와 동일한 태도를 보인 하와이의 영자 신문은 호놀

---

97 『日布時事』, 1909년 10월 27일, 「頑愚なろ韓民」.
98 『日布時事』, 1909년 10월 27일, 「布哇韓人敎報社別報」.
99 국가보훈처 편, 1995, 『亞洲第一義俠 安重根』 3, 154~159쪽 참조.
100 국가보훈처 편, 1995, 위의 책

룰루에서 발간되는 『하와이안 스타(Hawaiian Star)』다. 『하와이안 스타』는 1909년 10월 27일 자에 이토 암살을 찬양하기 위해 「호외」나 '결의문'을 발표한 한인들의 행위는 명백한 아나키즘의 행동으로 간주하고 연방 법원의 절차에 따라 이러한 한국인 아나키스트를 국외로 추방하는 것이 가능하다고 주장했다.[101]

이처럼 하와이 한인사회의 안중근 의거 찬양활동에 대해 일인 신문과 하와이의 일부 영자 신문은 안중근 의거 찬양활동을 펼치는 한인들의 모습을 무정부주의자의 행동으로 간주하고 강력히 규탄하였다. 그것도 모자라 하와이의 일인들은 대한인국민회 하와이지방총회장 이래수와 민찬호, 그리고 다음에 언급할 중국인 신문 『자유신보』 주필 로신을 무정부주의자로 규정하고 하와이 이민당국에 고발까지 함으로써 하와이 내 한·중·일 사회와 주류 사회를 격동시켰다.

2. 하와이 중국인 신문의 안중근 의거 지지와 한·일 사회의 대응

하와이 한인사회의 안중근 의거 지지활동의 파장은 하와이 내 중국인과 일본인 사회까지 확대되었다. 호놀룰루에서 발행되는 중국인 신문 『자유신보』는 한국인의 항일운동을 적극 지지하였다. 『자유신보』 주필 로신(盧信. 영자 신문의 영문명은 'Lo Sun')[102]은 안중근 의거 소식을 들은

---

101 "Koreans Who Praise Assassin are Anarchist", *Hawaiian Star*, October 27, 1909.

102 로신(1872~1933)은 자가 신공(信公)이고 순더(順德) 사람이다. 일본과 미국에서 유학했다. 홍콩 『중국일보(中國日報)』 기자와 중국동맹회 광동지부장을 역임하였고 반청·공화혁명을 지지하는 혁명파 언론인이다. 하와이로 온 지는 1년도 채 되지 않았고 올 때 교사로 왔으나 얼마 되지 않아 반청혁명을 지지하는 『자유신보』 주필이

하와이 한인들이 모여 「호외」와 '결의문'를 만들어 배포한 사실을 알고 그 다음 날인 10월 27일자에 「고려불망의(高麗不亡矣)」란 사설을 게재했다. 미주 한인사회에서 발행하는 『신한국보』와 『신한민보』는 그 전문을 번역해 게재했는데 그중 『신한민보』의 것을 중심으로 로신 사설의 일부를 소개한다.

> 내가 어제 전보를 읽다가 세계에 큰 강권자 이등박문이 하얼빈에서 조선 협사의 손에 죽음을 보고 나의 뇌근이 한 번 뛰놀아 비상히 유쾌함을 깨달았으며 기쁨이 극한 곳에 또한 슬픔을 금하지 못하였노라.
> 그 무엇이 기쁘냐 하면 세계에 큰 강권자가 나중에는 여차한 처분을 받았으며 여차한 결과가 있는 것을 한 번 기뻐함이오, 세계 인류가 점점 자유 독립의 참 이치를 알고 능히 한 몸의 생명을 희생삼아 스스로 남을 호위하는 것이 즉, 나를 호위하는 것인 줄 앎으로 또 한 번 기뻐함이며, 그 무엇이 슬프냐 하면 중국에 사람 없음이 마침내 조선만 같이 못한 것을 슬퍼하노라. …
> 대저 나라를 독립할 자는 반드시 그 생기가 있나니 나라는 비록 망하였으되 생기가 오히려 있으면 망하였더라도 아니 망한지라. 그런고로 조선이 비록 일본에 먹혔으되 조선 사람은 차라리 몸을 죽여 피를 흘리더라도 일본에 항거하는 마음은 조금도 쉴 때가 없은즉, 이는 곧 조선이 망하였더라도 생기가 오히려 있음이라. …

되었다. (손염홍, 2010, 「안중근 의거가 중국의 반제 민족운동에 미친 영향」, 『한국독립운동사연구』 제34집, 74쪽; "Chinese Editor Said to Praise the Assassination", *Hawaiian Star*, October 29, 1909) 한편, 당시 하와이에는 로신이 주필로 있는 『자유신보』 외에 『민생일보(民生日報)』와 『신중국보(新中國報)』의 중국인 신문들이 있었다.

이등은 한국을 망하게 한 자라. 한인은 반드시 대적함이 있을진대 두 번째 이등이 되는 자에게도 거울이 될지라. 앞에서 거꾸러지면 뒤에 일어나기를 말지 아니하여 힘써 나의 자유와 평등의 목적을 달하고야 말지라. 시험하여 묻건대 세계에 강한 권세 가진 자 감히 한 몸으로써 협사의 창날을 시험할 수 있느뇨.

그런고로 사람의 마음이 죽지 아니하였으면 나라는 비록 망하였더라도 필경은 망하지 아니함이니 그렇지 못한 자는 중국 사람과 같이 조금도 생기가 없이 만주 종자를 대적하지 못하거니와 하물며 일본일까 보냐.

오호라 조선이 망치 않은 것은 조선 사람이 스스로 망하지 않음이요, 중국이 망하는 것은 중국 사람이 스스로 망함이니, 장하도다 조선이여, 위하도다 조선 협사여. 슬프도다 중국이여, 더럽도다 남의 노예됨을 달게 받는 한종(漢人)이여.[103]

로신은 사설에서 이토를 죽인 한국인의 의거를 찬양하면서 나라는 죽어 갔으나 한국인의 심지가 견고하고 항거하는 힘이 죽지 않았으므로 결코 나라가 망하지 않았다고 찬사를 보냈다. 그러면서 한국인과 같이 대적을 향해 살신성인하는 기백을 보여주지 못하는 중국인, 한족인의 나약함을 한탄하고 망해 가는 중국을 탄식했다. 그는 망해 가는 조선을 안중근이란 인물이 나와서 다시 일으켜 세웠듯이 중국인 또한 의기분천해서 중국을 다시 일으키자고 호소했다.

「고려[한국]는 망하지 않으리라」란 사설은 중국인을 위해 중국어로 작성한 글인데 호놀룰루의 일본총영사관과 일인 신문 『일포시사』와 『포

---

[103] 『신한민보』는 1909년 11월 17일자에 「譯 自由新報 論說」에서 노신의 「高麗不亡矣」를 번역해 게재했다.

와신보(布哇新報)』는 이 글을 문제삼았다. 『일포시사』는 10월 28일 자에 일문으로 번역한 로신 사설을 싣고 그 사설을 이토 암살 행위를 선동한 '폭론(暴論)'으로 신랄하게 규탄하였다.[104] 그리고 '10월 29일 자에는 「자유신보의 변해적 사설(自由新報の辯解的社說)」이란 제목으로 하와이 내 한인과 중국인들이 애국활동이란 미명하에 움직이고 있는 항일활동의 기운들을 상세히 보도했다.

『포와신보』는 하와이 한인들과 『자유신보』의 중국인 기자를 무정부주의자로 선동하고 추방공작활동에 가세했다.[105] 이 신문은 스티븐스와 이토를 죽인 한인들을 "위험한 무리"라 부르고 완고하고 노둔한 인종에게는 어진 정사를 베푸는 것이 불가하니 철혈정책이 마땅하다 했다. 그러므로 대한정책은 무단(武斷)을 쓰는 것이 제일 좋다고 역설했다. 근일 이토 암살을 찬양하는 활동을 펼친 일로 이민 당국의 조사를 받고 있는 민찬호는 하와이에 온 지 3년이 경과하여 추방하기 어렵겠지만 중국인 기자의 경우는 추방해야 한다고 주장했다.[106]

안중근 의거를 둘러싼 로신의 사설은 하와이의 영자 신문에도 큰 반향을 일으켰다. 하와이의 『퍼시픽 커머셜 애드버타이저』, 『하와이안 가제트』, 『하와이안 스타』는 로신 사설의 일부를 번역, 소개하면서 아나키스트와 같은 로신을 매우 위험한 인물로 규정해 사회문제화시켰다.[107] 특

---

104 『日布時事』, 1909년 10월 28일, 「伊藤公の薨去と漢字新聞」.
105 『포와신보』의 기사 내용은 『신한국보』 1909년 11월 2일자에 「포와신보의 評文은 여좌하니」로 번역 소개되었다.
106 위의 글.
107 "Lo Sun Very Violent Man", *The Pacific Commercial Advertiser*, October 30, 1909; "Lo Sun Very Violent Man", *Hawaiian Gazette*, November 2, 1909; "Chinese Editor Said to Praise the Assassin", *Hawaiian Star*, October 29,

히 『하와이안 스타』는 1909년 10월 30일 자와 11월 2일 자 사설란에서 그가 교사였다는 사실을 알고 "이 나라는 암살을 가르치는 사람을 원하지 않는다"는 단호한 입장에서 추방을 당연시했고 일부 한국인도 그럴 가능성이 있다고 전망했다.[108] 『이브닝 블리튼』은 로신의 사설은 미 당국의 기소로 체포돼 충분히 추방할 가능성이 있는 글이라 하고 동시에 안중근의 의거를 칭송하는 축하대회를 개최한 한인들도 그와 다를 바 없다고 보았다.[109]

이러한 하와이 영자 신문의 반응은 이들 언론이 하와이 주류 사회의 여론을 주도하고 있다는 점에서 한·중 양 민족에게 미칠 영향이 적지 않았을 것으로 보인다. 더구나 하와이 영자 신문의 비판적인 보도와 별도로 하와이 일인들이 한·중의 관련 인물들을 무정부주의로 고소하여 추방공작을 펼침으로써 하와이 내 한·중 두 민족의 입지가 더욱더 위축되는 상황을 맞이했을 것으로 생각된다.

호놀룰루 주재 일본총영사관을 비롯한 하와이의 일인들은 민찬호·이래수·로신을 암살 행위를 찬양, 선동했다 하여 무정부주의자로 간주하고 미국 이민법을 근거로 하와이 이민당국에 고발했다.[110] 미국 이민법에 따르면 암살 선동자나 무정부주의자들을 엄격히 금지하고 있는데,

---

1909; "To Arrest Lo Sun for Anarchism", *Hawaiian Star*, November 1, 1909.
108 "Local Side of a Great World Drama", *Hawaiian Star*, November 2, 1909. 10월 30일자 『하와이안 스타』의 사설란에는 제목이 달려 있지 않다.
109 "Chinese Editor Face Charge", *Evening Bulletin*, October 29, 1909.
110 『일포시사』 1909년 10월 30일, 「韓人送還きれん」. 로신은 사설을 쓴 다음 날인 10월 28일경 일인 측에 의해 고발된 것으로 보인다. 민찬호는 일인 측의 고발 대상이 된 것으로 보이나 이래수의 경우는 확인할 수 없어 불분명하다. 민찬호와 이래수는 일인 측 변호사 브렉콘스의 조사를 받았는데 피고발인으로서가 아니라 참고인 조사로 생각된다.

미국에 입국한 지 3년 미만인 자가 그러한 일로 고발되어 죄가 확정되면 국외로 추방하게 되어 있었다. 민찬호나 이래수의 경우 하와이에 온 지 3년을 경과해 문제가 될 소지가 적었으나 하와이에 온 지 1년도 채 안 된 로신의 경우는 미국 이민법에 저촉될 수 있었다. 이래수와 민찬호는 이토를 모살한 자를 왜 열사로 지칭했느냐고 묻는 일인 측 변호사 브렉콘스(Breckons)에게 세계가 열사로 공인한 것이니 한국인들에게 따질 일이라 아니라고 항변했다.[111] 암살을 찬동했다는 빌미를 주지 않으면서 안중근 의거의 정당성을 주장한 것이었다. 민찬호와 이래수가 강력히 항변하는 데다 이미 미국에 입국한 지 3년을 경과했기 때문에 일인 측으로선 이들 두 사람을 얽어맬 구실을 만들기 쉽지 않았다.

그런데 미국 이민법에서 규정한 3년 체류기간을 초과하지 않은 로신의 약점을 간파한 하와이의 일인들은 이런 약점을 이용해 맹렬하게 추방공작을 펼쳤다. 일인 측의 고발로 하와이 이민국장 브라운(Raymond C. Brown)은 로신을 불러 조사하였고 그의 체포와 추방을 위해 워싱턴 D. C.의 미국 정부 당국에 공식 문의했다.[112] 미국 정부는 해당 지역 재류인 천 명의 담보자가 있으면 국외 추방 조항을 적용하지 않는다는 회신을 보내주었다.[113]

이런 소식을 들은 하와이 내 중국인들은 담보자 연명 작업에 나섰고 한인들 또한 로신을 돕기 위한 연명 작업에 적극 동참했다. 로신을 도울 때 하와이 한인들은 "저 왜로 야만의 음해를 생각할수록 일인을 진멸할

---

111 『신한국보』, 1909년 11월 9일, 「뿔래큰의 의단」.
112 "To Arrest Lo Sun for Anarchism", *Hawaiian Star*, November 1, 1909.
113 『신한국보』, 1909년 11월 9일, 「자유보의 동정」.

마음이 결단하며 자유보와 일부 청인(淸人)들의 동정에 대하여는 감사함을 말지 아니하노라"[114]는 심정을 밝혔다. 이로 보면 한인들은 이번 일을 계기로 하와이 내 중국인들에 대해 각별한 동지의식을 가졌을 것으로 생각된다. 대대적인 연명 작업 이후 로신의 추방 공작 결과에 대해 국내 일부 논문에서는 그가 강제 송환된 것으로 기술했는데[115] 새로 확인한 바에 따르면 그렇지 않은 것 같다. 『일포시사』가 1910년 7월 26일자에 로신의 글과 함께 그의 얼굴 사진까지 싣고 있는 것을 볼 때[116] 로신 추방공작은 유야무야 처리된 것으로 보인다.

　타국에서 외국인의 처지로 살아가야 하는 여건에서 하와이 한인들은 일인들의 잘못된 선동 행위를 마냥 무시할 수 없었다. 하와이 주류 사회를 향해 미주 한인에 대한 올바른 인식을 심어 줄 필요가 있었다. 하와이 한인들은 대한인국민회 하와이지방총회의 이름으로 『퍼시픽 커머셜 애드버타이저』 편집장에게 한국인의 입장을 담은 글을 보냈다.[117] 주요 내용을 정리해 보면 외부 여러 언론 매체에서 언급한 것처럼 이곳 한인들이 이토의 죽음을 기뻐하고 있다는 지적은 사실일 수 있겠지만 그 이상이나 그 이하도 아니다. 1776년 미국이 자유를 위해 피를 흘렸고

---

114 「자유보의 동정」, 앞의 글.
115 손염홍은 「안중근의거가 중국의 반제민족운동에 미친 영향」(『한국독립운동사연구』 34집, 2010) 74쪽에서 「伊藤公函報ニ對ミ在布淸韓人ノ言動及當縣官憲意向續報」 (국가보훈처 편, 1995, 『亞洲第一義俠 安重根』 3, 154~156쪽)을 근거로 추방된 것으로 기술했다.
116 로신은 「祝牧野相賀根來田坂四君特赦」라는 글을 『일포시사』에 기고했는데 『일포시사』는 이 글을 1910년 7월 26일자에 게재할 때 그의 사진까지 실었다.
117 "Where Local Koreans Stand", *The Pacific Commercial Advertiser*, November 2, 1909. *The Pacific Commercial Advertiser*에게 보낸 하와이 대한인국민회의 글은 *Hawaiian Gazette*도 같은 제목으로 11월 2일자에 일부 소개했다.

1789년 굶주린 프랑스 농민들이 전제 왕권을 뒤엎었듯이 이러한 투쟁정신은 오늘날 우리 한국인에게 그대로 전수되고 있다. 1904년 이래 일본이 한국을 강요해 맺은 조약들과 이토에 의한 고종황제의 강제 퇴위 등으로 이제 한국인에게는 불타는 항일투쟁의 심정만 남게 되었다. 그 동안 일인 신문들은 한국인들을 모함하기 위해 스티븐스의 처단 의거뿐만 아니라 한국과 일본에서 선교활동을 펼친 미 북감리회 감독 해리스의 암살 모의까지 끄집어내 위험한 무정부주의자들이라고 선동하였다.[118] 우리는 미국 정부가 무자비한 압제로부터 자유를 얻기 위한 투쟁을 지지할 것이라는 믿음을 갖고 있다. 우리 한국인들은 민족의 독립을 위해 기꺼이 자신의 생명까지 희생할 것이지만 암살을 공개적으로 지지하지 않는다는 점을 알아주길 바란다. 그러면서 마지막에 앞으로 암살과 같은 행동이 한국인의 손에 의해 또 다시 일어나지 않기를 희망한다

---

[118] 『일포시사』는 1909년 10월 30일자에 「ㅈ氏の暗殺」란 기사에서 하와이 한인들이 해리스 암살을 모의한 것으로 왜곡 보도했다. 해리스(Merriman Colbert Harris)는 1908년 4월 워싱턴 D. C.로 가는 도중 호놀룰루에 들렀을 때 기자들에게 "내가 루즈벨트 대통령과 루트(Elihu Root) 국무장관에게 일본 태자[이토]와 하야시(林權助)가 한국 상황을 개선하기 위해 열심히 일하고 있다고 보고할 것이다. 대부분 한인들은 일본 정부의 제도를 선호하며 일본에게 반감을 품고 있지 않다. 일본이 한국을 점령하는 것은 하나님이 하시는 일로 한국을 위해 좋은 일이다"라고 언급했다. 이 소식을 들은 하와이 한인들은 크게 분노하며 격앙된 반응을 보였다. 하와이 내 일인 신문들은 이런 모습을 두고 장·전의 스티븐스 처단의거를 상기하며 한인들이 해리스를 암살할 음모를 꾸미고 있다고 선동하였고 하와이의 『퍼시픽 커머셜 애드버타이저』는 이런 음모선동론에 동조해 한인들을 아나키스트로 지칭하는 등 사회문제화시켰다. (Bandon Palmer, 2012, 「반식민 항의 암살: 미국인들, 한일 관계에 직면하다」, 『한국독립운동사연구』 제40집, 385쪽; 이덕희, 2013, 『하와이 대한인국민회 100년사』, 연세대학교 대학출판문화원, 13~15쪽) 해리스는 정치에 간여하지 않은 재한 선교사들의 선교를 보장한 이토의 통감통치를 적극 찬양하고 지지하여 '일본 정부의 앞잡이'라는 비난을 받은 인물이면서 '105인 사건' 때 한국인 기독교인을 고문한 일본에 대해선 강하게 비판한 인물이기도 하다.(김명구, 2018, 『한국기독교사 1-1945년까지』, 예영커뮤니케이션, 252~253쪽)

고 글을 맺었다.

하와이지방총회가 보낸 글은 이토의 암살은 그럴 만한 가치가 있다고 보면서도 하와이 주류사회에 한인들이 암살 행위를 적극 찬양하고 선동한다는 의심을 주지 않으려 하는 양면적이고 복잡한 심정을 담고 있다.[119] 이국땅에서 소수 민족으로 살아가야 하는 한계와 스티븐스 처단 의거 이후 하와이 한인들을 무정부주의자로 의심하고 있는 하와이 내 사회 분위기를 감안해 자국의 애국심만을 내세워 암살 행위를 마냥 정당화하기 어려운 현실이 이런 복합적인 형태로 나타난 것으로 보인다.

한편 로신은 또 다른 『자유신보』의 사설에서 기존 글의 입장을 수정하여 자신을 변호하기 위한 글을 발표했다.[120] 이러한 태도 변화에 대해 『퍼시픽 커머셜 애드버타이저』는 1909년 11월 2일 자에 "그의 정당화의 시도는 약간 베일에 가려진 것 같은 정서를 담고 있다"고 부정적으로 논평했다.[121] 로신의 입장 변화는 자신이 아나키스트로 낙인찍힐 경우 하

---

119 그런데 『퍼시픽 커머셜 애드버타이저』에게 보낸 영문 글과 달리 『신한국보』 1909년 11월 9일자에 게재된 한글의 「討日奴書」에는 영문의 온건하고 완곡한 표현과 달리 이토 처단에 대한 입장이 아주 단호하다. 즉, "일인은 한인을 모함하여 왜인을 선동한 결과 당시 여러 신문상에 기재하기를 이등을 피살한 일에 대해 극히 즐기며 노래한다 하였으나 만일 그 말이 진정한 평론이면 우리 한인의 바라는 바에 지남이 없도다" 했다. 또 마지막 문장에 "저 일인들이 저희들의 행한 일은 생각지 아니하고 무슨 기회가 있으면 의례히 전부 한인을 음해 모함[함]이 날로 심하거니와 우리 한인은 이등박문이 피살한 통신에 대하여 일호반점이라도 가련히 여길 수 없다. 그 나라의 원수를 갚으며 그 나라의 치욕을 씻으려면 결단코 한 사람의 힘으로는 동해 목적을 이루지 못하나니 우리가 한국의 독립을 위해서는 우리의 생명을 기꺼이 바치려 하노라" 했다.

120 로신이 자신의 입장을 변호하기 위해 다시 썼다는 『자유신보』 사설의 내용은 필자의 한계로 해당 자료를 찾을 수 없었다. 대신 『퍼시픽 커머셜 애드버타이저』와 『하와이안 가제트』의 1909년 11월 2일자 "Ask Warrant for Lo Sun"란 기사에서 그의 태도 변화를 언급하고 있다.

121 위의 글.

와이 이민당국에 의해 강제로 국외 추방될 수 있는 이민법을 고려한 때문인지, 아니면 더 이상 일인 측과의 파쟁을 확산시키고 싶지 않은 의도 때문인지는 알 수 없으나 양쪽을 모두 고려한 유화적인 태도 변화였음은 분명한 것으로 보인다.

안중근 의거를 둘러싼 한·중 양 민족의 대응은 '애국'과 '구국'이라는 관점에서 상호 연대의식을 촉발시켰다. 그러나 한중의 주요 인물들을 무정부주의자로 규정하고 추방공작을 펼친 하와이 일인들의 지속적인 선동공작과 여기에 보조를 같이한 주요 하와이 영자 신문들의 동조 여론 조성은 한·중 두 민족에게 적지 않은 심적 부담과 고통을 주었을 것으로 생각된다. 이런 어려움에도 불구하고 한중 양 민족은 서로 비방한다거나 분열하기보다 향후 항일문제에 있어서 서로 연대의식을 공유하는 소중한 계기가 되었을 것으로 보인다. 1919년 3·1운동 이후 한중 연대의 항일운동이 촉발될 수 있었던 데는 이런 소중한 경험이 있었기에 가능했을 것으로 생각한다.

Ⅳ. 맺음말

안중근 의거 발발 때 보여준 미국 언론의 즉각적인 반응은 이토의 죽음에 대한 보도다. 이토의 갑작스런 사망은 미국사회에 큰 충격을 주었다. 미국 언론은 이토의 화려한 경력과 업적을 조명하며 깊은 애도와 함께 최대의 찬사와 칭송으로 보도했다. 미국 언론은 그를 열렬한 친미 인물이자 한국인의 가장 좋은 친구로 평가했다. 그러면서 일본의 대한 침탈로 인한 한국인의 항일 감정을 이토의 죽음을 통해 확인하였고 그의 만주행으로 드러난 만주문제를 둘러싼 미일 간의 긴장과 알력 때문에 일본의 침략 의도를 비판적으로 보도하였다.

'안중근'과 안중근 '의거'에 대한 미국 언론의 보도는 매우 제한적이고 부분적으로 이루어진다. 어느 미국 언론에도 안중근의 이름을 제대로 밝힌 곳이 없고 왜 거사를 일으켰는지에 대한 관심과 심층적인 분석 기사도 많지 않다. '의거'에 대한 미국 언론의 보도 시각은 개인적인 원한을 담은 '애국적'인 동기에서 나온 것으로 파악했다. 그러면서 안중근 의거를 '정치적'인 '범죄'로 분류하려 했다.

구미의 국제사회에서 이토에 대한 추모와 일본에 대한 동정 분위기가 확산될 때 하와이 한인들이 한인애국연맹을 결성하고 「호외」와 '결의문'으로 안중근 의거를 찬양하고 지지활동을 펼친 것은 미국 언론에 한국인의 구국을 위한 '애국 열정'과 '항일 의지'를 확인시켜 주는 데 큰 힘을 발휘했다. 여기에 중국인 신문 『자유신보』 로신의 논설은 한국인들의 항일운동에 힘을 보탰을 뿐만 아니라 미국 언론의 큰 주목을 받았다. 하지만 무정부주의자로 지목하고 추방공작을 펼친 하와이 내 일본총영사관, 일인 신문 『일포시사』와 『포와신보』 등 일인들의 적대적인 대응과 하와이 영자 신문의 동조 여론 형성은 하와이 주류 사회에서 한·중 두 민족의 활동과 입지를 위축시켰다.

그럼에도 안중근 의거를 둘러싼 한·중 두 민족 간 공조활동의 경험은 국권수호라는 민족문제 앞에서 공동전선을 펼칠 수 있는 정서적인 연대와 함께 장차 항일투쟁이라는 공동전선의 기반을 다지게 했다. 1919년 3·1운동 직후 미주한인사회에 한중 연대를 통한 항일운동을 전개하고 1930년대 하와이에서 한·중 연합에 의한 국제외교 활동을 본격화한 것은 안중근 의거 때부터 다져진 역사적 기반에서 비롯한 것이다.

안중근 의거에 대한 미국 언론의 보도 경향은 한국인의 입장에 동조한다거나 이해하려는 시도보다 대체로 부정적인 논조가 주류를 이룬다. 이러한 언론 보도의 논조는 미국 정부가 노골적으로 일본의 대한 침략 정책을 지지하는 마당에 일본의 한국 침략 사실을 알면서도 망해 가는 나라여서 어쩔 수 없다는 강자 우선의 제국주의 논리에 편승해 있었기 때문으로 보인다. 이런 시대 상황에서 일어난 안중근 의거는 미국 언론에게 일본의 침략 속성을 재점검하고 한국인의 민족적 열망과 한국의 실상을 다시 주목하게 만든 한 계기가 되었을 것이다. 그러한 효과와 영향은 당시에는 잘 드러나기 어려웠겠지만 3·1운동 직후 미국 언론이 한국인이 당한 처지를 이해하고 동정하는 친한 여론을 일으키는 데 소중한 역사적인 기반으로 작용했을 것이다.

참고문헌

『국민보』.
『신한국보』.
『신한민보』.
『日布時事』.
Evening Bulletin.
Hawaiian Gazette.
Hawaiian Star.
Los Angeles Herald.
San Francisco Chronicle.
New York tribune.
The Arizona Republican.
The Boston Daily Globe.
The Courier Journal.
The Detroit Free Press.
The Enquirer (Cincinnati).
The Evening Star.
The Indianapolis Star.
The Los Angeles Times.
The New York Times.
The Philadelphia Inquirer.
The San Francisco Call.
The Sun (Baltimore).
The Sun (New York).
The Pacific Commercial Advertiser.
The Washington Post.
The Washington Times.
국가보훈처, 1995, 『亞洲第一義俠 安重根』1~3.
국사편찬위원회 편, 1983, 『한국독립운동사자료』7.

김경창, 1987, 『동양외교사』, 집문당.
김명구, 2018, 『한국기독교사1-1945년까지』, 예영커뮤니케이션.
박 보리스 드미트리예비치·박 벨라 보리소브나, 2004, 「안중근 의사의 위업에 대한 露國 문서 및 자료」, 안중근의사기념관 편, 『안중근 의사의 위업과 사상 재조명』.
방광석, 2010, 「이토 히로부미 저격사건에 대한 각국 언론의 반응과 일본정부의 인식」, 『동북아역사논총』 제30집.
손염홍, 2010, 「안중근 의거가 중국의 반제 민족운동에 미친 영향」, 『한국독립운동사연구』 제34집.
신운용, 2007, 「안중근 의거에 대한 국외 한인사회의 인식과 반응」, 『한국독립운동사연구』 제28집.
＿＿＿, 2009, 「일제의 국외한인에 대한 사법권 침탈과 안중근 재판」, 『한국사연구』 146.
＿＿＿, 2009, 「안중근에 관한 신문자료의 연구」, 『안중근 연구의 기초』, 경인문화사.
이규수, 2009, 「안중근 의거에 대한 일본 언론계의 인식」, 『한국독립운동사연구』 제34집. 12.
이덕희, 2013, 『하와이 대한인국민회 100년사』, 연세대학교 대학출판문화원.
이상일, 2002, 「안중근 의거에 대한 각국의 동향과 신문논조」, 『한국민족운동사연구』 제30집.
이영미, 2015, 『그리피스(1843-1928)의 한국 인식과 동아시아』, 인하대학교대학원 박사학위논문.
이태진, 2002, 「안중근-불의불법을 쏜 의병장」, 『한국사 시민강좌』 30, 일조각.
최봉룡, 2020, 「안중근 의거에 대한 중국인의 반향」, 『한국독립운동사연구』 제69집.
한상권, 2005, 「안중근 의거에 대한 미주 한인의 인식」, 『한국근현대사연구』 제33집, 2005년 여름호.
한철호, 2016, 『근대 일본은 한국을 어떻게 병탄했나?』, 한국독립운동사연구소 기획.
홍웅호, 2010, 「안중근의 이토 사살 사건과 러일 관계」, 『사학연구』 100.
Bandon Palmer, 2012, 「반식민 항의 암살: 미국인들, 한일관계에 직면하다」, 『한국독립운동사연구』 제40집.

7장

안중근의 동양평화론과 1910~1920년대 한국 지식인들의 평화구상의 전개

김현철
동북아역사재단 책임연구위원

I. 머리말

　20세기 초 한국의 지식인들에게 동북아 지역에 대한 일본의 제국주의적 침탈과 식민지화 정책에 대하여 한국의 독립을 어떻게 유지하며 중국, 일본 등 주변국가들과의 평화를 어떻게 달성할 것인가가 커다란 과제였다. 그 대표적 예로서 1909년 하얼빈역에서 이토 히로부미를 사살한 안중근은 당시 지역 내 전쟁의 피해와 제국주의 침탈의 위협에서 벗어나 한중일 3국 간 협력과 교류를 추구하는 '동양평화론'을 제창하였다.
　이러한 안중근의 동양평화 구상과는 달리 동북아의 현실은 1910년 한국이 일본에 의해 강제 병합되고, 1910년대 청제국이 멸망하는 등 일본 주도하의 식민지배와 서구 열강 간의 제국주의 경쟁이 확대되는 양상에 처하였다. 1910년 이후 국제정세의 변화와 제1차 세계대전의 전개 과정을 지켜보던 한국의 지식인들에게, 한국의 독립을 어떻게 회복하며 동북아의 평화와 일본, 중국 등 주변국가와의 관계를 어떻게 유지할 것인가는 주요한 관심사였다.
　그리하여 이 시기 한국의 독립운동가 또는 지식인 들은 당시 동북아 정세와 한중일 관계의 변화를 분석하면서, '동양평화'라는 슬로건의 이면에 있는 일본의 지역 구상을 비판하고, 한국의 독립과 동양평화를 연계하여 바라보는 시각과 지역 내 평화를 구축하기 위한 방안들을 제시하였다.
　이에 이 글은 19세기 후반부터 한중일 3국 간의 협력에 관한 논의로부터 1910년 한일강제병합 이후 시기에 걸쳐 안중근 등 한국의 주요 독립운동가들이 새로운 국제질서의 변화를 맞이하여 한중일 3국 간, 또는 한중, 한일 간 관계를 어떻게 바라보았으며, 동북아 평화의 가능성과 그

전제 조건과 전망에 대해 어떻게 설명하였는가를 살펴보고자 한다. 이를 통해 안중근, 안창호, 신채호, 유인석 등이 일본의 동양평화론 또는 동양주의를 어떻게 비판하였으며, 그 대안으로서 당시 한국이 제시한 한중일 간 협력과 평화 구상들의 의의와 시사점들을 도출하고자 한다.

그동안 국내 학계에서 '평화(peace)'에 관해 고대로부터 현재까지 매우 다양한 정의가 내려졌지만, 본 글에서는 '평화'의 일반적 상태를 주로 전쟁의 반대 개념으로서 국가 간의 갈등과 분쟁이 없는 평화, 즉 '전쟁(戰爭) 없는 상태'로 정의하고자 한다.[1] 이러한 '평화' 개념을 구한말과 식민지 시기 한국이 처한 상황에 원용할 경우, 당시 한반도를 비롯한 동북아에서 발발한 일련의 전쟁과 제국주의 및 외세의 식민지배로부터의 해방을 의미하는 것으로 볼 수 있다.

한편, 안중근은 1905년 을사늑약 체결을 강제하고 초대 통감으로서 우리 민족에 식민지배를 가져오는 데 커다란 역할을 한 이토 히로부미(伊藤博文)를 사살한 독립운동가로서 널리 알려져 왔으며, 그의 국권수호 운동에 대해 역사학계 등에서 많은 연구가 진행되어 왔다.[2] 최근에는

---

[1] 20세기 초 한국에서 '동양평화' 논의 및 '평화' 개념의 수용과정에 대한 기존 연구 중 몇 가지를 들면 다음과 같다. 하영선, 2007, 「한국의 근대 평화 개념 도입사」, 최상용 외, 『민족주의, 평화, 중용』, 까치글방, 160~205쪽; 장인성, 2008, 「근대 한국의 평화관념-'동양평화'의 이상과 현실」, 『한일공동연구총서』, 고려대 아세아문제연구소, 50~89쪽; 李昊宰, 1994, 『韓國人의 國際政治觀-開港後 100년의 外交論爭과 反省』, 법문사, 175~87쪽, 제4장 제5절 "東洋主義와 韓·日協力의 철저한 否定."

[2] 역사학계의 관련 연구로서 다음 몇 가지를 들 수 있다. 한상권, 2003, 「안중근의 국권 회복운동과 정치사상」, 독립기념관 한국독립운동사연구소, 『한국독립운동사연구』 제21집; 신운용, 2007, 「안중근의거에 대한 국외 한인사회의 인식과 반응」, 독립기념관 한국독립운동사연구소, 『한국독립운동사연구』 제28집; 한상권, 2004, 「안중근의 하얼빈거사와 공판 투쟁(1)」, 한국역사연구회, 『역사와 현실』 제54호; 오영섭, 2008, 「안중근의 옥중 문필 활동」, 한국민족운동사학회, 『한국민족운동사연구』 제55호; 신운용, 「안중근 의거의 사상적 배경」, 안중근의사 기념사업회 주최, 안중근의사 의거

동북아의 평화구축과 공동체의 방향 모색과 관련, 그의 '동양평화론 (1910)'이 새롭게 주목받고 있으며, 100년 전에 한중일의 협력 방향과 공동체 구축의 구체적 방안을 제시한 것으로 높이 평가받고 있다.

그러나 안중근의 '동양평화론'은 미완성 논문이며, 그의 자서전적 옥중수기인 『안응칠 역사(安應七歷史)』와 공판기록 및 논설 등 매우 제한된 분량이 현재 전해져 오고 있을 뿐이다. 더구나 안중근은 당시 많은 글들을 기고하거나 남긴 한국의 애국계몽운동가 등 일반적인 지식인 또는 언론인 들과 달리, 해외에서 무장투쟁 및 의병활동을 전개해 온 활동가로서의 측면을 강하게 띠고 있다. 따라서 근대 동북아의 평화 및 공동체 관련 논의에서 중요한 위치를 차지하는 그의 국제정치적, 사상사적 측면을 충분히 재조명하기 위해서는 현존하는 그의 유고 자체에 대한 분석뿐만 아니라, 동시대 한국인들의 사상과 활동 속에서 비교하는 것이 필요하다.

그동안 안중근의 사상과 활동에 대해 국내외의 많은 연구가 있었으며, 그중 안중근이 '동양평화론'을 주창하게 된 배경과 의의에 주목한 연구가 있다.[3] 기존 연구에서는 20세기 초 안중근의 '동양평화론'의 형성과정에서 조선에 체류 중인 프랑스 신부 등으로부터 지적 자극과 영향을 받아서 유교사상, 개화사상 및 기독교사상이 복합되어 자신의 동양평화론을 전개한 것으로 설명하고 있다.[4]

96주년 기념학술대회, 『안중근의 신앙과 사상』, 2005.10.26, 서울.

3 洪淳鎬, 1993, 「安重根의 國際思想과 「東洋平和論」」, 『梨花女大社會科學論集』 13; 김호일, 2000, 「안중근 의사의 〈동양평화론〉」, 김호일 편저, 『한국근현대이행기민족운동』, 신시원; 현광호, 2003, 「안중근의 동양평화론과 그 성격」, 고려대 아세아문제연구소, 『아세아연구』 46권 3호.

4 洪淳鎬, 1993, 위의 글; 김흥수, 2000, 「안중근의 생애와 동양평화론」, 『공사논문집』,

동북아역사재단의 안중근 관련 연구 및 학술성과로 안중근·하얼빈 학회와 동북아역사재단이 주최한 『안중근 의거 99주년 기념 국제학술회의: "동북아 평화와 안중근 의거 재조명"』(2008. 10. 17~18, 서울)을 들 수 있다. 지금으로부터 약 10년 전인 2009년 10월 26일은 1909년 안중근의 하얼빈 의거 100주년이 되는 날로서 이날을 기념하여 국내외에서 관련 학술회의 및 기념행사가 개최되어, 우리 민족의 독립에 대한 열망과 안중근의 동양평화에 대한 의지를 일본을 비롯한 전세계에 드러낸 점을 재조명하였다.[5] 이들 회의 및 기념행사를 통해 안중근 의사가 이토 히로부미를 사살한 독립운동가 또는 해외 무장투쟁 및 의병활동을 전개한 점뿐만 아니라 그의 『동양평화론(東洋平和論)』(1910)이 한중일의 협력과 공동체 구축 방안을 제시한 측면에 주목하고 있다.

그 예로서, 안중근의 동양평화론은 동아시아에서 독보적으로 민족주의와 지역주의를 결합시키면서도 제국주의와 대결한 사상으로 파악되고 있다. 또한 그의 동양평화론은 한중일 3국이 대등하게 참여하는 동북아 평화회의체를 구상한 것으로서 현재의 동아시아의 관점에서 조명해 볼 필요성이 크다고 평가되고 있다.[6]

제46호, 공군사관학교; 김호일, 2000, 앞의 글, 301~313쪽.

5 이와 관련되어 동북아역사재단이 주최한 회의로서, 2009. 10.26~27, 안중근하얼빈학회·동북아역사재단, 『안중근의거 100주년 기념 국제학술회의: 안중근의 동양평화론과 동북아 평화공동체의 미래』(서울); 대한민국 국회 외교통상통일위원회 주최, 동북아역사재단 주관, 『안중근의사 순국 100주기 국제심포지엄』(중국 하얼빈)을 들 수 있다.

6 안중근의 하얼빈 의거와 최근까지 '동양평화론'에 대한 한국·일본 등 국내외 관심과 평가에 대한 좀 더 자세한 내용은 김현철, 2019, "안중근은 왜 이토 히로부미를 죽였는가?", 남상구 편, 『20개 주제로 본 한일역사 쟁점』, 동북아역사재단, 197~202쪽 참조.

이처럼 동북아의 평화를 제창한 선구자로서 안중근을 바라보는 것에서 나아가, 21세기 현재 EU를 연상케 하는 동북아 지역공동체를 실현시키는 구체적 방안을 제시한 선구로서 안중근의 동양평화론이 재조명되고 있다. 최근 한국, 일본과 중국에서 21세기 동북아 또는 동아시아 지역의 평화구축을 위해 안중근의 동양평화론을 참조하여 시사점을 얻을 필요성이 제기되고 있다.[7]

이에 이 글은 2019년 3·1운동과 대한민국 임시정부 수립 100주년을 계기로 안중근의 '동양평화론'의 내용과 의의를 재조명함으로써 일제침탈 시기부터 21세기 현재까지 한중일 3국 및 동아시아 내 공동체 관련 구상들을 비교, 검토하는 데 시사점을 도출하고자 한다.

---

[7] 안중근의 동양평화론을 21세기 현재의 지역협력, 공동체 구성 등의 측면에서 접근할 경우, 각각 연구자 또는 국가들이 '동북아' 또는 '동아시아'라는 상이한 지리적 범주에서 사용하고 있는 점을 감안하여, 일단 본 논문에서는 '한·중·일'이 중심이 된다는 의미에서 '동북아'에 중점을 두어 바라보고자 한다. 이는 단지 접근방법상 '동아시아'보다는 '동북아'의 지리적 범주가 좀 더 작으며, 안중근의 동양평화론이 주로 같은 문자를 사용하며 같은 인종인 '한·중·일 3국 간' 협력과 교류에 중점을 두었다는 점을 고려한 것이다. 그렇지만 안중근이 제시한 일련의 지역협력 구상과 공동체를 지향하는 제안들이 21세기 현재 '동북아'에만 적용되는 것이 아니라, '동아시아'로 접근할 경우에도 적용 가능하다고 볼 수 있음을 밝힌다.

II. 구한말 한중일 간 연대론의 전개와 서구 평화개념의 소개

1. 구한말 한중일 3국 간 연대론의 대두

구한말 한반도의 전쟁발발과 국권상실의 위기에 처하여 한반도의 평화와 안정을 희구하는 한국 지식인들의 관심과 우려는 저술 내지 신문 기고 등을 통해 '동양삼국 정족론', '동양삼국 공영론', 또는 '아시아 연대론' 등 그 명칭은 달랐지만 일종의 '동양평화'에 관련된 구상으로 표명되었다. 이를 기반으로 아래에서 살펴보는 바와 같이 한·중·일 3국 간 유대와 협력이 필요하다고 보았다.

당시 한중일 간 연대를 주창한 단체로 1880년 3월 10일 일본 도쿄에서 창립된 흥아회(興亞會)를 들 수 있다. 당시 흥아회의 월례 모임에 1880년대 초 수신사로서 일본을 방문한 조선 사절인 김홍집(金弘集), 이동인(李東仁) 일행, 그리고 청국 측으로서 일본 주재 외교관인 하여장(何如璋) 등이 참석하였다. 이들 참석자들은 아시아 각국 간의 연대의식을 높이자는 흥아회의 취지 자체에 많은 관심을 표명하였으며 상당히 공감하였다.[8] 이러한 흥아회 및 아세아협회의 존재는 조선에도 소개되었다. 『한성순보』에서는 위 협회의 취지에 대해 "아시아의 두 대국이 협력 동심하여 피차가 서로 유익하게 하여 부강하게 하려고 한다면 중국과

---

8 이광린, 1989, 「개화기 한국인의 아시아연대론」, 『개화파와 개화사상 연구』, 일조각, 138~144쪽.

일본이 국교를 굳게 하지 않으면 안된다"고 설명하였다.[9]

19세기 말 이후 조선에서 러시아 등 백인종에 대항하여 한·중·일 3국의 단결과 관계 개선 등을 강조한 논의로서 '동양삼국 정족론(東洋三國 鼎足論)'이 대두되었다. '동양삼국 정족론'의 경우 한·중·일 3국 간의 문화적 유사성, 인종적 동질성, 그리고 지정학적 상호의존성에 기초하여 백인종에 대항하고 '동종(황인종)' 간의 균형을 꾀함으로써 한·중·일 3국 간의 안정과 독립 보존을 목표로 삼았다.[10] 또한 '아시아 연대론(連帶論)'은 한·중·일 3국이 힘을 합칠 경우 아시아에 대한 유럽인들의 침략을 막을 수 있다고 보았다. 위의 '아시아 연대론'의 배경에는 일본이 서구 열강의 침략 위협하에 같은 처지의 아시아 국가들과의 연대를 통해, 자국의 약함을 보충하려는 의도가 반영되어 있었다.[11]

한편 '동양평화'를 위해 한·중·일 3국 간 일종의 다자간 단결과 협력을 주창하는 논의와 더불어, 한중 또는 한일 간 등 양자 간 유대와 연대를 강조하는 논의들도 전개되었다. 일본과 한국에서 양국 간 연대를 위해 양국 간 지리적 상호의존성과 인종·문화의 상호의존성이 강조되었

---

[9] 1884년 7월 3일자 "인교론(隣交論)" 기사, 搏文局, 1983, 『漢城旬報·漢城週報』, 번역문, 관훈클럽신영연구기금, 506쪽 참조.

[10] 전복희, 1995, 「19세기말 진보적 지식인의 인종주의적 특성: 「독립신문」과 「윤치호일기」를 중심으로」, 『한국정치학회보』, 29집 1호.; 장인성, 2000, 「'인종'과 '민족' 사이: 동아시아연대론의 지역적 정체성과 '인종'」, 『국제정치논총』 40집 4호(2000. 12), 127~130쪽. 이와 관련, 당시 '인종'의 구분과 동아시아 연대론의 사상적 측면에 대한 더 자세한 설명은 장인성, 2003, 「근대 동아시아 국제정치와 '인종'–동아시아연대론의 인종적 정체성과 지역적 정체성」, 국제관계연구회 편, 『근대 국제질서와 한반도』, 을유문화사, 201~234쪽 참조.

[11] 메이지유신 시기 등 근내 일본에서 대두된 아시아 연대론 및 평화사상의 주요 내용에 대한 개괄적 설명은 최원식·백영석 편, 1997, 『동아시아인의 '동양' 인식: 19-20세기』, 문학과 지성사, 29~132쪽 참조.

다. 이를 상징적으로 표현하는 용어로서 "순치보거(脣齒輔車)"와 "형제붕우(兄弟朋友)" 등이 사용된 점은 주목할 만하다. 조선의 지식인들의 경우 "순치보거"를 거론하면서 한·중 양국 간 긴밀한 유대 관계가 필요하다고 보았다. 그 예로서『독립신문』의 경우 청일전쟁의 패배로 청국이 조선에서 물러간 후에도 한국과 중국이 인종과 문물이 비슷하며 국경이 인접해 있는 상황을 '이와 입술'의 관계에 비유하면서 청국의 위급한 정세가 조선에 악영향을 끼칠 것으로 파악하였다.[12]

1890년대 후반『독립신문』에서는 서구 열강과 백인종의 진출과 위협에 공동 대응하며 자주독립을 보전하기 위해서는 같은 아시아 대륙에서 지리적 근접성, 같은 인종, 문화적 유사성을 보이는 한·중·일 3국 간에 상호 교류와 원조가 필요함을 다음과 같이 거론하였다.

> … 대한과 일본과 청국은 하나의 아시아 속에서 살 뿐만 아니라 종자가 같은 종자인 고로, 신체모발이 서로 같으며 글을 서로 통용하며 풍속에도 같은 것이 많이 있는지라. 이 세 나라가 별도로 교제를 친밀히 하여 서로 보호하고 서로 도와주며, 구라파 학문과 교육을 본받아서 빨리 동양 삼국이 능히 구라파의 침범함을 동심으로 막아야 동양이 구라파의 속지가 아니 될 것이다. …[13]

이와 더불어『독립신문』에서는 유럽인과 미국인이 아시아를 침탈하기 위해 뭉치고 있는 상황에서 아시아인들이 뭉치지 않고 오히려 서양인들

---

12 『독립신문』, 1899년 3월 24일자 논설 "한청문제", 송재문화재단 편, 1970, 『독립신문 논설집』, 641쪽.
13 『독립신문』, 1898년 4월 7일자 논설, 『독립신문 논설집』, 360~362쪽.

에 의해 교란당하고 있다고 보면서, 아시아에 대한 백인종의 침탈에 대항하고 아시아의 평화를 위해 황인종의 단결을 주창하였다.[14]

러일전쟁 개전 직후 장지연은 1904년 5월 6일 『황성신문』에 실린 「아환선생문답(亞睆先生問答)」이라는 논설을 통해 당시 동양이 분열된 상황에서 장차 동양 각국이 연합하여 평화를 유지해야만, 동양의 여러 국가들의 안전을 보존할 수 있을 것으로 전망하였다.[15] 그러나 20세기 초 일본 정부가 전쟁과 동맹체결 시 주창한 '동양평화'라는 명분은 다음과 같이 강대국의 이익을 대변하였다. 1902년 영일동맹의 조약문 중 영국과 일본 정부가 동양에 평화를 유지하며, 대한(한국)과 청국의 자유권리와 토지를 보전한다는 취지의 내용을 명기하였다. 그리고 러일전쟁 시기 일본 천황의 대러 선전포고문에 "동양에 편안함을 영원히 보존하며 각국의 권리와 이익을 해치지 않기 위해 개전한다"는 문구가 한국인들에게 커다란 주목을 받게 되었다.[16]

특히 러일전쟁의 종전 후 한국의 일부 지식인들은 동양 3국의 공영과 평화가 진정한 의미에서 실현되기를 희망하면서 일본의 역할을 촉구하였다. 여기에는 계몽운동가들과 의병운동에 참여한 유학자들도 포함되었다. 장지연의 경우, 중장기적으로 사회가 진보하고 국민사상이 점차 변함으로써 주권회복의 기회가 싹트며, 동양의 평화가 다시 회복되고 동북아 국제정세도 한·중·일 간 정족(鼎足)하는 형세가 공고화될 것으로 전망하였다. 그는 한·중·일 간 협력을 기대하면서 일본이 야심을 억

---

14 『독립신문』 1899년 11월 9일자 논설, 『독립신문 논설집』, 891~892쪽.
15 단국대학교부설 동양학연구소, 1987, 『張志淵全書』 八, 단대출판부, 438~439면.
16 이승만, 1904, 『독립정신』, 정동출판사, 1993, 201~215쪽.

제하고 동양의 형세를 보전하기를 희망하였다.[17] 이규영도 한중일 3국은 같은 인종이며 순치보거의 관계가 긴밀하므로, 각 개인이 애국정신을 분기하여 학문과 지식 습득에 전력하여 평등함에 도달해야 동양 3국의 안정이 이루어질 것으로 전망하였다.[18]

2. 구한말 서구의 평화개념에 대한 소개와 이해[19]

전통적 유학에서는 평화가 "국제 간에 있어서 전쟁 없는 화해로운 교린(交隣) 관계를 유지하며, 기존 정부에 대한 반역 형식의 쟁투(혁명, 민란) 없이 국민 화합을 이룬 상태"를 의미하는 것으로 이해되어졌다. 서구의 '평화(peace)'에 상응하는 용어로서 유학에서는 '화평(和平)'을 사용하며, 여기에는 국민의 화합(和)을 평화의 조건으로 중시하는 측면을 반영한다. 또한 유학에서 바라보는 평화로운 세계상, 즉 '대동(大同)'의 구체적 모습 중 일부분을 묘사하면, "전 세계 인류 전체(天下)가 공(公)의 기준으로 간주되어 어느 누구도 사리사욕을 도모치 않으며, 현인들에게 정치가 맡겨지고 인민들에게 신의와 화목을 가르쳐 익히도록 함으로써 인간들이 상호 간에 친애를 나누며, 그 친애를 바탕으로 병고빈궁(病苦貧窮)이 사회 및 국가차원에서 구제되어 복지와 도의가 충분히 구현되

---

17 張志淵,「現在의 情形」,『大韓自强會月報』12, 大韓自强會, 1907.6,『張志淵全書』八, 502~505면.
18 李圭濚,「東洋平和도 亦智識平等에 在홈」,『서우』제15호(1908.2.1), 35~37쪽. 이상 1절의 구한말 한중일 3국 간 연대론의 구체적 내용에 대해서는 김현철, 2008,「구한말 한국지식인의 '국제사회' 인식의 내용과 특성」, 서울대 국제문제연구소 편,「세계정치: 국제사회론과 동아시아」, 29집 2호, 117~121쪽 참조.
19 2절의 내용은 김현철, 2008, 위의 글 110~114쪽 참조.

는 것"으로 상정되었다.[20]

유학적 사고를 견지한 지식인들의 경우, 일찍이 평화가 최대한 실현되는 이상사회의 전형으로 '대동사회'를 설정하고 그 모델로서 중국 요순시대(堯舜時代)의 실현을 추구하여 왔다. 그리고 '대동세계(大同世界)'란 만민의 신분적 평등과 재화의 공평한 분배, 인륜(人倫)의 구현을 특징으로 하는 유교의 이상사회를 지칭하며, 외적 강제성보다는 인간의 자율성에 기초한 복지사회를 이상적 사회, 즉 대동사회(大同社會)로 인식하였다.[21] 이러한 유교적 '태평' 내지 '대동' 개념 등 전통적 사유를 기반으로 하는 평화구상은 20세기 초에도 보여지고 있다. 그 예로서 김광제(金光濟)는 다음과 같은 평화관을 보여주었다. 즉 화평(和平)은 국가가 각기 취하고 안락(安樂)은 개인이 각기 원하는 것이며, 현재 한국은 국인특성(國人特性)이 화평(和平)을 가장 사랑하고 안락(安樂)을 가장 좋아한다. 전승(戰勝)을 좋아하는 것이 군제(軍制)를 연마하고 병기(兵器)를 갖추는 것이라면, 화평(和平)을 좋아하는 것은 능히 분발(奮發)하고 모험(冒險)에 나가는 것이라고 설명하고 있다. 즉 분발모험(奮發冒險)은 화평(和平)의 자본(資本)이 되며, 위난신고(危難辛苦)는 안락(安樂)의 기인(基因)이 된다. 따라서 분발(奮發)한 가운데에서 화평(和平)을 구한다면 이것이 바로 영구평화(永久平和)가 된다고 설명하였다.[22]

이러한 전통적 화평관을 배경으로 구한말 서구의 평화론에 대한 소개는 당시 지식인들에게 국제사회에서 평화 유지의 가능성에 대한 기대를

---

20 윤사순, 1989, 「한국 유학의 평화사상」, 이호재 편, 『한반도평화론』, 법문사, 25~28쪽.
21 김현철, 2002, 「제2장 전통 유교정치사상의 전개와 정부(官)의 역할」, 한국정신문화연구원 편, 유병용·신광영·김현철, 『유교와 복지』, 백산서당, 46~47쪽.
22 金光濟, 1909, 「和平과 安樂의 原由」, 『大韓協會會報』 제10호(1909.1.25), 12~13쪽.

갖게 하는 계기를 만들었다. 『한성순보(漢城旬報)』 1883년 12월 20일자 (6호)에서는 국제사회에서 평화 유지의 구체적 방안으로 일종의 세계 정부와 국제평화군의 창설을 언급하였으며, 대의권(大議院) 등 국제적인 상설협의기구의 설치, 각국의 군비축소 등을 소개하였다.[23] 그리고 『독립신문』 1899년 7월 22일자 "평화론" 논설에서 세계 평화 유지를 위해 일종의 국제적 군대의 창설과 북경에서 만국평화회의를 개최할 것을 제의하였다.[24]

20세기 초 유럽에서 국제평화회의가 개최한다는 소식은 한국인들에게 기대감을 갖게 하였다. 특히 1907년 헤이그에서 개최된 만국평화회의는 한국의 독립을 위한 국제적 여론과 관심을 환기시킬 수 있는 좋은 기회로 인식되었다. 이러한 기대감을 반영하듯, 한국 내 일부 잡지에서는 서구의 세계 정부 및 영구평화에 관한 논의들이 소개되었다. 『서우(西友)』 제13호(1907.12.1)에서는 영국의 『시대평론』에 게재된 "국제회의의 발전"이라는 제목의 논설을 소개하고 있다. 그 내용을 요약하면, 세계 만국이 일대 연방을 조직하고 각국이 그 대의원을 선출하여 헤이그에 '국제회의'를 개설하고 이를 국제입법부(國際立法府)라 하며, 여기서 국제행정장관을 선출하고 각국에서 파견된 군대로 상비군을 조직한다는 구상을 소개하면서도, 실현되기 어려운 과업이라고 설명하였다. 그렇지만, 현재 각국이 서로 협약을 체결하여서 현상유지와 기회균등을 국제

---

[23] 1883년 12월 20일자(6호), 『漢城旬報·漢城週報』, 번역문, 90쪽.
[24] 개화기 한국에서 서구 평화관념의 도입 과정에 대한 설명으로서, 하영선, 2002, 「근대 한국의 평화 개념의 도입사」, 하영선 편, 『21세기 평화학』, 풀빛, 그리고 구한말 한국 지식인들의 대외관과 평화에 대한 인식을 결부시켜 설명한 시도로 김현철, 2003, 「開化期 韓國人의 對外認識과 '東洋 平和' 構想」, 고려대학교 평화연구소, 『平和硏究』, Vol.11 no.1을 참조하기 바람.

(國際) 통의(通義)로 하며, 좀 더 진전된 형태로서 세계대연방을 조성하는 것이 반드시 불가능한 일이라고 하기는 어렵다는 견해를 피력하였다.[25]

네덜란드 헤이그에서 제2차 만국평화회의가 개최된다는 소식이 전해지면서, 이에 대한 한국 내 관심이 고조되었다. 그 논조를 보면, 평화회의는 그 명칭은 아름다워 세계로 하여금 탄복게 하지만, 역설적으로 국제공법이 발달되도록 불인불의한 침략 행위가 각국 간에 점차 증가추세에 있으며, 평화주의가 널리 전파되도록 잔인포악한 약육강식의 정략이 날이 갈수록 늘어가고 있다고 지적하였다. 최석하는 이러한 원리원칙을 이용하는 자는 이 시대에서 능히 생존을 보전하지만, 이용하지 못하고 한갓 시세를 탓하는 자는 자연히 도태됨을 면치 못할 것이라고 경고하였다. 그는 한국도 이 평화회의에 뛰어난 외교가가 나서서 조선의 사정을 설명하고 유럽의 여론을 환기시킬 것을 호소하였다.[26] 또한 불가리아의 독립문제를 해결하기 위해 구주 열강이 평화회의를 개최하는 자리에 조선도 대표자를 파견하여 한국 민족을 보존할 일과 독립을 회복할 일을 도모하고 동양평화를 구주평화와 같이 유지하기 위해 노력할 것을 주장하였다.[27]

---

25 『西友』 제13호(1907.12.1), 「世界平和의 理想」, 14~15쪽.
26 崔錫夏, 「平和會議에 對한 余의 感念」, 『太極學報』 제9호 (1907.4.24), 24~25쪽.
27 『大東共報』 1909.1.17, 「勃牙利獨立會議에 對하야 我韓問題를 提出할 事」.

III. 1910년 한일강제병합 이전 일본의 동양평화론 주장과 비판: 안중근의 동양평화론과 한중일 간 공동체 구상의 제시

1. 이토 히로부미의 동양평화론 및 일본의 한국 강제 병합 비판

20세기 초 한국과 일본에서 '동양평화'라는 용어를 사용하였으나, 그 의미는 누가 어떠한 상황에서 사용하였는가에 따라 커다란 차이를 보이고 있다. 안중근의 '동양평화론'은 러시아 등 서구의 제국주의, 식민주의적 진출에 저항하기 위해, 같은 문자를 사용하며 같은 인종인 한·중·일이 힘을 합하여 서양에 대처한다는 측면에서는 당시 일본 측의 '동양평화' 명분과 외형상 유사하게 보일 수도 있다. 그러나 실제로는 안중근의 동양평화론은 이토 히로부미로 대표되는 일본의 '동양평화' 구상과 대비된다. 즉 안중근은 일본이 한국을 식민지배하는 것을 비판하면서, 한국을 비롯하여 아시아 각국이 독립된 상태에서 주권을 가지고 평등하게 지내는 것이 동양평화라고 생각하였다. 이는 다음과 같이 일본이 동양평화를 명분으로 내세웠던 과정에 비추어 보면 잘 드러난다.

19세기 후반 일본의 후쿠자와 유키치는 한·중·일 연대하에 백인의 침략을 저지시키고자 아시아 연대론을 주창하였다. 후쿠자와의 이러한 주장의 이면에는 조선을 보호국화시키고, 개화파의 정권장악이 필요하다고 보았다. 이후 일본이 주장해 온 동양평화론에는 한·중·일에서 일본이 맹주가 되는 것을 상정하였다. 그리고 이토 히로부미 총리는 1894년 10월 20일 임시의회에서 청일전쟁이 '동양(東洋)의 평화(平和)'

를 유지할 목적으로 치러지는 것이라고 선전하였으나, 실제는 일본이 '동양(東洋)의 맹주(盟主)'가 되기 위해 전쟁을 치른다는 성격을 강하게 띠었다.[28] 러일전쟁 개전 직후 1904년 3월 이토는 천황의 친서를 소지하고 방한하여 고종을 알현하고, "한일 양국이 운명공동체이며 러시아에 공동 대응해야 한다"면서 협력을 강요하였다. 이후 1904년 5월 31일 일본 정부는 원로회의 및 내각회의 결정을 통해 '일본의 대한제국에 대한 방침'을 의결하여, 대한제국을 정치, 군사상 보호국화하려는 방침을 결정하였다.[29] 1906년 3월 초대 통감으로 한국에 부임한 이후 이토 히로부미는 한국인의 저항을 억압하고 국제적 반발을 무마시킨 후 한국인이 자원하는 형식을 내세워 병탄하는 점진적 병합을 추진하였다. 이토는 서구 열강의 동양 진출에 대처하기 위해서 한일 양국이 운명공동체라는 인식하에 '일가(一家)'를 구축하며 '연방(聯邦)정치'를 실현하는 것이 한일 양국의 공통이익이 된다고 주장하였다.[30]

당시 일본의 동양평화론을 대표하는 것으로 이토 히로부미의 동양평화 구상을 들 수 있다. 1907년 통감으로 와 있던 이토 히로부미가 안창호를 만났을 때, 이토 히로부미는 안창호에게 일본의 진의는 한국병합에 있지 않고 일본, 한국, 청국 간의 삼국정립과 친선강화에 있다고 하면서 동양사람끼리 서로 합해서 잘해 나가야 백인들의 화를 면할 것이라고 언급하였다. 그리고 이토 히로부미는 일본만으로는 서양 세력의

---

[28] 石田 雄, 1989, 『日本の政治と言葉 下: 「平和」と「國家」』, 東京大學出版會, 22~23쪽.
[29] 동양평화를 명분으로 이토 히로부미 등 당시 일본이 침략으로 나간 과정에 대한 개괄적 설명은 김현철, 2019, 앞의 글, 205~207쪽 참조.
[30] 한명근, 2002, 『한말 한일합방론 연구』, 국학자료원, 22~25쪽; 미요시 도오루, 이혁재 역, 2002, 『史傳 이토 히로부미』, 다락원, 665~666쪽.

아시아 침입을 막을 도리가 없기 때문에 한국과 청국을 일본만한 역량을 가진 국가로 만들어서 3국이 사이 좋은 이웃이 되는 것이 자신의 목표라고 설명하였다. 이토 히로부미는 도산 안창호에게 자기가 청국에 갈 때, 같이 가자고 권유하면서 3국의 정치가가 힘을 합하여 동양의 영원한 평화를 확립하자고 제안하였다.[31]

이러한 이토 히로부미의 제의를 받고 안창호는 삼국의 정립친선이 동양평화의 기초라는 점에 공감을 표시하면서도, 한국을 도우려는 이토의 호의는 감사하지만 "일본이 잘 만든 것이 일본인 그대인 모양으로, 한국은 한국 사람으로 하여금 혁신케 하라"고 하면서, 이토 히로부미의 제의를 거절하였다. 당시 안창호는 이토 히로부미 등 일본이 말하는 동양평화와 동양 3국의 협력은 독립적 3국의 공존을 전제하지 않고, 한국, 만주로 지배권 확장을 목표로 한 동북아의 일본화 정책인 것으로 파악하였다.[32]

2. 일본의 러일전쟁 전후 처리 및 동양평화론에 대한 비판

20세기 초 한국의 지식인들은 한반도를 둘러싼 러시아와 일본의 대결 상황을 주시하면서, 이러한 상황이 전쟁으로 확대될 것을 우려하였다. 동시에 러일 간 대립을 일종의 백인종과 황인종 간의 대결 상황으로 파악하였다. 일부 지식인들은 만약 러일전쟁이 발발할 경우, 일본이 동

---

31 이광수, 1964, 「도산 안창호」, 『이광수 전집』 제13권, 삼중당, 28쪽. 이호재, 1994, 『한국인의 국제정치관-개항후 100년의 외교논쟁과 반성』, 법문사, 181쪽에서 재인용.
32 이광수, 1964, 위의 책, 28쪽; 이호재, 1994, 위의 책, 181쪽에서 재인용.

양을 대표하여 서양 세력인 러시아를 격퇴시켜 주기를 기대하였다.[33]

실제로 구한말 이후부터 러일전쟁 개전까지만 하더라도 한국 내에서 러시아의 남하에 대한 두려움이 크게 작용하였다. 그리하여 백인종들의 침략으로부터 아시아를 방어하기 위해 황인종들의 단결을 주창하는 일련의 논의들이 전개되었다. 즉 서구 열강과 백인종의 진출과 위협에 공동 대응하며 자주독립을 보전하기 위해서는 같은 아시아 대륙에서 지리적 근접성, 같은 인종, 문화적 유사성을 보이는 한·중·일 3국 간에 상호 교류와 원조가 필요함을 언급할 정도였다.[34] 이러한 맥락에서 안중근의 『동양평화론』에서도 러일전쟁이 황인종과 백인종 간 경쟁의 성격을 띤 것으로 보고 다음과 같이 기술하였다.

> 또 하나의 이유는 일본과 러시아의 싸움이 황색 인종과 백색 인종의 경쟁이라 할 수 있으므로, 지난날의 원수 같던 감정이 하루아침에 사라지고 오히려 하나의 커다란 인종 사랑으로 바뀌었으니, 이것 또한 인정의 순리이며 합리적인 이유의 하나라고 할 수 있다.[35]

러일전쟁 시기 일본 천황의 대러시아 선전포고문에서는 "동양에 편안함을 영원히 보존하며 각국의 권리와 이익을 해치지 않기 위해 개전한다"라는 명분을 내세웠다. 그러나 러일전쟁이 끝나자 일본은 을사늑약

---

[33] 구한말 시기 한·중·일 3국 협력론의 전개와 이에 한국인의 반응에 대해서는 김현철, 2004, 「개화기 한국인의 대외인식과 '동양평화' 구상」, 강성학 편, 『동북아의 평화사상과 평화체제』, 리북, 155~188쪽 참조.

[34] 1890년대 후반 이러한 점이 잘 표명된 것으로서 『독립신문』 1898년 4월 7일자 논설을 들 수 있다.

[35] 신용하 편, 1995, 『안중근 유고집』, 역민사, 170쪽.

을 강제 체결하고 한국의 외교권을 박탈했다. 이와 같이 러일전쟁이 끝나고 전후 처리 과정을 지켜본 결과,[36] 러시아 등 백인종의 진출을 막는다는 명분하에 일본이 주장해 온 일련의 '동양평화'가 역설적으로 한국에 대한 일본의 지배를 묵인하는 새로운 동북아 국제질서의 형성을 표방하는 슬로건임이 밝혀졌다. 이에 대해 많은 한국인들은 비판하고 저항하였다.

1905년 을사늑약 체결 직후 장지연은 이토 히로부미가 주장해 온 '동양평화론'이 한국의 국권 침탈 명분에 불과하였다고 강하게 비판하였다.[37] 이후 한국 신문들은 러일전쟁 당시 한국이 엄정중립을 표명하였음에도 일본의 강압에 의해 1904년 한일의정서(韓日議定書)에 조인했음을 상기시켰다. 한국인들은 한국의 독립을 이전처럼 유지하고 동양평화를 도모하는 것이 일본에게 최선의 방침이 될 것이라는 입장을 표명하였다.[38]

당시 일본 측이 주장한 '동양평화론'과 러일전쟁의 전후처리에 대한 비판은 안중근의 경우에도 잘 나타난다. 안중근은 『동양평화론』 및 1910년 2월 9일 뤼순(旅順) 일본 관동도독부 법정 내 진술에서 일본이 러일전쟁의 개전 명분으로서 한국의 독립을 굳건히 하기 위함이라고 언급한 점을 상기시켰다. 안중근은 조선에 대한 이토 히로부미의 시정방침이 개선되지 않는 한, 한국의 독립은 요원하며 전쟁은 계속될 것이라고

---

[36] 실제로 1905년 체결된 포츠머스 강화조약 제1조에서 "러시아는 일본의 한국에서 정치, 군사, 경제상의 우월권을 인정하며, 필요한 지도, 보호, 감리의 조치를 취하는 것을 인정한다"라고 일본의 한국 식민지화를 인정하는 내용이 명기되었다.
[37] 『황성신문(皇城新聞)』 1905년 11월 20일자.
[38] 『大韓每日申報』 1906년 6월 7일자.

보았다.[39] 안중근은 한국이 러일전쟁의 직접 참전국이 아닌데도 불구하고 일본이 전후 강화조약에서 한국의 지위에 대한 변경 조항을 삽입하여 보호국화하려는 조치에 대해 납득할 수 없음을 환기시켰다.[40]

안중근은 을사늑약을 체결한 이토 히로부미가 한국을 강점하는 데 앞장섰고, 이러한 잘못이 저질러진 데에는 이토 히로부미의 역할과 책임이 크다고 비판하였다. 안중근은 이토 히로부미가 일본 천황을 속이고 있으나, 천황과 일본 정부가 현실을 제대로 알면 일본의 태도가 바뀔 것이라고 기대했으며, 그를 제거하는 것이 동양평화에 기여한다고 보았다.[41] 그리하여 안중근은 하얼빈에서 이토를 사살하는 주요 이유로서 명성황후 시해, 고종황제 폐위, 을사늑약과 정미조약 강제체결, 군대 해산, 한국이 일본의 보호를 원한다고 세계를 속이고 결국은 동양평화를 방해한 점 등을 지적하였다.[42]

---

39 「안중근 공판기록」, "제5회 공판-변론 및 최후진술-", 1910.2.12자 중에서. 『안중근 유고집』, 285~291쪽.

40 『東洋平和論』의 '前鑑'. 『안중근 유고집』, 178~179쪽 및 「안중근 공판기록」, "제3회 공판-재판장 심리-", 1910.2.9자 중에서. 『안중근 유고집』, 256~258쪽.

41 「안중근 공판기록」, "제3회 공판-재판장 심리-", 1910.2.9자 중에서. 『안중근 유고집』, 256~258쪽.

42 「안응칠 역사」중에서 『안중근 유고집』, 88~89쪽. 안중근이 이토 히로부미를 처단한 이유를 구체적으로 15가지를 열거하였으며, 그 내용에 대해서는 김현철, 2019, 앞의 글, 209~210쪽 참조.

3. 20세기 초 동양주의 비판과 한국 내 동양평화론의 전개

이 시기에 한국 안에서 황인종과 동양인의 단결을 호소하는 주장들에 대한 비판이 전개되었다. 신채호는 한국인이 국가 간 경쟁시대에 국가주의를 제창하지 않고 동양주의를 꿈꾼다면, 이는 미래의 다른 별나라 세계와의 경쟁을 근심하는 자와 다름없다고 비판하였다.[43] 신채호는 한국의 입장에서 볼 때 인종주의에 기초한 동양주의는 일본이 '아시아민족 통일주의'의 명분 아래 제국주의 침략을 위장하는 허울에 불과하다고 비판하였다. 실제로 1930년대 후반 이후 일본은 일본을 중심으로 아시아, 태평양에 걸친 경제권 즉, '공존공영'의 새로운 국제질서를 건설한다는 대동아공영권을 주장하였다. 대동아공영권은 아시아를 구미 열강 식민지배로부터 해방, 독립시켜 대등한 국가 연합을 실현한다는 이상을 내걸었지만, 실제로는 한국, 중국을 침략하였으며, 서구 열강의 식민지 배하의 동남아 지역 국가들에 실질적인 '독립'을 주지 못한 채 끝났다.[44]

신채호는 한일강제병합 한 해 전에 안중근 의사의 하얼빈 의거 직전 시기인 1909년 8월 8일~10일 자 『대한매일신보(大韓每日新報)』에 실린 "동양주의에 대한 비평"이라는 제목의 글에서 당시 일본의 동양평화론을 다음과 같이 비판하였다. 신채호는 동양주의는 '동양제국이 일치단결하여 서력(西力)의 동점(東漸)함을 막는 것'이라고 정의 내리면서, 동양주의를 제창한 자들은 첫째, 나라를 그르친 자, 둘째, 외국인에게 아첨하는

43　신채호, "동양주의에 대한 비평", 『대한매일신보』, 1909. 8. 8, 1909. 8. 10.
44　이숙종 편, 2008, 『한·중·일의 동아시아 인식과 동아시아공동체 정책』, 동북아역사재단 연구용역 최종 결과보고서, 49~50쪽.

자, 셋째, 혼돈한 무직자라고 보았다.[45]

> 그들이 이와 같이 동양주의를 부르짖자 일본인들이 그 소리에 화답하며, 그들이 이와 같이 동양주의를 펼치매 일본인이 공의(共議)를 주(註)하며 화답함이 날마다 그치지 않으매, 한 나라 2천만 무교육의 인민이 빠르게 이 마설에 빠져들어, 동양에 있는 나라면 적국도 우리나라로 보며, 동양에 있는 종족이면 원수의 종족도 우리 종족으로 인식하는 자가 점점 생기는 것이다. …
> 우리가 동양의 황인종이 되었슨즉 같은 아시아주의 같은 황인종을 사랑하는 뜻이 없음은 옳지 않으며, 또 이 나라는 동양의 한 나라라. 동양이 모두 망하면 이 나라도 따라서 망할 것이니, 동양을 사랑하지 않음이 어찌 옳으리오. 아 슬프다. 그대여 내 말을 들으라.[46]

그리고 신채호는 일본이 나라를 빼앗는 상황에서 동양주의를 주창하는 것은 한국의 국권 침탈의 위기 상황을 무시하고 일본의 주장에 동조하는 결과를 초래한다고 비판하였다.

> 이로 미루어 보면, 한국인이 이 열국 경쟁 시대에 국가주의를 제창하지 않고 동양주의를 꿈꾸면 이는 오늘날 시대의 인물로 미래 다른 별나라 세계와의 경쟁을 근심하는 자와 다름없으며, 또한 이 비경(悲境) 중에서 속박의 굴레에서 벗어날 도리는 생각지 않고 동양주의를 기대면 이것은 폴란드인이 서양주의를 말하는 것과 다름없느니라.

---

45 최원식·백영서 엮음, 1997, 앞의 책, 216~218쪽.
46 최원식·백영서 엮음, 1997, 앞의 책, 218쪽.

하물며 국가는 주인이요 동양주의는 손님이거늘, 오늘날 동양주의 제창자를 살펴보건대 동양이 주인되고 국가가 손님이 되어 나라의 흥망은 하늘 밖에 놔두고 오직 동양을 이같이 지키려 하니, 슬프다. 어찌 그 우미(愚迷)함이 여기에 이르렀는가. 그런즉 한국이 영구히 망하며 한족(韓族)이 영구히 멸망하여도 다만 이 국토가 황인종에게만 귀속되면 이를 낙관(樂觀)이라 함이 옳을까. 아 옳지 않은 것이다.[47]

혹자는 또 일컫되, 저 동양주의를 외치는 자도 진실로 동양을 위하는 것이 아니라 단지 이 주의를 이용하여 국가를 구하고자 함이라 하나, 우리가 보건대 한국인이 동양주의를 이용하여 국가를 구하는 자는 없고 외국인이 동양주의를 이용하여 국혼(國魂)을 찬탈하는 자가 있으니 경계하며 삼갈 것이다.[48]

1920년대에 들어서도 신채호는 이러한 일본의 동양평화론의 위선을 지적하면서 비판하였다. 신채호는 1921년 "조선독립(朝鮮獨立) 급(及) 동양평화(東洋平和)"(『天鼓』 1921년 1월, 창간호에 게재)라는 글에서 일본이 "입으로는 동양평화, 인의도덕(仁義道德)을 말하나", 뱃속으로는 한민족의 생존권을 강탈하는 '생존(生存)의 적(敵)'이라고 선언하였다. 또한 신채호는 조선의 멸망 원인이 포화(砲火) 또는 금전(金錢)에 있는 것이 아니라, 소위 일본이 주장하는 동양평화 또는 한일친선에 속은 것에 기인하고 있다고 비난하였다.[49]

---

47 최원식·백영서 엮음, 1997, 앞의 책, 219쪽.
48 최원식·백영서 엮음, 1997, 앞의 책, 220쪽.
49 이호재, 1994, 앞의 책, 178쪽에서 재인용.

신채호는 같은 황인종이라는 이유만으로 적국인 일본과 같이 힘을 합할 수는 없으며, 당시 일본이 동양평화론을 내세우며 한일병합을 추진하는 것에 현혹되어서는 안된다고 지적하였다. 신채호는 당장 눈앞에 있지도 않은 백인(종)의 침략에 대항하기 위해 일본의 동양주의를 따라가는 것은 바로 눈앞의 위험은 내버려 두고 미래의 화난만 생각하는 것과 같은 어리석은 짓이라고 비판하였다. 나아가 신채호는 침략적 제국주의가 지배하는 현시대에서는 이에 대항하는 민족주의와 민족을 단위로 대응책을 찾는 것이 옳다고 보았다. 그는 동양의 경우에도 민족국가를 주(主)로 하고 동양을 객(客)으로 생각하는 입장에서 세계 문제에 접근해야 하며, 그렇지 않고 동양을 먼저 내세우고 동양을 지키려다가는 동양의 강국인 일본에 나라를 빼앗기는 망국상태에 빠질 것이라고 비판하였다.[50]

4. 안중근의 동양평화론과 '동양'의 정의

앞 절에서 살펴본 바와 같이, 안중근에게 있어 '동양평화'는 러시아 등 서양 국가들의 제국주의적, 식민주의적 진출에 대비하기 위해 한중일이 함께 추구해야 할 목표였다. 그리고 안중근은 다음과 같은 언급에서 같은 인종의 이웃나라들인 한·청(중)·일 3국의 단결을 촉구하였다.

… 지금 서양 세력이 동양으로 뻗쳐오는 환난은 동양 사람이 일치단결해서 극력 방어하는 것이 최상책이라는 것은 어린 아이도 알고 있는 사실이

---

50 이호재, 1994, 앞의 책, 178~179쪽.

다. 그런데 일본은 무슨 이유로 당연한 대세를 파악하지 못하고, 같은 인종의 이웃나라를 치고 우의를 끊어 방휼지세(蚌鷸之勢)를 만들어 어부에게만 좋은 일을 시켜 주려고 하는가? 이로써 한청 양국인의 소망은 크게 깨져 버리고 만 것이다. …51

이로 미루어 볼 때, 안중근의 '동양평화론'에서 '동양'은 당시 '서양'에 대비되는 지리적 개념이면서, 러시아 등 백인종에 대비되는 한·중·일 3국 등 황인종이 거주하는 국가나 지역을 의미하는 것으로 볼 수 있다. 그리고 안중근은 동양평화를 위해 특히 뤼순을 중심으로 한·중·일 3국 간 평화회의의 개최를 제안하였다. 안중근은 재판 과정에서 한·중·일 3국 간 여러 협력방안을 제시하였다.52 이 점으로 볼 때, 구체적인 지역기구로서는 '한·중·일 3국 간'에 한정된 것이라 하겠다.

이러한 3국 간 유대와 협력이 필요하다는 인식은 앞장에서 살펴보았듯이 구한말 이후 '동양삼국 정족론' 등으로 불리우는 일련의 논의에서 바라보는 지역 구분과 같은 맥락이라고 하겠다. 20세기 초 한국 내에서 한·중·일 3국 간 협력을 기대한 점은 당시 한국 지식인들의 사유에 공통적으로 엿보인다. 그 예로서 장지연은 중장기적으로 사회가 진보하고 국민사상이 점차 변함으로써 주권회복의 기회가 싹트며, 동양의 평화가 다시 회복되고 동북아 국제정세도 한·중·일 간 정족(鼎足)하는 형세가 공고화될 것으로 전망하였다. 장지연은 한·중·일 간 협력을 기대하면서, 일본이 야심을 억제하고 동양의 형세를 보전하기를 간절히 희망하였

---

51 『東洋平和論』, "서문(序文)", 『안중근 유고집』, 170~171쪽.
52 안중근이 구상한 한중일 3국 간 협력의 구체적 방안 내용에 대해서는 김현철, 2019, 앞의 글, 210~211쪽 참조.

다.[53]

그리고 안중근은 "나아가 한·청(중)·일 3국 간 평화회의가 성공적으로 개최되면, 인도, 태국, 베트남 등 아시아 국가의 참여도 가능하다"고 보았다.[54] 안중근은 장기적으로 한·중·일을 비롯하여 현재의 아세안(ASEAN) 및 인도에 걸쳐 아시아 각국이 참가하는 범아시아적 기구로의 점진적 확대 가능성도 고려한 것으로 보인다.

IV. 1910년 한일강제병합 이후 새로운 국제질서에 대한 한국인의 기대와 평화 구상의 제시

일제의 한국강제병합 이후 유교지식인들은 당시 일본 주도하의 한중일 3국 간 관계를 대체하는 새로운 지역질서가 수립되기를 희망하였으며, 그중 박은식과 유인석은 일본이 주장하는 동양평화론을 다음과 같이 비판하였다.

53　張志淵, 「現在의 情形」, 『大韓自强會月報』 12, 大韓自强會, 1907.6.
54　이상의 내용은 1910년 2월 17일 안중근이 관동도독부 고등법원장과의 면담 내용인 '청취서'에 실린 것으로서, 번역본은 국가보훈처·광복회, 1996, 『21세기와 동양평화론』, 국가보훈처, 51~57쪽 참조.

1. 유인석의 중국중심적 국제질서관과 한중일 삼국 연대론[55]

정치적 현실주의에 입각하여 당시 약육강식의 국제정치 현실을 바라볼 경우, 한국의 망국을 뒤집기는 힘들고 실력양성 또는 외교를 통해 국권을 회복할 기회를 도모하는 수밖에 없었다. 반면, 권력정치의 현실을 비판하고 도덕을 중시하는 이상주의적 입장에 설 경우, 조선의 독립을 위협하는 강대국 일본에 대한 무력적 저항이 하나의 방안이 되었다.

이러한 입장에 선 대표적 예로서 의병장 출신인 유인석(柳麟錫)의 평화관을 들 수 있다. 1910년 한국(대한제국)이 일본에 강제 합병당하고 1912년 청 제국이 멸망하자, 유인석은 『우주문답(宇宙問答)』을 1912년에 완성하여 신해혁명 후 청의 위안스카이(袁世凱)에게 보내고 다시 소책자로 만들어서 중국에서 배포하여 적극 홍보하였다. 유인석의 『우주문답』은 중국에서 최상의 문명을 구현하여 이를 바탕으로 한국이 독립을 회복하고 동양이 평화를 구축하고 전 세계가 전쟁으로부터 해방될 것을 주장하였다.[56]

20세기 초 대표적 의병장의 한 사람인 유인석은 그동안 동아시아를 이끌어 왔던 중국 문명과 국운이 쇠퇴하고 서양의 지배와 침략을 받게 되었음을 인정하지 않을 수 없었다. 즉 화이질서의 붕괴현상에 직면하여 유인석은 약육강식의 국제질서에 대해 비판과 한탄조로 바라보았다.[57]

---

55 이하 유인석, 신채호, 박은식의 구상에 대해서는 김현철, 2014, 「二十世紀初韓国的和平思想」, 中國社會科學院, 『當代韓國』 제4期, 46~49쪽 참조.

56 노관범, 2012, 「1910년대 한국 유교지식인의 중국 인식-柳麟錫, 朴殷植, 李炳憲을 중심으로-」, 한국고전번역원, 『민족문화』, 제40집, 9~15쪽.

57 柳麟錫 1913, 『宇宙問答』; 서준섭 외 공역, 1984, 『毅菴 柳麟錫의 思想-宇宙問答』 (종로서적)(이하 『宇宙問答』(번역본)으로 약칭함), 14쪽. "3.中國이 되는 네 가지 이

유인석은 당시 서구 근대 국제질서의 약육강식과 국가 간 경쟁 양상을 과거 중국의 춘추전국시대와 비교하였다. 그는 두 시대 모두 싸우는 모습은 유사하지만, 춘추전국시대에는 문명과 성인이 존재한 데 비하여 현재 서구 근대 국제질서는 그렇지 못하다고 비판하였다.[58] 20세기 초 동양 3국 간 관계를 보면, 조선, 중국 및 일본 3국이 서로 쳐부수어 패망시키기에 몰두하고 있어, 동·서양의 황인종과 백인종 간 전쟁이 예상되는 상황에서 모두의 자멸을 초래하는 것으로 비판의 대상이 되었다. 유인석은 이러한 동양 3국의 분열과 대결을 초래한 장본인이 바로 일본으로서, 군국주의 정책을 추구한 결과 러시아 및 미국과의 관계가 악화되어 결국 열강들로부터 미움의 대상이 되리라고 보았다.[59]

여기서 동양 3국 간의 국가 간 관계의 과거, 현재 및 미래에 대하여 유인석은 다음과 같이 설명하였다. 먼저 중국과 일본 간 관계를 보면, 일본은 최근 중국에 대해 명분 없는 군사를 일으켜 토지와 재화를 강탈하였으며, 또한 의화단(義和團)의 난 발발 시 연합군의 일원으로서 일본이 선두에 섰던 점이 중국인에게 깊은 원한을 사게 되었다.[60] 이에 중국으로서는 반일 감정을 고취시켜 일본에 의한 분할을 막지 않으면 안 되었다.[61] 조선과 일본의 관계를 회고하면, 일본이 조선을 청국으로부터 독립을 시켜 놓고 보호를 한다고 내세우더니, 결국에는 합방을 하여 조선의 토지를 빼앗고 총독부를 두었다. 이러한 일본의 태도는 조선인의 마

유" 중에서.
58 『宇宙問答』(번역본), 35, 90~92쪽.
59 『宇宙問答』(번역본), 21~22쪽. "5. 中外·東西의 대세" 중에서.
60 『宇宙問答』(번역본), 21~22쪽. "5. 中外·東西의 대세" 중에서.
61 『宇宙問答』(번역본), 93~94쪽. "각론 25. 일본의 침탈 (I)" 중에서.

음속에 피맺힌 원한을 남기게 되었다.⁶² 유인석은 조선과 중국 간의 관계에 대해 양국이 예전부터 대소사를 같이하였으며, 마치 한집안처럼 어려움을 같이 근심하였으나, 현실적으로 일본의 침략에 대처하는 데는 역부족이었음을 시인하고 있다.⁶³

이러한 한·중·일 3국 간 관계의 미래와 3국이 취해야 할 대외정책의 방향은 다음과 같이 설정되고 있다. 유인석은 먼저 일본의 반성과 사죄를 요구하였다. 일본은 조선에 대해 사죄하여 국권을 돌려주고 서로 자강책(自强策)을 강구해야 한다. 그리하여 동양 3국 간의 신의가 형성될 때 3국은 하나가 되어 서양 세력의 진출에 대처할 정도로 강해질 수가 있다고 보았다.⁶⁴ 유인석은 서양 세력의 진출에 대비하기 위해 우선 중·일 간의 협력 관계가 형성되어야 함을 강조하고 있다.⁶⁵

또한 중국과 일본의 역할을 보면, 중국과 조선이 하나가 되어 일본을 꾸짖고 바른 길로 인도하는 역할을 같이하지 않으면 안 되었다. 구체적으로 중국은 조선에 대해서는 한집안과 같은 정의(情誼)를 더욱 두텁게 하고, 조선은 중국에 대해 더욱 받들고 공경해야 할 것이 강조되고 있다. 또한 향후 조선은 일본으로부터 사죄를 받아 내며, 시세를 보아 한·일 양국 간 우호 관계를 형성하며, 조선 스스로도 자강에 온 힘을 기울이지 않으면 안 되었다.⁶⁶

유인석은 이러한 동양 3국 간의 관계 개선을 통해 상호 신뢰가 형성

---

62 『宇宙問答』(번역본), 21~22쪽. "5. 中外·東西의 대세" 중에서.
63 『宇宙問答』(번역본), 22~23쪽. "5. 中外·東西의 대세" 중에서.
64 『宇宙問答』(번역본), 22~23쪽. "5. 中外·東西의 대세" 중에서.
65 『宇宙問答』(번역본), 93~94쪽. "각론 25. 일본의 침탈 (I)" 중에서.
66 『宇宙問答』(번역본), 23쪽. "5. 中外·東西의 대세" 중에서.

되고 친밀해질 수 있으며, 이를 위해서는 동양 3국이 이해득실(利害得失)과 성쇠강약(盛衰强弱)을 같이해야만 언젠가는 3국 모두 강성해질 것이라고 전망하였다.[67]

2. 박은식의 평등주의적 평화관과 한국 독립의 모색

박은식은 일제의 한국강제병합 다음해인 1911년 중국에 망명한 후 쓴 「몽배금태조(夢拜金太祖)」에서 금태조(金太祖)의 설명을 빌어 제국주의를 극복하는 이념으로서 '평등주의'의 가능성을 다음과 같이 전망하였다.

> "… 그리하여 소위 20세기에 들어와서 열국 멸종을 공례(公例)로 삼는 제국주의를 정복하고 세계 인권의 평등주의를 실행하는 데 있어서 우리 대동민족(大東民族)이 그의 선창자가 되고 또 주맹자(主盟者)가 되어 크나큰 행복을 온 세계에 두루 미치게 한다면 참으로 끝없는 은택이요, 더없는 영광이겠습니다."라고 하였다.[68]

「몽배금태조」에서는 평등주의가 등장하게 된 배경으로 다음과 같이 제국주의의 횡행과 전쟁의 피해를 언급하였다.

---

67 『宇宙問答』(번역본), 23~24쪽. "5. 中外·東西의 대세" 중에서.
68 朴殷植, 2002, 「夢拜金太祖」(국역본), 백암박은식선생전집편찬위원회 편, 『白巖朴殷植全集』 제4권, 동방미디어(이하 「몽배금태조」(국역본)으로 약칭함), 212쪽. 「몽배금태조(夢拜金太祖)」는 특이한 문체의 소설로 1911년 음력 10월 3일 단군 개천절 기념식을 마친 날 박은식이 저녁 꿈에서 백두산 정상에 올라 금태조(金太祖)를 알현하고 한국 멸망과 부흥에 관한 소견을 서로 문답하는 형식으로 서술한 것으로 역사소설을 연상케 하는 저술이다. 『白巖朴殷植全集』 제4권, 15~16쪽.

황제가 "지난날 열국 간의 전쟁이 그칠 날이 없게 되자 묵자(墨子)의 비공론(非功論)이 나타났고, 또 교황의 압제가 심하게 되자 마르틴 루터의 자유설(自由說)이 주창되었다. 군주(君主)의 전제가 극에 달하게 되자 루소의 민약론(民約論)이 나타났으며 열국의 압력이 더욱 심해지자 워싱턴의 자유주의가 떨쳐 일어났던 것이다. 이것이 일변하여 다아윈(達爾文)이 강권론(强權論)을 제창함으로써 이후 소위 제국주의가 세계에서 둘도 없는 기치가 되어 남의 나라를 멸망하고 그 종족을 멸하는 것을 당연한 공례(公例)로 삼았다. 이로 말미암아 세계가 전쟁의 도가니 속으로 빠져들면서 그 화로 말미암아 극도로 비참하게 되었으니, 진화(進化)라는 관점에서 추론해 보더라도 평등주의가 부활될 시기가 멀지 않았다.[69]

그리하여 박은식은「몽배금태조」에서 한국이 지향해야 할 이념으로서 평등주의를 주창하고 있다.

그런즉 오늘날은 강권주의와 평등주의가 바뀌는 시기이다. 따라서 이 때를 맞이하여 그것이 극도로 된 상황에서 극심한 압력을 받는 것이 우리 대동민족이며, 또 압력에 대한 감정이 가장 극렬한 것도 우리 대동민족이다. 그러한 이유로 장래에 평화주의의 기치를 높이 들고 세계를 호령할 자가 바로 우리 대동민족이 아니고 그 누구이겠는가?[70]

박은식은「몽배금태조」에서 "조선 동포들로 하여금 세계의 우등(優等)한 민족과 평등한 지식과 자격을 갖추게 한다면, 부도불법(不道不法)

---

69 「몽배금태조」(국역본), 212~213쪽.
70 「몽배금태조」(국역본), 213쪽.

의 강력압력에서 벗어나 그들과 평등한 지위를 차지할 능력을 가질 것" 으로 전망하였다. 그리고 이러한 평등주의는 시대의 흐름으로 나아가는 방향으로 설명되었다.[71] 「몽배금태조」에서는 평등주의는 세계 문명사회 가 동정하는 바이며, 자유주의가 발달하던 시대로 말미암아 워싱턴의 독립기(獨立旗)가 개가를 올렸던 것처럼, 현재 평등주의가 발달하고 있 는 시대라고 보았다. 따라서 만약 의욕에 찬 남아가 있으면 평등주의로 써 동포를 깨우치고 세계에 호소할 것을 주창하였다.[72]

몇 년이 지난 후 박은식은 1915년 중국 상해에서 출간된 『한국통사 (韓國痛史)』에서 제2차 헤이그 만국평화회의의 결과에 대해 비판적으로 평가하였다. 각국 모두 욕심을 부리고 호시탐탐 약소국을 침략, 병탄하 여 잔종을 박멸하는 것을 의무로 생각하니, 어찌 평화주의로써 약소국 을 구휼하며 강대국의 횡포를 억제하여 멸망하는 것을 부흥시켜 주며, 절단되는 것을 계승시켜 공법을 밝혀 주고 정도(正道)를 유지시켜 줄 것 인가라고 한탄하였다.[73]

이상으로 살펴보았듯이 20세기 초 일본의 한국 강점하에서 서구와는 다른 '동양적', 그리고 한중일 국가 간 또는 동아시아 지역 국제사회의 필요성과 방향에 대한 논의가 제기되었다. 그 예로서 유인석, 박은식 등 은 일본의 '동양평화' 주장의 허구성을 비판하면서, 미래의 동아시아 국 제사회의 형성 가능성에 기대를 갖고 그 방향을 제시하였다.

---

71 「몽배금태조」(국역본), 200쪽.
72 「몽배금태조」(국역본), 200쪽.
73 『白巖朴殷植全集』 제1권, 1010~1012쪽. 또한 기존 연구에서는 1915년 박은식의 『韓國痛史』가 한중 간 연대의식이 발현된 것으로 설명하고 있다. 노관범, 2012, 앞의 글, 21~26쪽.

3. 칸트의 '평화개념'의 한국 내 수용

1920년대에 들어서 칸트의 『영구평화론』이 일부 소개되었다. 『개벽』에 실린 '새봄'이라는 필명을 사용하여 쓴 "『칸트』의 영원평화론(永遠平和論)을 독(讀)함"에서는 칸트의 『영구평화론』의 제1장 "국제간(國際間)의 영원평화(永遠平和)에 지(至)할 예비적(豫備的) 조항(條項)" 6개조와 제2장 "국제간(國際間)의 영원평화(永遠平和)에 지(至)할 결정적(決定的) 조항(條項)" 3개조가 설명되었다. 이 글에 따르면, 독일의 칸트는 루소가 완성한 평화론을 읽고 다시 '쌩 피에르'의 평화주의에 접근하여 1795년 『영구평화론』의 초고를 집필하였다고 설명되어 있다.[74] 이러한 칸트의 『영구평화론』은 논리정연한 논문이라기보다는 칸트 자신의 주장으로 파악되었다. 그러나 그의 평화론 중 일부는[75] 제1차 세계대전 이후 파리강화회의의 기준이 된 윌슨 미국 대통령의 14개조 중 민족자결, 무병합주의와 같으며, 국제연맹 또한 평화론[76]에서 제시한 평화적 동맹의 실현에 불과하다고 보았다. 당시 거론된 군비축소, 비밀조약 폐기 등 또한 위 평화론이 주창한 내용에 포함된 것이라고 설명되었다.

이러한 칸트의 평화론에 대해 저자는 다음과 같이 평가하고 있다.

세계의 영구평화—실현만 되었으면 얼마나 다행스러울까. 그러나 내 소견

---

74 새봄, 1920, 「『칸트』의 永遠平和論을 讀함」, 『개벽』 제4호(1920.9.25), 77~81쪽.
75 독립자존한 국가에 대해 계승, 교환, 매매, 병합 또는 기증에 의하여 타국가의 소유에 귀함을 불허함.
76 국제법은 제국가의 연합상에 확립될 것이며 그 법은 각국의 자유를 기초로 하지 않을 수 없음.

으로써 말한다면, 이러한 영구평화는 많은 국가민족 간의 약속적 문서로써 이루어야 할 것이 아니다. 각 국가 각 민족의 지덕을 근기로 한 자각에 의하여 점진적으로 실현될 것이니. 동시에 각 국가 각 민족의 지덕 향상과 문명정도의 향상은 시일의 추이를 요함과 공히 세계의 영원평화도 또한 여러 시일의 추이와 더불어 한발짝 한발짝 실현될 것이다.[77]

이상 앞 장에서 살펴본 바와 같이 20세기 초 러일전쟁 시기까지 한국인들은 국제사회의 현실을 백인종 대 황인종의 대결구도 내지 경쟁 상태로서 파악하였으며, 현실주의적 접근으로서 힘(Power)의 논리를 중시하는 양상을 띠었다. 동시에 만국평화회의의 기대와 세계 정부의 가능성에 대한 평가, 그리고 서구 평화론에 대한 소개 등을 거치면서, 한국의 일부 지식인들은 공통의 규범과 가치를 공유하는 국제사회의 정의론적 측면과 필요성에 공감하게 되었다.

4. 파리 강화회의 이후 일본의 동양평화론 비판과 한국 독립의 주장

제1차 세계대전의 종전협상으로 파리 강화회의가 개최된 이후, 한국인들은 다시 독립의 기회가 왔으므로 일본에 대해 독립전쟁(獨立戰爭)을 전개하거나, 윌슨 대통령에게 한국독립의 승인을 요구하자는 의견들이 대두되었다.

그러나 안창호는 대일전쟁(對日戰爭)의 불가능성(不可能性)과 미국의

---

[77] 새봄, 1920, 「『칸트』의 永遠平和論을 讀함」, 『개벽』 제4호(1920.9.25), 77~81쪽. 이상 칸트의 평화개념의 수용 과정에 대한 설명은 김현철. 2008, 앞의 글, 114~115쪽 참조.

지원(支援)을 전혀 얻을 수 없음을 다음과 같은 이유를 들어 지적하였다. 첫째, 일본이 연합국(聯合國)의 일원으로 전승국(戰勝國)이기 때문에 한국은 민족자결원칙(民族自決原則)에 적용되지 않으며, 둘째, 일본은 세계에서 가장 강한 나라이기에 미국 등이 한국인을 위해 일본과 전쟁하지 않을 것이다. 셋째, 극동에서 러시아 견제 세력으로 일본을 이용하려는 미국과 일본 간에 최소한 한국과 만주(滿洲)의 지배권에 관한 한 이해관계가 일치하고 있다.[78]

안창호는 동양 3국을 인체에 비유하여 일본을 머리, 한국은 목, 중국을 몸뚱이에 비유하면서, 동양평화를 위해 3국이 협력해야 하는데, 현실은 침략 야욕에 눈이 먼 일본으로 인하여 분열되어 있다고 지적하였다.[79] 안창호는 일본이 침략정책만 버리면 3국의 협조하에 한국의 근대화와 동양평화가 이룩될 것으로 아쉬워하였다. 안창호는 "원한 품은 2천만을 억지로 국민 중에 포함하는 것보다 우정 있는 2천만을 이웃 국민으로 두는 것이 일본의 득(得)"일 것이라고 하면서, 한국독립이 "동양평화와 일본의 복리(福利)까지도 위하는 것"이라고 주장하였다.[80]

그리고 안창호는 일본이 추구하는 소위 동양평화는 일본을 망하게 하는 길이고, 한국, 중국, 일본이 독립국으로 발전할 수 있는 상호공존적 동양평화가 일본도 살리는 길이라고 보았다. 이와 같이 안창호가 구상한 '3국 공존적(共存的) 동양평화(東洋平和)'는 당시 일본의 동양평화론과 다른 것으로서 구한말 이래 한국 지도자들이 한국의 독립과 안전

---

78 이광수, 1964, 앞의 책, 59쪽; 安昌浩, "戰爭終結과 우리의 할 일". 이호재, 1994, 앞의 책, 168~170쪽에서 재인용.
79 이광수, 1964, 앞의 책, 28쪽. 이호재, 1994, 앞의 책, 181쪽에서 재인용.
80 이광수, 1964, 앞의 책, 27쪽. 이호재, 1994, 앞의 책, 184쪽에서 재인용.

보전책으로 계속 주장해 온 것과 맥락을 같이한다. 일본의 동양평화론이 일본 제국주의의 다른 표현으로서 한국 독립을 근본적으로 부정하는 것에 비해서 앞에서 살펴보았듯이 한국인들이 주장한 동양평화론은 이와 반대로 한국 독립의 보장만이 동양평화를 얻는 유일한 길임을 역설하는 방향으로 전개되고 있다. 이런 점으로 볼 때, 1910년대를 통해 한국의 정치지도자들은 소위 일본의 동양평화론이 일본의 한국과 중국 병합론으로 귀결되었음을 확인하면서, 한국 독립 없이 동양평화는 없다는 점을 부각시키는 방향으로 동양평화론을 새롭게 정립해 가고 있었다.[81]

이후 한국 지식인들은 신문 또는 독립선언문을 통해 일본의 동양평화론을 비판하면서, 한국의 독립이 동양평화 및 세계평화를 이룩하기 위한 전제조건임을 강조하였다.

1918년 12월 12일 자 『신한일보(新韓日報)』의 논설에서는 다음과 같이 일본의 동양평화론이 거짓임을 폭로하였다.

> 東洋平和라는 것은 장황히 논단할 말이니 아직 이 아래로 미루어 두고 일본과 지나(중국 지칭), 인도 등의 협력을 바라는 자가 한국을 병탄하고 중국을 망하도록 꾸미며 日英同盟의 탈을 쓰고 나아가 인도까지 엿보는가? … 네가 이와 같이 동양열국의 협력을 열망할진대 동서풍운이 지탱하는 오늘에 왜 韓國을 내어놓지 않느냐? 오늘 형세는 너희들의 말과 같이 동양열국이 협력하여야 같이 그 운명을 유지할 것이거늘 너희가 일찍 묘책을 잃고 이웃나라에 원망을 맺음으로써 동양의 단결력을 끊어 놓았으니 이 다음 부사산(후지산)이 둘러빠지고 동경성이 쑥밭이 되는 때에는

---

[81] 이호재, 1994, 앞의 책, 184쪽.

이를 장차 뉘우침이 있을 것이리라.[82]

1919년 3·1독립선언문에서도 한국의 독립이 세계평화와 인류행복에 필요한 계단이 되게 하는 것임을 밝혔다. 또한 한용운도 "조선독립(朝鮮獨立)의 서(序)"(1919~1920)에서 "조선민족의 독립자결은 세계평화를 위함이며 동양평화에 대해서는 실로 중요한 관건이 된다"고 역설하였다. 이와 같이 1910~1920년대 한국의 독립운동가들은 한국의 독립 없이는 동양평화와 세계평화가 불가하다는 입장을 강조하였다.[83]

박은식은 1920년 『동아일보』에 실린 글에서 아래와 같이 진정한 의미의 동양평화를 이루기 위해 일본을 포함한 동양 3국의 역할에 대해 상정하면서, 내부적 동양평화와 외부적 동양평화로 구분하였다.

> 대개 동양평화라 하면 동양에 입국한 자 다수 하나 적어도 일본과 조선과 중국의 삼자를 가리켜 동양이라 하며, 그 평화를 가리켜 동양평화라 한다. 그런즉 동양평화는 일본만의 평화와 발전이 아니라 동양 3개 지방의 평화와 발전을 의미함이다. … 이제 동양평화를 분석하여 논할진대 내부적 동양평화와 외부적 동양평화가 있으니, 전자는 동양 3개 지방의 상호 간 또는 각 지방 내의 평화를 의미함이요, 후자는 동양외 국민이 감히 동양을 침범치 못함이라. … 동양의 단결과 평화적 발전을 열망하니 그 방도가 어디에 있는가? 오직 각 민족의 권리와 희망을 절대로 존중하며 승인하며 각히 평등한 지위에 입하여 자유적 정신으로 연합함에 있다고

---

82 이호재, 1994, 앞의 책, 184~185쪽에서 재인용.
83 이호재, 1994, 앞의 책, 185쪽에서 재인용.

한다.[84]

3·1운동 이후 박은식의 위와 같은 언급은 그 맥락상 안중근의 동양평화론을 계승한 것으로 볼 수 있다. 당시 일제의 한국 강점이라는 현실에 비추어 볼 때, 박은식은 동양의 진정한 평화가 일본에 의한 한일 양국의 병합에 의해 이루어지는 것이 아니고, 공존주의(共存主義)에 입각하여 한반도의 독립이 보장될 때만 가능하다고 보았다. 그는 한국의 독립이 바로 동양평화의 열쇠이며, 세계 평화에 기여하는 길이라고 밝혔다.[85]

V. 맺음말

이상 본문에서 살펴본 바와 같이 한국인은 1904~1905년 러일전쟁이 조선에 대한 러시아의 진출을 억제하고 일본이 진정으로 동양평화를 실행에 옮길 수 있는 계기가 되기를 바랐다. 그리고 1907년 헤이그에서 개최된 만국평화회의와 제1차 세계대전 이후 파리 강화회의는 조선의 독립을 위한 국제적 여론과 관심을 환기시킬 수 있는 기회로 여겨졌다. 그러나 한국의 기대와 달리 동북아의 국제정치의 현실은 해당 민족의 이익을 위해 강대국 일본의 이해관계가 반영되고 관철되었다.

이 시기에 '동양평화'라는 같은 표현이 사용되었지만, 당시 일본의 정치가 등 '동양평화'를 주창하는 세력이 동북아 국제정치에서 해 온 실제

---

84 『東亞日報』, 1920.6.25자, "東洋平和의 要諦".
85 朴殷植, 「通告 日本書」, 『韓國獨立運動之血史』(1920), 이호재, 1994, 앞의 책, 186쪽에서 재인용.

행동을 보면, 일본이 내세운 '동양평화' 구상은 러시아 등 서양 백인종의 진출을 막기 위해 일본지배하의 새로운 동북아 국제질서의 형성을 묵인하면서 기득권을 가진 세력의 지배를 정당화하는 슬로건이었다.

1910년 일제의 강제 병합 이후 한국의 독립운동가들은 일본의 병합에 대한 부당성을 지적하였으며, 한국 독립의 필요성을 강조한 일련의 글들에서는 식민지로부터의 해방을 강조하였다. 독립운동단체들의 선언서나 박은식, 안창호 등의 관련 글들에서는 동양의 평화를 위해 국제정치적으로 왜 한국의 독립이 필요한지가 강조되었다. 신채호의 "조선독립과 동양평화"에서는 극동의 평화를 위해 조선의 독립이 중요함을 강조하였다. 박은식이 쓴 『동아일보』의 "동양평화의 요체"(1920. 6. 25)에서는 당시 일본이 주장해 온 동양평화론의 허구성을 지적하였다. 유인석의 경우도 일본이 한국에 대해 사죄하고 국권을 돌려주어야 한다고 보았으며, 동양의 주도국가는 일본이 아니라 중국이 되거나, 한국이 역할을 하게 되기를 희망하였다.

그리고 제1차 세계대전의 발발과 종전, 파리 강화회의 등을 지켜보면서, 한국 지식인들의 시야가 동양에 국한되지 않고 세계로 확장되었다. 한국의 독립운동가들과 지식인들은 세계사적 전쟁과 평화운동의 흐름 속에서 한중일 등 동북아 지역의 중요성을 인식하였다. 그리고 그 속에서 한국의 위치와 역할을 거론하였으며, 한국이 독립하는 것이 '동양평화와 세계평화'에 기여한다는 점을 부각시켰다.

이런 측면에서 볼 때, 1910~1920년대 한국인에게 있어 '동양평화'는 기존 서구 중심의 국제질서하에서 강대국 간의 세력균형에 의한 평화 유지보다는, 일본의 아시아주의를 비판하고 한국의 국권회복운동과 이를 위한 독립 구상 등이 실행되는 것으로 볼 수 있다.

참고문헌

〈1차 저작, 사료 및 자료집〉

안중근, 편집부 역, 2000, 『안중근 의사 자서전(安應七歷史)』, 범우사.
이민수 외 역주, 1983, 『한국의 근대사상』, 삼성출판사.
안중근, 1910, 『東洋平和論』 및 「안중근 공판기록」, 신용하 편, 『안중근 유고집』, 1995, 역민사.
단국대학교부설 동양학연구소, 1995, 『朴殷植全書』 上·中·下.
이만열 편. 1980, 『朴殷植』, 한길사.
박은식, 2002, 『夢拜金太祖』(국역본), 백암박은식선생전집편찬위원회 편, 『白巖朴殷植全集』 제4권, 동방미디어.
단국대학교부설 동양학연구소. 1987, 『張志淵全書』 八, 단대출판부.
단재신채호선생기념사업회, 1995, 『단재신채호전집』(상권), 형설출판사.
柳麟錫. 『宇宙問答』,1913; 서준섭 외 공역, 1984, 『毅菴 柳麟錫의 思想-宇宙問答』, 종로서적.
윤임술 편, 『한국신문사설선집』 1·2권, 방일영 문화재단, 1995.
『독립신문』.
『동아일보』.
『조선일보』.
『중앙일보』.
『한겨레신문』.
『황성신문(皇城新聞)』.
『大韓每日申報』.
『皇城新聞』.
"世界平和의 理想", 『西友』 제13호(1907. 12. 1).
김상범, "외우론", 『대한자강회월보』 제7호(1907. 1. 25).
김성희, "독립설", 『대한자강회월보』 제7호(1907. 1. 25).
박유병, "구라파의 연합", 『대한흥학보』 제6호(1909. 10. 20).
박은식, "通告 日本書", 『韓國獨立運動之血史』.
_____. "자강능부의 문답", 『大韓自强會月報』 제4호(1906. 10).
신채호, "동양주의에 대한 비평", 『대한매일신보』 1909. 8. 8, 1909. 8. 10.

장지연, "단체를 이뤄야 민족을 보전할 수 있음", 『대한자강회월보』 제5호(1906. 11. 25).
채기두, "평화적 전쟁", 『대한학회월보』 제6호(1908. 7. 25).
한국학문헌연구소 편, 1976, 『한국개화기학술잡지 一: 大韓自强會 月報 自제8호 至제13호』, 아세아문화사.
『開闢』. 1969, 개벽사.
『靑春』. 1970, 문양사.
歷史學會 編, 1975, 『韓國史資料選集-最近世編』.
太學社 編, 1982, 『韓國近世史論說集: 舊韓末編』, 全8卷, 太學社.
이광린·신용하 편, 1989, 『사료로 본 한국문화사: 근대편』, 일지사.

⟨2, 3차 연구문헌(단행본 및 논문)⟩
국가보훈처·광복회, 1996, 『21세기와 동양평화론』, 국가보훈처.
김경일, 2009, 「동아시아의 맥락에서 본 안중근과 동양평화론」, 『정신문화연구』 32(4), 한국학중앙연구원.
김현철, 2008, 「구한말 한국지식인의 '국제사회'인식의 유형과 특성」, 서울대 국제문제연구소 편, 『세계정치: 국제사회론과 동아시아』 29집 2호.
_____, 2009, 「20세기초 한국인의 대외관과 안중근의 「동양평화론」」, 안중근의사기념사업회 편, 『안중근과 그 시대: 안중근의거 100주년 기념연구논문집 1』, 경인문화사.
_____, 2011, 「한말 조선의 대외관과 영토 인식-박은식, 신채호의 자강사상과 고대사 인식을 중심으로-」, 『만주연구』 제12집, 만주학회.
_____, 2014, 「二十世紀初韓國的和平思想(20세기초 한국의 평화사상)」, 『當代韓國』, 中國 社會科學院, 2014年 第4期.
_____, 2015, 「근대 일본의 '아시아'주의와 민간단체의 한반도 진출 구상」, 『한국동양정치사상사연구』 제14권 1호, 한국동양정치사상사학회.
_____, 2019, 「안중근은 왜 이토 히로부미를 죽였는가?-하얼빈 의거의 배경과 '동양평화론'의 과제」, 남상구 편, 『20개 주제로 본 한일역사쟁점』, 동북아역사재단.
김희곤, 2004, 『대한민국임시정부연구』, 지식산업사.
노관범, 2012, 「1910년대 한국 유교지식인의 중국 인식-柳麟錫, 朴殷植, 李炳憲을 중심으로-」, 『민족문화』, 제40집, 한국고전번역원.
다케우치 요시미, 서광덕·백지운 역, 2006, 『일본과 아시아』, 소명출판.
단국대 동서문화교류연구소 주관, 『동아시아 평화론에 대한 국제학술회의』 학술회의 발표자료집(여순, 2009. 11. 25).

대한민국 국회 외교통상통일위원회 주최, 동북아역사재단 주관, 『안중근의사 순국 100주기 국제심포지엄』 학술회의 발표자료집(하얼빈, 2010. 3. 25).
박한규, 2004, 「아시아주의를 통해 본 전전 일본의 동아시아 정체성」, 『일본연구논총』 20호.
백영서 외, 2005, 『동아시아의 지역질서』, 창비.
변진석, 1995, 「일본의 아·태지역 협력 정책-구조적 이중성과 일본의 전략」, 『국제정치논총』 한국국제정치학회, 35집 1호.
서연호 외, 2004, 『한국 근대 지식인의 민족적 자아형성』, 소화출판사.
안중근하얼빈학회·동북아역사재단, 『동북아 평화와 안중근 의거 재조명』 학술회의 발표자료집(서울, 2008. 10. 17~2008. 10. 18).
안중근하얼빈학회·동북아역사재단, 『안중근의거 100주년 기념 국제학술회의: 안중근의 동양평화론과 동북아 평화공동체의 미래』 학술회의 발표자료집(서울, 2009. 10. 26~2009. 10. 27).
이광린, 1987, 「개화기 한국인의 아시아 연대론」, 『개화파와 개화사상 연구』, 일조각.
이숙종 편, 2008, 『한·중·일의 동아시아 인식과 동아시아공동체 정책』, 동북아역사재단 연구용역 최종 결과보고서 자료집.
이철현, 1997, 「탈냉전의 아태지역에 적용가능한 국제정치경제이론의 평가」, 『사회과학논총』 13집 2호, 명지대학교.
이호재, 1994, 『한국인의 국제정치관-개항후 100년의 외교논쟁과 반성』, 법문사.
장인성, 국제관계연구회 엮음, 2003, 「근대동아시아 국제정치와 '인종': 동아시아 연대론의 인종적 정체성과 지역적 정체성」, 『근대국제질서와 한반도』, 을유문화사.
_____, 2001, 「'아시아적 가치'와 일본적 정체성」, 『신아세아』 Vol. 8 No. 1, 신아세아질서연구회.
최원식·백영석 편, 1997, 『동아시아인의 '동양' 인식: 19-20세기』, 문학과지성사.
하영선 편, 2002, 『21세기 평화학』, 풀빛.
하영선, 2009, 「근대한국의 평화 개념 도입사」, 하영선 외, 『근대한국의 사회과학 개념 형성사』, 창비.
한국정치학회·안중근의사기념사업회, 『동아시아공동체와 안중근』 학술회의 발표자료집(서울, 2008. 10. 24).

8장

일본에서 본 안중근과 동양평화론

가쓰무라 마코토(勝村誠)
리츠메이칸대학 정책과학부 교수

I. 머리말

　일본 사회에서 안중근은 으레 이토 히로부미를 '암살'한 인물로 회자되어 왔다. 까닭에 동아시아에서의 역사인식 문제가 논해질 때에도 '안중근과 이토 히로부미'라는 두 인물의 이름은 종종 비교열전(Vitae parallelae) 식으로 거론된다. 거칠게 보면 일본에서는 "이토 히로부미는 일본을 근대국가로 키운 위대한 정치인, 안중근은 이토를 살해한 테러리스트", 한국·북한·중국에서는 "이토는 아시아 침략의 원흉, 안중근은 침략에 저항한 항일 의사"라는 단순하고도 대조적인 평가가 프레임으로 고착되어 있기도 하다.[3]

　하지만 당연히 실질적으로는 그렇게 단순화해서 이해할 수 없으며, 일본에서도 일찍이 정치인으로서 이토 히로부미는 비판적으로 평가되었다. 과거 정치학, 정치사 연구의 석학으로 유명한 오카 요시타케(岡義武)는 "메이지 일본의 외교는 서양 대국들과의 관계에서는 … 일반적으로 협조적 또는 종속적 색채를 띠었고 … 청나라 및 한국 양국과는 정반대로 무조건 고압적·공격적 태도로 대했다"고 논한 다음, "통감 취임 전후를 통틀어 이토가 한국에서 수행한 역할을 회상해 보면, 이토는 그러한

1　이 글은 2019년 10월 24일에 동북아역사재단이 주최한 3·1운동과 대한민국 임시정부 수립 100주년 기념 한중일학술회의 '안중근의 동양평화론 조명: 한중일미래공동체구상'에 제출한 발표문을 가필, 수정한 것이다.
2　리츠메이칸대학 정책과학부 교수, 리츠메이칸대학 코리아연구센터 센터장. 전공은 일본정치외교사, 동아시아정치운동사.
3　이토 히로부미=위대한 정치인, 안중근=일개 테러리스트라는 도식은 속설 또는 그릇된 '상식'으로 종종 제시된다. 그리고 '과연 사실일까'라는 의구심을 품고 안중근의 삶과 사상을 탐색하는 저작도 많다. 일례가 統一日報社[編]·姜昌萬[監修], 2011, 『図録·評伝 安重根』, 日本評論社이다.

'대한국책'의 대표 격이었다"고 신랄하게 비판하고 있다. 더 나아가 "그를 사살한 한국의 한 청년의 배후에는 독립을 빼앗긴 한국인의 헤아릴 수 없는 민족적 분노가 자리 잡고 있었다"면서 공감하고 있다. 또 후술하는 바와 같이, 최근에는 일본에서도 안중근을 높이 평가하는 연구나 저작도 많이 등장하고 있다. '안중근과 이토 히로부미'의 평가는 그때그때 시대적 배경이나 요청에 상응해 다양하게 변화하고 있어 시대순으로 꼼꼼하게 검토해 볼 필요가 있다.

이 글에서는 그러한 과제에 접근하는 시도로서 ① 안중근 의거 직후 일본의 주요 신문에서 전개된 안중근에 대한 부정적 담론을 정리하고, ② 그와 대조적으로 메이지 일본에서 은밀히 안중근에 호의를 품은 일본인들의 동향을 소개한 다음, ③ 1970년대부터 시작된 안중근에 대한 재평가 움직임을 정리하고, ④ 안중근의 동양평화론을 둘러싼 일본의 최근 논의를 정리하겠다.

II. 의거 직후의 안중근에 대한 부정적 담론

1. 『오사카아사히신문(大阪朝日新聞)』의 호외와 사설

안중근 의거, 즉 1909년 10월 26일 오전 9시경에 대한제국의 청년 독립운동가 안중근이 대일본제국의 초대 총리대신으로 초대 한국 통감

---

4 岡義武, 2019, 『近代日本の政治家』, 岩波文庫, 67~68쪽. 초판은 岩波書店, 1979년 8월 간행. 원전은 「初代総理·伊藤博文」, 『文藝春秋』, 1959년 6월호.

을 지낸 이토 히로부미를 암살한 사건은 일본에 발 빠르게 그리고 대대적으로 전해져 일본 사회에 충격을 안겨준다. 더불어 '범인'과 한국, 더 나아가 한국인에 대한 반발의 목소리를 유발하였다. 우선 의거 직후의 신문 사설을 확인해 보자.

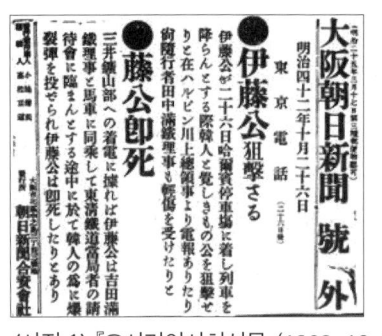

〈사진 1〉 『오사카아사히신문』(1909. 10. 26)

안중근 의거는 일본 시각으로 당일인 10월 26일에 『오사카아사히신문(大阪朝日新聞)』[5] 호외를 통해 '이토 공 저격당하다', '이토 공 즉사'라는 제목으로 보도되었다(〈사진 1〉).[6] 또 이튿날 27일부터는 모든 신문이 '이토 공 조난'을 대대적으로 보도하고 있다.

우선 『오사카아사히신문』의 사설을 살펴보자. 『오사카아사히신문』은 10월 27일 자 일면 머리기사로 실은 사설[7]에서 다음과 같이 이토의 공적을 기리는 한편 한국인에 대하여 "사정을 아는 지력이 없다"며 지식 수준이 떨어진다고 멸시한 뒤에 "증오할 것은 완미(頑迷)한 한인들이다"고 한국인에 대한 적개심을 부추기고 있다.

---

5 『오사카아사히신문(大阪朝日新聞)』은 1879년 1월 19일에 오사카에서 『아사히신문(朝日新聞)』으로 간행되었는데, 아사히신문사가 도쿄로 진출해 『메자마시신문(めざまし新聞)』을 인수하여 1888년 7월 10일부터 『도쿄아사히신문(東京朝日新聞)』을 간행한 이후, 1889년 1월 3일에 『오사카아사히신문』로 개칭하였다.

6 『오사카아사히신문 호외』 1909년 10월 26일 자.

7 『오사카아사히신문』 1909년 10월 27일 자(1면), 「이토 공을 애도한다(伊藤公を悼む)」.

… 공은 한국인에게 저격을 당하였다고 한다. 탄알 수 발을 맞아 즉사하셨다 한다. 오호라, 메이지 중흥 최고의 공신 정2위 대훈위 공작 이토 히로부미 경은 만리 이향에서 이 **흉수에 쓰러지셨다**. 아아, 슬프도다, 비통하도다. **공은 평소 호언하기를 뼈를 장백산 산머리에 묻어 달라고 하셨다.** 이 말씀 헛되지 않게 공은 실로 장백산 북쪽 하얼빈의 들판에 시신을 드러내셨고, 공으로서는 유감스러울 것 없이 용맹한 정신은 영원히 만주 들판에 머물 것이나 세계는 갑작스럽게 한 위인을 잃고 말았다. 우리들은 공의 죽음을 결코 일본의 손실만이 아니라, **공의 일신(一身)은 세계의 안위와 관련된 실로 세계적인 위인이었다.** …

공은 폐하의 신임도 가장 두터워 이 흉보를 들으시고 얼마나 신금이 어지러울 실지는 헤아리고도 남는다. 그 범인이 한인이라는 점에서 헤아려 보면, 그 사정도 대강은 알 것인데, **공이 한국보호조약을 체결한 것에서 그 사정을 아는 지력이 없어** 참으로 이 **흉포한 행위**를 저지르고 그 관계된 바가 어느 정도인지 알 수 없지만 **증오해야 할 것은 완미한 한인들이다**. 그 관계 여하에 따라서는 **결코 용서해서는 안 된다**. …8

아래에서는 이 사설의 내용을 간단하게 정리한다. 우선 이토 히로부미가 "뼈를 장백산 산머리에 묻어" 달라고 말했다는 에피소드를 섞어 이토가 한국을 사랑하였던 인물이라는 인상을 준 뒤, 그 공적을 칭송하며 "세계적인 위인"이라고 치켜세우고 있다. 한편, 한국인에 대하서는 "공이 한국보호조약을 체결한 그 사정을 아는 지력이 없다"고, 이토를 중심으로 일본이 1905년 11월 17일에 '제2차 한일협약'의 이름으로 을사조약

---

8 인용문의 옛 한자를 당용 한자로 고치고 적절히 구두점을 보충하였다. 밑줄과 굵은 글씨는 필자가 덧붙인 것이다. 이하 같다.

을 대한제국에 강요하여 외교권을 빼앗고 통감부를 설치하여 잇달아 대한제국의 국권을 찬탈한 과정을 이토의 식민지 통치에 따른 혜택을 이해하지 못한 한국인을 무지하다고 일방적으로 단정하고 있다. 그 뒤에 안중근 의거를 "흉포한 행위"로 단정하고 "완미한 한인들"과 한국인 전체를 적대시하고 "결코 용서해서는 안 된다"라며 한국인 전체에게 따끔한 맛을 보여줘야 한다고 응징론을 전개하고 있다.

"완미한 한인들(문명을 모르는 무지몽매한 한국인들)"이 일본에 덤벼든다면 "용서해서는 안 된다(엄벌에 처해야 한다)"며, 이후 일본 사회에서 반복해서 등장하는 '무능력론'과 '폭도응징론'을 전형적으로 드러내고 있다. 아직 사건의 상보를 모르는 단계에서 책임을 한국인 전체에 전가하는 사설을 게재하고 있는 것을 볼 때, 추측하건대 안중근 의거보다 앞서 이미 일본 언론계에는 일본의 통치에 따르지 않는 한국인에 대한 뿌리 깊은 차별의식이 온존하고 있었고 안중근 의거를 계기로 그 차별의식이 분출한 듯 보인다.

2. 『요리우리신문(讀賣新聞)』[9] 사설과 생번(生蕃)

이와 같은 차별의식은 『오사카아사히신문』뿐만 아니라 타 언론사의 사설에서도 넘쳐났다. 이튿날인 10월 28일의 『요미우리신문』 사설은 "한국의 배일파"에 대하여 "정신상의 생번(生蕃)"이라는 극도의 경멸적 표현

---

9 『요미우리신문(讀賣新聞)』은 1874년 11월 2일에 창간되어 1877년에 발행부수 2만 5천 부를 기록했다. 1887년부터 초대 주필로 입헌개진당계 인물로 와세다대학의 창립에 참여한 다카타 사나에(高田早苗)를 초빙하여(1890년까지) 정치, 법률의 논설에 힘을 기울였다.

을 쓰고 있다. '생번'이란, 본래 중국 청나라 때에 타이완의 소수민족 중 산악지대에 거주하면서 한족에 동화되지 않은 자들을 가리키는 한어였으나, 후쿠자와 유키치(福沢諭吉)가 『문명론지개략(文明論之概略)』 (1875년)에서 "무수한 생번, 무리를 이루어 침략 강탈 무슨 짓을 할지 알 수 없다"고 표현하거나, 소메자키 노부후사(染崎延房)가 『근세기문(近世紀聞)』에서 "생번 무리는 산가에 있으며 짐승과 같은 패거리이다"라고 그리는 등, '문명'의 반의어인 '야만', '미개'를 뜻하는 극도의 경멸적인 표현으로 쓰이고 있었다. 아래에 사설의 결론 부분을 인용해 보겠다.

… 필자는 유럽에서 왕왕 "자유"라는 미명 아래 죄악을 비호하는 경향이 있음을 탄식하지 않을 수 없다. 하물며 어떠한 일관된 명분 없이 헛되고 무의미한 강개비가(慷慨悲歌)의 **중독**에 발작하여 천지도 용서치 않는 **흉포(凶暴)**를 저지른 것에 이르러서는 실로 무한의 통한으로 인류 안에 이러한 흉악한 죄인을 발생시킨 데에 이른 것을 증오하고 싶다. **동양의 자객** 중에는 왕왕 이러한 종류의 무의미한 흉행자(兇行者)가 있으며 금번 하얼빈의 **흉한** 같은 자는 그중 최고의 자가 아닌가.

인류에게는 모두 공통의 성질이 있다. 영웅도 범인도 선인도 악인도 이것이 연쇄된 휴머니티의 힘으로 움직이는 것은 당연하며, 잔인 흉포한 성질이라 하여도 또 어쩌면 모두 이것을 조금씩은 품고 있을 터이나 자발적으로 이를 외부에 발현하여 여기에 유형의 발작을 일으키기에 이르고 소위 '바보만큼 무서운 것은 없다'는 식의 **극중악인(極重悪人)**을 낳는 한국의 배일과 같은 **정신상의 생번**에 대하여는 향후 모름지기 신중한 주의를 기울여 그들의 **중독**을 **의료**하는 것 또한 일종의 인도적 문제일 것이다.[10]

---

10 『요미우리신문』 1909년 10월 28일자, 2면, 사설 「정신상의 생번(精神上の生蕃)」.

실로 장황한 문체가 아닐 수 없는데, 대체로 다음과 같은 뜻인 듯하다. 즉 유럽 근대사상에서 자유라는 개념에는 "죄악을 비호하는 … 경향"이 있으며, "동양"에서는 "자객"(중국에서 존경받는 의협)을 존중하는데, 이 두 사고방식에는 모두 "무의미한"한 폭력을 조장할 여지가 숨어 있다. 안중근 의거는 그 가장 극단적인 사례이다. 어떤 인간도 당연히 인간애(휴머니티)의 힘으로 움직이며, 흉포한 성질을 누구나 조금씩은 가지고 있으나 스스로 그 흉포성을 "외부에 발현"하여 중대 범죄자를 낳는 "한국의 배일파"는 "정신상의 생번", 즉 정신이 야만적이며 미개한 폭도이므로, 이에 대하여는 "신중한 주의"를 기울여 "그들의 중독" 즉, 정신병리를 "의료하는" 것을 일종의 "인도적 문제"로 다루어야 한다는 것이다.

당시 일본의 지배층에게 타이완 식민지 지배에 저항하는 '생번'은 생생한 기억을 불러일으키는 존재였다. 타이완 동부와 산악지대는 아직 일본의 미점령지였고, 일본군의 점령지에서도 1902년경까지 한족계 타이완인의 저항이 끊이지 않았다. 더욱이 안중근 의거를 전후한 시기에도 타이완의 산악민족이 일으킨 항일무장투쟁이 이어지고 있었다. 그들을 일본의 언론은 '생번'이라 부르며 멸시하는 동시에 조기 토벌의 필요성을 부르짖고 있었다. 이어서 1908년 12월 19일 자 『요미우리신문』의 기사 일부를 인용하여 보겠다.

> **생번 정벌**은 24일, 화롄(원문 그대로 인용-필자)항 방면 바트란 액용선에서 전선 7리에 걸쳐 포성이 천지를 뒤흔드는 가운데 보병대, 경찰대가 돌진하여 교전 5시간 만에 첫 번째 요새인 타모난 부근을 점령하였고, 25일부터 무과시(木瓜溪)를 거슬러 올라가 교전을 이어갔다. 이 적(敵)은 바

트란(バトラソ), 무과(木瓜)의 연합으로 총 1500여 명이었다.[11]

이 기사는 1908년 12월 13일에 타이완 동부에 위치한 화롄현(花蓮縣) 산간부에서 일본 군경과 선주민이 충돌한 '칠각천사건(七脚川事件)'을 보도한 것이다. 일본군은 산악지대의 선주민을 제압할 목적으로, 산간부에 일명 액용선(隘勇線)이라는 선주민의 왕래를 금지하는 경계선을 긋고, 그곳에 전화선, 포대, 고압 철조망을 설치하였다. 화롄현에서는 일본에 귀순하지 않은 타이루거족(Taroko)을 진압하기 위하여 선주민인 아미족에게 액용선의 경비를 맡겼으나, 아미족과 경찰관 사이에 분쟁이 발생하면서 아미족이 경찰관을 살해하는 사건이 일어났다. 그리고 그 사건을 계기로 타이야르족(タイヤル)의 바트란번과 무과번에 더하여 아미족(アミ)의 일곱 사(社)에서 총 2000여 명이 연합하여 일본 관헌과 전투를 벌이기에 이른다.

> 타이완 화롄항 방면 반항 **생번 토벌**에 따라갔던 오노(大野) 중위는 … 오늘 아침 돌아왔는데 그의 이야기에 따르면 토벌은 작년 12월 15일에 시작되어 올해 2월에 끝났으며 20일에는 철조망의 가설이 끝났는데, 생번 중 철조망 전류에 감전되어 사망한 자가 2명 있어 그들은 이를 매우 무서워하고 있다. 반항 생번은 식량이 궁하여 대단히 피폐한 상황으로 이미 귀순이 허용되어 일을 하고 있는 자가 약 70명이며 여전히 속속 귀순을 요청하는 자가 많아 목하 형세는 평온하다고 한다.[12]

---

11 『요미우리신문』 1908년 12월 19일자, 「교전5시간(타이베이)(交戦五時間(台北))」.
12 『요미우리신문』 1909년 3월 12일자, 「타이완 화롄항 방면 반항 생번 토벌 경위(台湾花蓮港方面反抗生番討伐経過)」.

이 기사에서는 선주민의 제압 시 고압 전류가 흐르는 철조망을 이용해 감전사시키거나 식량난으로 압박하는 등, 극히 비인도적인 군사 작전이 전개된 것을 짐작할 수 있다. 일본의 지배에 거스르는 야만적인 '생번'은 단호하게 처단하는 자세를 보인 것을 읽을 수 있다.

이를 볼 때, '생번'이라는 용어는 안중근 의거 당시 일본 사회에서는 여전히 생생한 기억을 불러일으키는 용어였고, '문명을 베푸는 일본의 선정'을 거스르는 야만적이고도 반항적인 타민족을 연상시키는 상징이었던 것을 알 수 있다. 앞서 소개한 『요미우리신문』의 사설은 '생번'과 '한국의 배일파'를 뿌리가 같은 것으로 간주하고, 이에 대한 경계를 촉구하고 있다.

오늘날에는 1870년대 이후에 서구 열강을 중심으로 아프리카나 아시아에서 전개된 폭력을 수반한 제국주의적인 민족 지배가 필연적으로 민족적 저항을 촉발한 것은 인류 역사상 공통된 이해로 여겨지고 있는데, 당시만 해도 제국주의 국가(단, 뒤처진 3류)에 갓 편입한 일본 언론계의 입장에서는 그와 같은 이민족 지배의 부당성은 상상도 하지 못했고, 항일투쟁은 깡그리 야만적이고도 무지한 패거리들의 흉포하고도 잔인한 행위로만 비춰졌던 듯하다. 더구나 일찌감치 이 시기에 이미 항일운동을 정신의 '중독', 즉 병으로 단정 짓고, '의료' 행위가 필요하다고까지 간주하고 있었다. 야만적이고도 미개한 백성에게 근대 '의료'를 통해 문명의 혜택을 베풀어야 한다는 우월감 넘치는 '문명화 기여론'의 폭력성을 읽을 수 있다.

3. 『요로즈초보(萬朝報)』[13] 사설의 '애국 관념'

셋째로 『요로즈초보』의 사설도 소개해 보겠다.

… 그 암살자가 한인인 점에서 추측하건대 한국의 통치에 관하여 공에게 <u>원한</u>을 가진 자의 소행임은 의심할 여지가 없다. 그러나 <u>한국민은 애국 관념이 결여되어 있고</u>, 까닭에 이 흉행이 암살자 본인의 의사에서 나온 것은 아니며, <u>누군가 이를 사주한 자가 있음이 명백하다</u>. … 한국에서 이 암살로 <u>자신의 지위에 긍정적인 영향이 생기기를 바라는 자</u>가 없다면 이 거사에 나서지 않을 것임을 두말할 나위도 없다. … 한인으로 하여금 한국의 대은인인 이토 공을 암살하는 것과 같은 행위는 은혜를 원수로 갚는 것이며, 또한 한국의 앞날을 심히 생각하지 않은 짓이라고 말할 것이며, 이 흉행은 한국에 대한 정책을 장래 일변할 필요가 있음을 증명하기에 충분하다.[14]

이 사설은 의거 이튿날인 탓에 아직 상보를 접하지 않았음에도 불구하고, 이토 히로부미의 한국 통치에 원한을 품은 자가 저지른 흉행(凶

---

13 『요로즈초보(萬朝報)』는 1892년 11월 1일에 『미야코신문(都新聞)』을 퇴사한 구로이와 루이코(黒岩涙香)가 창간했다. 가십 보도의 선구자로 유명해지면서 이해하기 쉬운 기사를 모토로 급속한 성장을 거듭해 1899년에는 도쿄에서 발행 부수 1위 신문으로 등극한다. 일찍이 노동문제나 여성문제를 논하는 등, 사회 개량을 주도하였다. 러일전쟁 발발 전에는 비전론을 사론으로 주창하였으나, 일본 사회가 개전으로 기울자 구로이와 스스로가 주전론으로 선회하면서 비전론을 주창하던 고토쿠 슈스이(幸徳秋水), 사카이 도시히코(堺利彦), 우치무라 간조(内村鑑三) 등의 기자들이 퇴사한 것으로도 유명하다. 그 후 사생활을 폭로하는 기사를 특기로 하나, 구로이와가 1920년에 사망한 뒤로는 쇠락의 길을 걸으면서 1940년에 폐간하였다.
14 『요로즈초보』 1909년 10월 27일 자, 1면 사설, 「이토 공의 기화(伊藤公の奇禍)」.

行)이라고 보도하면서, "한국민이 애국 관념이 결여되어" 있기 때문에 나라를 위해 한 일도 아니며, 범인 자신의 의지로 저지른 일도 아니고 누군가가 사주한 것임에 틀림없으며, 그것은 이토가 없는 편이 "자신의 지위에 긍정적인 영향이 생길" 것이라는 바람을 가진 인물이라고 단정 짓고 있다. '주범', 즉 '계획범'은 따로 있으며, 그는 이토가 사라지면 덩달아 지위가 오를 수 있는 인물이라는 뜻이다. '범행'의 배후 관계에 관심을 돌리고 있는 점은 흥미로우나, '지위'라는 표면적 이해관계로 축소하고 있는 듯 보인다. 더 나아가 사설은 이토는 "한국의 대은인"이므로 그 이토의 암살은 "은혜를 원수로 갚은" 짓이며, "한국의 앞날"을 전혀 고려하지 않은 짓이다. 금번 흉행을 볼 때, 일본이 장래 "한국에 대한 정책"을 "일변할" 필요가 있는 것은 명백하다고 쓰고 있다. 또 사설의 바로 뒤에 게재된 「한국의 장래」라는 제목의 기사에서는 거듭 아래와 같이 주장하고 있다.

> 공과 같이 한국의 황실을 존중하고 한국민을 어루만졌던 인물은 한국민 중에서도 비할 자가 없다. 그럼에도 불구하고 한인은 공을 암살하려고 하였다. 그들은 결코 보통 국민으로서 대우하여서는 안 되며, 회유 수단은 그들에 대한 정책으로 전연 무익하다는 것을 증명하였다.[15]

이 기사에서도 이토는 선정을 베풀었다는 '혜택론'과, 그 사실을 모르는 조선인의 '무능력론' 그리고 은혜를 원수로 갚는 한국인을 회유하는 것은 불가능하다(그러므로 응징해야 한다)는 '응징론'을 분명하게 읽을 수

---

15 앞의 신문, 「한국의 장래(韓國の將來)」.

있다. 또 한일병합보다 앞선 이 시기의 사설에서 "한국민은 애국 관념이 결여되어 있다"는 논지를 펼치고 있는 점도 주목할 가치가 있다. "한국 황실을 존중하고 한국민을 어루만졌던" 이토 히로부미야말로 한국을 사랑한 인물이었고, 그를 살해한 인물이나 그것을 사주한 인물에게는 '애국' 관념이 없다는 논지를 펼치고 있는데, 여기서 말하는 '애국'의 대상이란 문맥상 "일본이 보호하고 지키고 있는 한국"이다. '보호자'인 일본을 따르지 않는 자는 '애국자'가 아니라고 '범인'의 애국정신을 부정해 버리는 담론인 셈이다.

4. 『미야코신문(都新聞)』[16], 「일시일언(一時一言)」의 논조

『미야코신문』에는 '사설'란이 없으나, 시사문제를 논하는 칼럼인 「일시일언(一時一言)」을 게재하고 있었으므로, 그 부분의 논조를 소개해 보겠다. 의거 이튿날인 10월 27일 자 「일시일언」은 '오호, 이토 공'이라는 제목으로 애도의 뜻을 표하고 있다. 그리고 그 다음 날인 28일에는 '흉변과 대한정책(兇変と対韓政策)'이라는 제목으로 다음과 같이 논하고 있다.

공을 저격한 흉한의 배후에 어떤 자가 숨어 있는지 여부는 중대한 의문이다. 헤이그밀사 사건이나 스티븐(원문 그대로 인용-필자) 씨 살해 사건

---

16 『미야코신문(都新聞)』은 1884년에 창간된 석간신문인 『곤니치신문(今日新聞)』(초대 주필: 가나가키 로분(仮名垣魯文))을 전신으로 1888년에 『미야코신문(みやこ新聞)』, 1889년에는 『미야코신문(都新聞)』으로 개칭하였다. 1889~1892년까지는 구로이와 루이코가 주필을 맡아 발행 부수가 3만 부에 달할 정도로 급성장하였으나, 1892년에 구로이와가 퇴사하여 『요로즈초보』를 창간하자 연극 기사에 힘을 기울여 예술을 특기로 하는 신문으로 정평을 얻었다.

모두 일종의 맥락이 있는 것이 사실로, 공의 통감 재임 중에 누차 암살 계획이 실행되어 그 계획이 어떤 세력의 음모로 나왔다는 흔적이 없는 것도 아니다. 금번 흉행이 어떤 세력 혹은 관리의 교사로 실행되었다면 우리는 한국의 보안상 단호한 조치를 취할 수밖에 없으며, 그 흉한이 설사 부랑배였다고 하여도 한국의 정세로 볼 때 더 많은 친일주의자에게 정권을 위탁할 필요성을 발견하였다고 한다면 시의적절한 조치에 나설 수밖에 없다.[17]

여기서는 헤이그밀사 사건, 스티븐스 저격 사건이라는 구체적인 사건명과, 이토 통감 시절의 암살 계획을 인용하면서 '실행범'의 배후에서 "어떤 세력" 또는 대한제국 정부의 관료가 교사하지 않았냐고 꽤 구체적으로 표현하고 있는 점이 눈에 띈다. 앞서 살펴본 『요로즈초보』의 사설 중 "사주한 자"라는 표현과 비교하여 이 기사 쪽이 구체적이면서도 설득력 있다. 집필자는 당시 한국의 사정을 어느 정도 이해하고 있던 인물인 듯하다. 게다가 한국 정권에 더 많은 '친일주의' 인사를 등용하여야 한다고 논하고 있다. 한국 내정에 대한 조치가 필요하다고 논하고 있는 점에서 큰 차이는 없다고 생각되나, 앞서 살펴본 몇몇 노골적인 '한국무능력론', '응징론'과는 다소간 다른 냉정한 논조라고 말할 수 있다.

또 이튿날인 29일에는 "국운 대변혁의 시기에는 대세에 어둡고 완미하기 그지없는 비지사(非志士)가 등장하는 것이 당연하다"고 쓰고, "완미"하다는 부정적인 수식어를 사용하고 있는데, 국권을 잇따라 찬탈당

---

17 『미야코신문』 1909년 10월 28일 자, 2면 「일시일언」, 「흉변과 대한정책(兇変と対韓政策)」.

하고 있는 상황에서 한국인이 그에 저항하는 것은 "당연"하다며 어느 정도 이해하고 있으며, 그에 대하여는 "이때 한 걸음 나아가 우리 성의를 다시 한국 상하에 철저하게 시행하는 대책을 강구하여야 한다"[18]고 주장하고 있다. 물론 그 속에 숨은 의도는 유화적 동화이나, 과거 일본의 대한정책 쪽에도 문제가 있었다며 반성을 촉구하고 있는 점에서 일방적인 '응징론'과 선을 긋고 있다. 계속해서 당시의 주한 일본인이 소네 아라스케(曾禰荒助) 통감에게 한국 정부와 한국인에 대하여 단호한 조치를 취하라고 "강경론을 주창"하자, "우리는 주한 일본인이 더욱 공론을 자제하기를 희망한다"[19]고 자중을 촉구하고 있다.

5. 뿌리 깊은 식민지담론

이상에서 의거 직후 일본의 주요 신문 중 4곳의 사설을 들어 고찰하였는데, 러일전쟁을 거쳐 한국을 '보호국'으로 편입하는 과정에서 '일본의 지배를 정당화하는 담론'='그것과 동시에 조선을 낮게 보는 담론'이 얼마나 뿌리 깊게 자리잡고 있었는지를 잘 알 수 있다. 그 기사들은 논자에 따라 뉘앙스에서 다소 차이를 보이나, '무능력론', '폭도 응징론', '문명화 기여론'이라는 3가지 특징을 단적으로 드러내고 있다.

이토 히로부미의 통감부 정치에 대하여는 현재 한국 근대사 연구가 발전하면서 그 부당성, 불법성이 밝혀지고 있으나, 당시 일본의 신문독자들은 거의 대부분 별 의심 없이 "이토 공은 한국을 사랑하고 존중하

---

18 『미야코신문』 1909년 10월 29일 자, 2면 「일시일언」, 「성의 철저한 정책(誠意徹底の政策)」.
19 위의 신문, 「재외 방인의 경론(在外邦人の硬論)」.

고 문명을 베풀기 위해 노력했다"고 착각하고 있었고, 안중근 의거 후에는 그 기회를 놓치지 않고 이토 히로부미의 미화를 가속화하였다. 이처럼 다른 한편으로는 이토가 안중근 의거로 '순국자'로 추앙되는 결과로 이어지기도 하였다.

까닭에 일본의 정계와 언론계에서는 이토를 노골적으로 비판하기 어려워졌다. 그에 대하여 야마무로 신이치(山室信一)는 "이토의 칭송과 영웅화를 부정하는 행위는 국가를 해하는 행위로 꺼리는 상황이었다"고 말하고, "한국의 보호국화나 병합에 의구심을 느낀 사람에게도 암살이라는 행위가 개재하면서 전면적으로 부정할 수 없었다"[20]고 정리하고 있다.

대외적으로 한국의 식민지화에 의구심을 품은 사람들에게 안중근 의거가 '흉행'으로 자극적으로 보도되면서, 공공연히 앞에 나서서 식민지화를 반대하는 행위는 '흉행'을 긍정하는 행위로 받아들여질 우려가 있어 식민지화 비판을 전개하기 어려운 측면도 있었던 셈이다. 물론 안중근에 의한 이토 히로부미 총살을 일본 사회에서는 의거로 공공연히 칭송할 수는 없었으나, 그럼에도 은밀히 안중근에 호감을 품은 사람들은 존재하였다. 다음은 그러한 일본인들을 소개한다.

---

20 山室信一, 2016, 「未完の『東洋平和論』」, 李泰鎭＋安重根ハルピン學会[編著]・勝村誠＋安重根東洋平和論研究会[監訳], 『安重根と東洋平和論』, 日本評論社, 201쪽.

III. 안중근에게 호감을 품은 일본인들

1. 일본 측 관헌 관계자들

의거 후, 안중근과 직간접적으로 접촉하였거나 인연을 맺은 일본인들의 동향은 최서면(崔書勉, 1980)과 나카노 야스오(中野泰雄, 1990, 1994)가 소개하고 있다.

이토 히로부미 총살 사건이 일어나자마자 일본 측 관헌도, 언론기관도 범인 색출에 착수한다. 그리고 당시 최초로 범인이 '안응칠'이라고 이가 고등경찰 계장인 구니토모 나오카네(國友尚謙)[21]와 외무성 내부주사였던 아이바 기요시(相場清)[22] 두 사람이었다.[23] 그를 계기로 아이바는 안중근의 가족과 접촉하는데, 안중근의 남동생인 안정근과 안공근이 프랑

---

21 구니토모 나오카네(國友尚謙, 1876~1951년)는 1905년 2월에 한국으로 건너가 경찰관이 되었고, 1991년에는 총독부 경시로 '105인 사건'의 수사 책임자가 되었다. 그리고 그 보고서인 「불령사건으로 본 조선인(不逞事件ニ依ツテ観タル朝鮮人)」(『105인 사건(百五人事件)』「데라우치조선총독 폭살미수사건(寺内朝鮮総督爆殺未遂事件)」자료집(資料集)』제2권, 不二出版, 1986년 복간 출간)을 정리하고 있다. 같은 책 '해제'에는 구니토모의 경력이 기술되어 있다.
22 아이바 기요시(相場清, 1886~1970년)는 구마모토현 태생으로, 1903년에 구마모토현 한국유학생으로 조선으로 건너왔다. 1905년에 한국어학교를 졸업한 뒤, 강원도 춘천에서 고문경찰의 통역관을 지냈으며, 1907년부터는 외무성 관리로 통역관 등을 맡았다. 의거 당시에는 내부주사로 통감부 내부국에 근무했다. 덧붙여 아이바는 1939년 10월 16일에 서울의 박문사(博文寺)에서 안중근의 차남인 안준생과 이토 히로부미의 아들인 이토 분키치(伊藤文吉)가 만난 '박문사 화해극'에 동석하였다. '박문사 화해극'에 관해서는 水野直樹, 2011, 「『博文寺の和解劇』と後日談-伊藤博文.安重根の息子たちの『和解劇』覚え書き」, 『人文學報』 101에 구체적으로 서술되어 있다. 아이바 기요시의 경력은 水野直樹, 2011, 같은 책과 植田晃次, 2009, 「日本近現代朝鮮語教育史と相場清」, 『言語文化研究』 35를 참고하였다.
23 崔書勉, 1980, 「日本人がみた安重根義士」, 『韓』 9권 4·5합병호, 83~84쪽.

스인인 홍석구(빌렘 Wilhelm) 신부와 함께 공판에 출석하기 위하여 인천을 출발할 때에는 인천 이사청 경찰서에서 구니토모 나오카네와 사이에 통역을 맡았다. 아이바는 "안 의사의 우국충정만은 높게 평가하였으며", "평소 안 의사의 행동 보고서와 가족들에 관한 정보를 많이 접할 수 있던 까닭에 도리어 그러한 신념을 가지게 되었으며, 그것은 한국인이 느끼는 것보다 컸으면 컸지 작지 않다고 자부하였다"고 한다.[24]

통감부 한국어 통역관이던 소노키 스에키(園木末喜)[25]는 안중근이 하얼빈 일본영사관에서 미조부치 다카오(溝淵孝雄) 검찰관에게 첫 신문을 받은 때부터 안중근이 뤼순의 관동도독부 지방법원(이하 '뤼순감옥')으로 이송되어 사형판결을 선고받고 순국할 때까지 계속해서 촉탁 통역을 맡았다. 그래서 소노키는 안중근과 가장 빈번하게 접촉하였다. 그는 안중근이 처형된 후, 경성부청에서 근무하였는데, "서울로 돌아올 때에 안 의사의 사진 원판을 들고 와 남대문거리의 일본인 사진관에 위탁해 두고 필요하다는 사람들에게 나눠 줬다"[26]고 한다. 또 본인이나 지인이 가지고 있던 안중근의 유묵과 사진을 안중근의 남겨진 아들인 안준생에게 기증하였다. 이하에서는 최서면(1980)의 글을 인용하겠다.

안준생은 어릴 적 생전의 부친을 만난 적이 없어 중국에서 사진을 찾았는데도 구할 수 없었으나, 지금 실로 생전의 아버지를 만난 듯하다는 말을 듣고 소노키는 눈물을 흘렸다고 한다. 아이바·소노키 모두 일본인인 탓

---

24 崔書勉, 1980, 위의 책, 84~85쪽.
25 소노키 스에키(園木末喜)는 1883년에 구마모토에서 태어나 1899년에 구마모토현 한국유학생으로 발탁되어 조선으로 건너갔다. 아이바 기요시의 3~4년 선배가 된다.
26 崔書勉, 1980, 앞의 책, 85쪽.

에 안 의사를 증오할 만한 위치에 있었다. 하지만 그들이 안 의사를 추모하고 존경하는 마음이 우리보다 적다고는 볼 수 없다.[27]

뤼순감옥에서 "안 의사의 재판 및 감옥 관계자들은 … 국사범으로는 파격적인 대우를 하였으며" "취조 기간에는 맛있는 식사를 넣어 주었"[28]다. 나카노 야스오(1994)는 특히 안중근에게 공감한 인물로 사카이(境喜明) 경시, 구리하라 사다키치(栗原貞吉) 전옥(뤼순형무소장), 히라이시 우지히토(平石氏人) 관동도독부 고등법원장, 야스오카(安岡) 고등법원 검사의 이름을 열거하고 있다.[29]

통감부 경무국에서 신문을 위해 파견된 사카이 경시는 1909년 11월 26일부터 통역 없이 안중근을 신문하였다. 그는 12월 1일에 안중근에게 러시아인과 영국인 변호사에 대한 변호 의뢰서를 작성하도록 했는데, 고무라 주타로 외무대신은 이튿날인 2일에 구라치(倉知) 정무국장에게 "정부에서는 안중근의 범행은 극히 중대하다고 보고, 징악의 정신에 의거하여 극형에 처하는 것이 상당하다고 생각한다"[30]. 3일에는 "이번 범죄 사건에 대하여 외국인 변호사를 세우는 것은 심히 부적절하다고 생각하므

---

27 崔書勉, 1980, 앞의 책, 86쪽.

28 中野泰雄, 1990, 「日本人の観た安重根」, 『經濟學紀要』(亜細亜大學経済學部) 15권 2호, 4쪽.

29 구리하라 사다키치 전옥, 야스오카 검사의 안중근에 대한 술회는 최서면(1980)에 구체적으로 기술되어 있다. 또 안중근과 담당 간수였던 지바 도시치(千葉十七)의 감동적인 에피소드는 널리 알려져 있으므로 여기서는 생략한다. 자세한 내용은 斎藤泰彦, 1994, 『わが心の安重根-千葉十七・合掌の生涯』, 五月書房를 참고할 것.

30 「伊藤公爵満洲視察一件 別冊(倉知政務局長旅順へ出張中発受書類)之弐」 전보 제22호, 1909년 12월 2일 後 5시 25분 고무라 외무대신발 5시 35분 구라치 정무국장 수취, 『亜洲第一義侠安重根 海外의 韓國独立運動資料(XIII) 日本編①』, 國家報勳処, 1995, 634쪽.

로 허용하지 말라"³¹는 전문을 보내고 있다. 사카이 경시는 국제 재판의 공개를 염두에 두고 있었지만, 일본 정부는 이를 허락하지 않았다. 안중근은 12월 13일에 「안응칠 역사」의 집필에 들어가 이듬해 3월 15일에 완성하였다. 나카노 야스오는 사카이 경시가 "안중근을 취조하는 과정에서 그를 교육자로서 인정하였고, 국제 재판이 어렵다는 것을 알고 안중근에게 그 생애와 사건의 진상을 쓰도록 권하였다. 이를 구리하라 전옥의 양해를 얻어 신문이 끝난 이튿날부터 「안응칠 역사」를 집필할 수 있도록 배려한"³² 것으로 판단하고 있다.

안중근의 옥중 자서전인 「안응칠 역사」는 1978년에 나카사키에서 발견되었다. 『아사히신문』³³에 따르면 「안응칠 역사」를 소장하고 있던 인물은 "다이쇼 말기 무렵, 나가사키현 미나미타카키군 구니미초에서 고미술을 찾던 중 그곳의 유서 깊은 집안인 사카이 가문에서 2, 3엔에 사들인" 것으로, "사건 당시, 사카이 가문의 당주는 조선총독부의 경시 겸 통역관을 맡고 있었고, 그때 입수한 듯하다"고 전하고 있다. 사카이 경시가 보관하고 있던 것을 후손이 매각한 것이다. 구리하라 전옥과 사카이 경시가 「안응칠 역사」의 중요성을 이해하고 몰래 가지고 나온 것으로 추측된다.³⁴

히라이시 우지히토 고등법원장은 1910년 2월 14일에 안중근에게 사

---

31 위의 책, 전보 24호, 1909년 12월 3일 後 0시 30분 고무라 외무대신발 0시 50분 구라치 정무국장 수취, 위의 책, 658쪽.
32 中野泰雄, 1990, 1994:143, 앞의 책 243쪽.
33 「안중근의 옥중기 발견(安重根の獄中記発見)」, 『아사히신문』(도쿄조간) 1978년 2월 11일자, 23면.
34 나가사키판 「안응칠 역사」를 둘러싸고 이치카와 마사아키는 안중근의 진필이라고 주장하고 있는 반면, 최서면과 나카노 야스오는 사본이라고 주장하고 있다.

형판결이 내려진 뒤, 안중근과 만나 항소 의사를 확인할 때 안중근으로부터 「안응칠 역사」와 「동양평화론」을 쓰고 싶다는 말을 듣고, 사형 집행은 수 개월 뒤이므로 시간은 있다고 답하였다.[35] 하지만 일본 정부는 그러한 시간적 유예를 허락하지 않았다. 히라이시는 2월 17일 안중근에게 3~4시간에 걸쳐 소노키 스에키 통역을 사이에 두고 동양평화론의 구상을 설명하게 하고, 다케우치(竹內靜衛)에게 채록시켜 「청취서」로 기록에 남겨 두고 있다. 그는 안중근에게 남은 시간이 없다는 사실을 알고, 집필 대신 구술을 받아적어 안중근의 사상을 후세에 전하고자 한 것으로 보인다.[36] 사카이, 구리하라, 히라이시 등의 배려와 노력이 없었다면 후세의 우리는 안중근의 사상을 알 수도 연구할 수도 없었을 터이다.

2. 고토쿠 슈스이

러일전쟁이 발발하기 직전, 사회주의자인 고토쿠 슈스이,[37] 사카이 도시히코, 기독교계 평화주의자인 우치무라 간조 등은 비전론을 주요 논조로 하는 『요로즈초보』의 기자로 일하면서 반전의 논지를 펼쳤으나, 앞서 언급하였듯이 1903년 초가을부터 일본의 여론이 개전으로 기울자 『요로즈초보』도 주전론으로 방향을 선회한다. 이에 위의 고토쿠, 사카이, 우치무라와 무정부주의자인 이시카와 산시로(石川三四郎) 네 사람의 반전론자는 10월 9일에 퇴사하기에 이른다. 고토쿠와 사카이는 곧바로

---

35 中野泰雄, 1990, 1994:144, 앞의 책 243쪽.
36 「청취서」에 대해서는 4절 '안중근의 평화 구상'에서 설명하겠다.
37 고토쿠 슈스이는 이미 1901년에 『20세기의 괴물 제국주의(廿世紀之怪物帝國主義)』를 펴내 제국주의를 뿌리부터 비판하는 사회주의자로 유명하였다.

헤이민사(平民社)를 개업하고, 주간지『헤이민신문(平民新聞)』을 창간하여 반전론을 계속해서 호소하였다. 그리고 고토쿠와 사카이는 1904년에 마르크스의『공산당선언』을 번역, 출판하는데 같은 날 발행 금지 처분을 받았다. 고토쿠는 1905년에 신문지 조례 위반 혐의로 체포, 투옥되어, 11월에 출옥한 뒤에는 미국으로 건너가 샌프란시스코에서 알버트 존슨 등과 교류하면서 무정부주의적 노동조합주의(anarcho-syndicalism)의 영향을 받았다. 1906년 4월 18일에 발생한 샌프란시스코 대지진을 경험한 후, 6월에는 일본으로 귀국하여 '직접행동론'을 주창하는 무정부주의적 노동조합주의파의 상징적 존재로 부상한다.

1910년 3월 26일에 안중근이 처형되고 2개월 후인 6월 1일, 유가와라에서 간노 스가(菅野スガ)와 함께 요양 중이던 고토쿠 슈스이는 천황 암살 계획에 관여했다는 대역죄 혐의로 체포되어 사형판결을 받고 이듬해인 1911년 1월에 처형된다. 이 고토쿠 사건(대역사건)은 그 후의 연구에서 국가에 의한 프레임업(날조)의 전형적 사례임이 밝혀졌는데, 전국의 사회주의자와 무정부주의자를 체포, 기소하여 사형이나 금고형 판결을 내려 국민에게 '주의자'에 대한 공포심을 불러 일으켜 강제로 천황 아래로 통합하는 것이 목적이었다. 러일전쟁 반전론자, 사회주의자, 직접행동론자 그 위에 간노 스가와의 불륜 등으로 항간의 유명인이던 고토쿠 슈스이는 탄압 측에게 필요한 희생양이었던 셈이다.

고토쿠 슈스이가 체포된 당시, 가방 안에는 샌프란시스코 헤이민사의 오카 시게키(岡繁樹)가 제작한 그림엽서가 들어 있었다. 그 그림엽서에는 '슈스이 제(秋水題)'라는 서명으로 고토쿠가 지은 "목숨을 버리고 의로움을 취하고 자신을 죽여 인을 이루었네. 안중근의 일거에 온 천지가 흔들린다네(舍生取義 殺身成仁 安君一擧 天地皆震)"라는 한시와 안중근의 사진('JUNG-KEUN AN'이라는 글자 있음)이 함께 인쇄되어 있었다. 이 그림엽서에 한시와 함께 삽입된 안중근의 초상사진은 샌프란시스코 거주자를 대상으로 발행되던 한글 주간신문인 『신한민보』(1910년 3월 30일자)가 안중근의 순국을 일면 첫머리 기사로 보도한 때에 실은 것이다. 아마도 고토쿠는 의거 직후에 안중근 의거의 본질을 꿰뚫고 그 뜻을 단적으로 함축한 한시를 읊었고, 그것을 받은 오카 시게키가 의거와 순국 사이에 한시가 들어간 초상사진을 제작한 듯하다. 이 부분에서는 샌프란시스코 헤이민사와 샌프란시스코 한인사회의 관계를 짐작할 수 있다.

3. 이시카와 다쿠보쿠(石川啄木)

일본을 대표하는 가인(歌人)이자 시인인 이시카와 다쿠보쿠(1886~1912)는 1910년 8월 29일에 단행된 '한국병합' 보도를 듣고 9월 9일에 노트에 〈9월 9일 밤〉이라는 제목으로 단숨에 39수의 시를 지었다.[38] 유명한 "지도 위의 조선에 새까맣게 먹칠하며 가을 바람을 듣네"는 그 8수째 시로, 다쿠보쿠가 병합을 암담한 심정으로 받아들였고, 그 심정에 추동되어 창작한 것을 알 수 있다. 이날 밤에 지은 시 중 34수를 골라 순서를 바꾸어 〈9월 9일 밤의 불평〉이라는 제목으로 『창작(創作)』 1권 8호(1910년 10월)에 발표하였다. 〈지도 위〉의 시는 30수째로 실려 있으며, 그 뒤를 "누가 나에게 저 피스톨이라도 쏘아 주었으면 얼마 전 이토처럼 죽어나 보여줄걸"이라고 안중근 의거에서 영감을 받은 시가 잇고 있으

---

[38] 近藤典彦, 2011, 「韓國併合批判の歌 六首」, 『國際啄木學會研究年報』 14호, 78~89쪽.

며, 34수째인 "메이지 43년(1910) 가을 내 마음이 특히 진지해져 슬퍼졌네"로 끝맺고 있다.[39] 이 시를 마지막에 배치함으로써 '한국병합'이라는 표현을 피하면서 일본이 조선이라는 나라를 없애 버린 것에 대한 비통함을 독자에게 강하게 전달하고 있다.

의거 직후, 일본 전역에 '안중근 증오'의 합창이 울려 퍼지고 있던 와중에 이러한 작품을 발표한 이시카와 다쿠보쿠의 용기 있는 창작 활동은 더 높게 평가받을 만하다. 야마무로 신이치는 〈지도 위〉와 〈피스톨〉 두 시를 나란히 배치한 점을 들어, "한국을 병합하여 그 이름을 '조선국'이 아닌 '조선'으로 바꾸어 '국'이라고 칭하는 것조차 금지한 일본인의 한 사람인 자신 또한 안중근이 이토를 저격한 것처럼 피스톨을 맞아 죽어 마땅한 존재가 아닌가라는 의식을 표명한 것으로 읽을 수 있지 않겠냐"[40]는 의문을 던지고 있다. 필자는 〈9월 9일 밤의 불평〉 34수 전체를 읽고 이 물음이 타당하다는 판단을 내렸다.[41]

본고에서는 극히 적은 사례밖에 소개할 수 없으나, 이처럼 안중근에 호감을 품은 일본인들의 목소리와 생각은 당시 일본 사회에서 배척받았다고 말할 수 있다. 뤼순감옥의 관계자들은 침묵을 고수하였다. 이유는 알 수 없으나, 구리하라 사다키치 전옥은 안중근 순국 직후에 형무소의

---

39 〈9월 9일 밤의 불평(九月九日の夜の不平)〉 전 34수는 久保田正文 편, 『新編 啄木歌集』(岩波文庫Ⅲ1993년)의 319~321쪽에 수록되어 있다.

40 山室信一, 2016, 「未完の『東洋平和論』-その思想水脈と可能性について」, 李泰鎭＋安重根ハルピン學会[編著]・勝村誠＋安重根東洋平和論硏究会[監訳], 『安重根と東洋平和論』, 日本評論社, 203~204쪽.

41 야마무로에 따르면, 시 〈피스톨〉을 이토의 죽음을 영웅적으로 간주해 칭송한 작품이라고 보는 해석도 있는 듯하다. 필자는 문학비평과는 인연이 없으나, 이 시가 훗날 다쿠보쿠의 대표적 가집인 『한 줌의 모래(一握の砂)』에 수록되면서 〈9월 9일 밤의 불평〉 34수의 전체상에서 분리되어 해석될 여지가 남은 것이 한 원인으로 보고 있다.

소장직을 사직하고 일본으로 귀국했다. 안중근을 칭송하던 고토쿠 슈스이는 처형대의 이슬로 사라졌고, 이시카와 다쿠보쿠는 1912년 4월 13일에 폐결핵으로 26년 간의 짧은 생을 마쳤다. 안중근의 행동이나 사상이 일본에서 재평가되기까지는 그 후 60년 이상의 세월이 필요하였다.

IV. 안중근의 재발견

1. 김정명(金正明)의 안중근 연구

일본에서 출판된 안중근 관련 서적과 논문, 잡지 기사의 발표 상황에 대하여는 별지 「안중근 관계 일본어 문헌 목록(安重根関係日本語文献目録)」을 참고하기 바란다. 일본에서의 본격적인 안중근 연구의 효시로는 김정명(金正明)의 『이토 히로부미 암살기록 안중근 그 사상과 행동(伊藤博文暗殺記録 安重根 その思想と行動)』[42]을 들 수 있다. 김정명은 1963년부터 간행을 시작한 『일한외교자료집성(日韓外交資料集成)』 전8권(巖南堂書店)의 편자로 일하였으며, 이어서 하라쇼보(原書房)의 『메이지백년사총서(明治百年史叢書)』 간행사업의 일환으로 『조선독립운동(朝鮮独立運動)』 전6권의 편찬을 맡는다.[43] 때마침 1969년에 도쿄 한국연구원장인 최서면이 도쿄의 헌책방에서 「안중근 자전(安重根自伝)」의 일본어 번역

---

42 『明治百年史叢書』 169, 原書房, 1972
43 市川正明, 2005, 『安重根と朝鮮独立運動の源流』, 原書房, 20쪽.

판을 입수하였다.[44] 김정명(1972)은 그전까지의 사료 편찬 경험을 토대로 외무성 자료, 하얼빈일일신문사의 『이토 공의 최후(伊藤公の最期)』(1927년), 관동도독부 지방법원의 『안중근 등 살인피고공판기록(安重根等殺人被告公判記錄)』, 조선총독부의 『조선의 보호 및 병합(朝鮮の保護及併合)』에 더하여 발견된 「안중근 자전」을 함께 수록하여 해제를 붙인 것으로, 이 책의 발행으로 안중근 연구의 기반이 마련되었다고 말할 수 있다.[45]

김정명의 『안중근과 일한관계사(安重根と日韓關係史)』[46]는 위 사료들을 활용하면서 안중근 사건뿐만 아니라 한일관계사의 통사를 포함해 사료까지 더한 675쪽에 달하는 대작이다. 이 책에는 앞에서 설명한 사카이 경시가 남긴 「안응칠 역사」의 사진판 전문[47]을 수록하고 있으며, 이를 토대로 이치카와가 일본어로 새롭게 번역한 「안응칠 역사」도 게재되면서 일반에 널리 읽히기에 이른다. 우노 슌이치(宇野俊一) 지바대학 교수(당시)는 『아사히신문』에 아래와 같은 서평을 싣고 있다.

… 특히 공판 기록과 그(안중근)의 자전이라고도 할 수 있는 옥중기가 귀중한데, 그로써 과거 불명확했던 안중근의 경력이 꽤 상세히 밝혀졌으며 또 사건이 안중근의 단독 행동이 아닌 그 자신도 참여했던 의병투쟁의 연장선에서 수행된 행동임이 규명되었다. 이토의 조난은 일본의 조선·중국

---

44 이 「안중근 자전」은 『외교시보(外交時報)』 1975년 5월호(1074호)에 게재되었다.
45 金正明, 1972, 『伊藤博文暗殺記錄 安重根その思想と行動(明治百年史叢書 169)』, 原書房, '편집후기'.
46 『明治百年史叢書』 282, 原書房, 1979
47 金正明 편, 앞의 책, 551~667쪽.

에 대한 침략이 이어지는 한, 당연히 직면할 수밖에 없던 사태로, 그것은 일본 제국주의의 불길한 앞날을 예시(豫示)하는 사건으로 이해되어야 한다. 내년은 한국병합이 있은 지 마침 70주년을 맞이하는 해이다. 본서는 근대 일본과 조선 간의 극히 불행했던 관계가 어떻게 형성되었는지를 파악하는 데에 귀중한 재료를 제공하고 있으며, 현재 필독해야 하는 문헌이라 말할 수 있다.[48]

김정명의 사료 편찬과 연구 성과가 공개된 시기에는 일본 사회에서 안중근에 대한 관심도 높아져 별지 「문헌 목록」과 같이 안중근과 관련된 인물평, 회상, 소전(小傳) 등의 기사가 발표되기 시작한다.

2. 안중근의 「동양평화론」의 발견

1979년 9월, 이치카와 마사아키는 일본 국립국회도서관 헌정자료실에 소장되어 있던 「시치죠 기요미 관계문서(七条清美関係文書)」를 열람하던 중, 그 속에서 안중근의 「동양평화론」을 포함한 관계 자료 『안중근 전기 및 논설(安重根伝記及論説)』(七条45)을 발견한다. 시치죠 기요미(七条清美)는 1892년에 태어나 1919~1927년까지 사법성 검찰국 검사를 지냈으며 그 후에는 육군헌병학교 교관을 역임한 인물이다. 유족의 증언에 따르면, 시치죠는 검찰국 재직 중에 관동도독부 지방법원이 관계 관청 앞으로 보낸 보고서에 딸려 있던 해당 사료를 발견하고, 그 중대성

---

48 宇野俊一, 「えつらん室『安重根と日韓関係史』市川正明著」, 『아사히신문』, 도쿄조간, 1979년 6월 24일, 11면.

에 놀라 자택으로 가지고 돌아와 직접 필사한 다음, 10부 정도의 사본을 만들어 친구들에게 나눠줬다고 한다.[49]

「시치죠 기요미 관계문서」는 ①「안응칠 역사」(43쪽), ②「안중근전」(50쪽), ③「동양평화론」(22쪽)으로 구성되어 있는데, 이치카와 마사아키가 안중근의 진필이라고 판단한 ④나가사키판(長崎版)「안응칠 역사」(58쪽)와 대조해 보면, ①은 ④의 35쪽까지로 중간에 끊겨 있으며, ②는 그 뒷부분이다. 무슨 연유인지 문장 중간에 용지를 바꾸어 다시「안중근전」이라는 제목을 붙이고 있는데, ①과 ②는 하나인 셈이다. 또 ④는 58쪽째에 "이하 생략"이라고 쓰고 중단하고 있는데 ②에는 생략된 부분까지 옮겨 적고 있어 ①과 ②를 합한 분량이 ④보다 20퍼센트 정도 많다.[50]

한편 안중근의 절필이 된 미완의「동양평화론」은 오랜 세월 그 존재는 회자되면서도 행방을 알 수 없었는데, 이치카와 마사아키가「시치죠 기요미 관계문서」를 발견하면서 마침내 세상에 모습을 드러내게 되었다. 이「동양평화론」의 한문 텍스트는 1980년에 최초로 김철앙(金哲央)이 일본어로 의역하여 소개하였고,[51] 우연히도 같은 해에 안중근 순국

---

49 市川, 2005, 앞의 책, 15, 26쪽.
50 이로써 ①과 ②를 필사한 때의 저본 ⑤는 ④와는 다른 것임이 판명되었다. ⑤는 공문서에 딸려 있던 문서이므로 안중근의 진필 사본이라고 보기 어렵다. 저본 ⑤와는 별도로 ⑥안중근 진필 원본(⑤의 원본)이 존재할 터이다. ④는 ①+②에서 빠진 부분이 있으므로, 적어도 진필 원본은 아니다. ④가 만약 안중근의 진필이라면, ⑥진필 원본의 생략판이 되는 셈인데, 그 가능성은 희박하다. 이치카와 마사아키(2005)에서는 ④가 진필임을 거듭 강조하면서도, ①, ②, ③의 사진판을 싣고 현대 일본어로 번역으로는 말미가 '빠진' ④를 저본으로 삼고 있는데, 이래서는 앞뒤가 맞지 않는다. 어쨌든 ⑥진필 원본은 아직 발견되지 않았고, 어딘가에 존재할 터이므로, 이에 대해 계속해서 진상을 규명하는 것이 일본 사회의 책무이다.
51 金哲央, 1980,「安重根の最後の論説『東洋平和論』をめぐって」,『統一評論』178.

70주년이 겹치면서 많은 사람들의 관심을 모았다. 김철앙은 직접 작업한 의역 뒤에 다음과 같은 해설을 덧붙이고 있다.

> … 안중근은, 일본이 메이지유신 이후 부국강병책을 강력하게 추진하고 그 과정에서 조선과의 유구한 역사적 친선 관계를 짓밟고 아시아인의 입장에서 벗어나 이웃나라를 적극적으로 침략하는 행위에 강한 위구심을 품고 동양의 진정한 평화는 침략이 아닌 상호 주권과 독립을 인정할 때야말로 실현할 수 있다고 강하게 주장하고 있다. 이 진리를 깨닫지 못하고 같은 인종인 이웃나라를 침략하는 것은 '독부(獨夫)'-악정을 일삼아 국민에게 외면을 당한 군주-와 같은 운명을 걷게 될 것이라고 「동양평화론」의 끝머리에 적고 있다. … 스스로를 '무지렁이'라 칭하던 의사 안중근의 마지막 말은 조국의 자주독립과, 각국의 독립을 토대로 동양의 평화를 열망하고 자주성의 시대를 모색하고 고뇌하던 애국자의 응축된 말로 일본의 친구들에게도 귀중한 진실을 말해주고 있지 않을까.[52]

안중근의 동양평화론에 대하여 최초로 사상사적 검토를 본격화하여 일본 사회에 전한 이는 나카노 야스오(中野泰雄)다. 나카노는 1982년부터 안중근에 관한 연구 성과를 발표하기 시작하여, 1984년에는 일반 독자를 대상으로 일본에서 최초로 안중근 평전인 『안중근 일한관계의 원상(安重根 日韓関係の原像)』을 아키쇼보(亜紀書房)를 통해 출판하였다. 이 책의 출판으로 일본 사회의 일본어 독자들은 손쉽게 안중근의 사상과 행동을 이해할 수 있게 된다. 이 책에는 나카노가 번역한 「동양평화

---

52 金哲央, 1980, 위의 책, 130쪽.

론」이 실려 있는데, 여기서도 김철앙과 마찬가지로 미완의 「동양평화론」 말미의 '독부'라는 단어에 주목하고 있다.

청일전쟁의 대중정책, 러일전쟁 후의 한일병합정책은 실로 태평양전쟁으로 가는 실마리가 되었고, '전감(前鑑)'에 적힌 마지막 부분의 "자연의 형세를 돌아보지 않고 동종(同種)의 이웃나라를 박해하는 자는 결국 독부의 환난을 기필코 면할 수 없을 것이다"는 안중근의 일본에 대한 예언은 실로 적중하였다.[53]

V. 동양평화론을 둘러싸고

1. 안중근의 인생과 동양평화

종합잡지 『세카이(世界)』는 2009년 10월호에서 안중근의 이토 저격 100주년에 맞춰 이토 데루오(伊東昭雄, 요코하마시립대학 명예교수·중국근대사상사)이 새롭게 번역한 「동양평화론」을 해설과 함께 게재하였다. 이로써 100년 후의 일본 사회에서는 안중근의 「동양평화론」을 손쉽게 엿볼 수 있게 되었다. 안중근이 하얼빈에서 체포되고 나흘 후인 10월 30일, 하얼빈의 일본총영사관에서 미조부치 다카오 검찰관이 통역관 소노키 스에키를 사이에 두고 안중근에 대한 첫 신문을 했을 때, 미조부치 검찰관의 "이토 공작을 왜 적대시하는가"라는 질문에 주지하는 바와 같

---

53 中野泰雄, 1984, 『安重根-日韓関係の原像』, 亜紀書房, 222~223쪽.

이 안중근은 15가지의 이유를 논리 정연하게 들고 있다. 그 12번째 이유는 아래와 같다.

> 이토 씨는 동양의 평화를 교란하였습니다. 내가 그렇게 말한 이유는 다음과 같습니다. 러일전쟁 당시부터 개전 이유를 동양평화의 유지라고 말하면서도 대한제국의 황제를 폐위하고 당초 선언과는 죄다 반대되는 결과를 보기에 이르니 한국민 2천만 명은 모두 분개하고 있습니다.[54]

안중근은 결심 공판 때까지 시종일관 자신은 동양평화를 위하여 "한국의 의병중장의 자격으로" 군사 행동을 통해 이토를 처단한 것으로 "적군의 포로"로서 "만국공법에 의해 처단되어야 한다"는 입장을 관철하였다.[55] '동양평화'는 안중근의 확고한 지론이면서 그의 이상이었다.

2.「안응칠 역사」에서 나타난 동양평화

안중근의 자서전인 「안응칠 역사」에는 그의 성장배경부터 의병투쟁, 그리고 이토 히로부미 처단에 이르기까지의 그의 행동과 사상이 그려져 있으며, 또 안중근은 절망적인 상황에 빠진 의병투쟁의 경험과 기독교 신앙에 입각하여 동양평화를 위하여 이토에게 총구를 겨눠야만 했던 이유를 논하고 있다.[56]

일본은 러일전쟁의 "선전포고문에서 동양의 평화를 유지하고 한국의

---

54 金正明 편, 1972,「安応七尋問調書」,『伊藤博文暗殺記録』, 原書房, 55쪽.
55 金正明 편,「安重根外三名第五回公判始末書」, 위의 책, 329쪽.
56 『세카이(世界)』, 2009년 10월호.

독립을 굳건히 하겠다고 말하였습니다. 그런데 이제 와서 일본이 그러한 신의를 내팽개치고 도리어 한국을 침략해… 정권을 손아귀에 넣고 황제를 폐위시키고, 군대를 해산하고 철도·광산·산림·하천 등을 모조리 빼앗았습니다." 일본은 묘분까지 군용지로 삼았고 그 재앙은 "살아 있는 자뿐만 아니라 조상에까지 이르고 있습니다." 이에 전국 각지에서 일제히 의병투쟁이 일어났는데, 일본은 "이를 폭도라 부르며, 군사를 풀어 토벌하고, 극히 참혹한 살육을 자행하고 있습니다"고 하고 있다. 안중근은 "남의 강토를 빼앗고 사람들을 능욕하는 자가 폭도입니까? 제 나라를 지키고 외적을 막는 사람이 폭도입니까?"라고 묻고 일본이 자행한 짓은 "도둑은 무력으로 토벌해야 한다는 한국의 법에 반하는 것이다"고 적고 있다.

그렇다면 도둑은 과연 누구일까. 안중근에게는 궁극적으로 이토 히로부미였다. 안중근은 "전부 이른바 일본의 대정치가라는 늙은 도둑 이토 히로부미의 폭행에 기인하는 것으로, 그는 마치 한민족 2000만이 일본의 보호를 받고자 원하고 지금 우리가 태평무사하며 평화롭게 날마다 발전하기를 바라는 것처럼 날조하고 있습니다. 또 위로는 천황을 속이고, 밖으로는 열강들의 눈과 귀를 가려서 자기 멋대로 농간을 부리며 극히 무도한 짓을 모조리 저지르고 있다"고 생각하였다.

안중근은 계속해서 "우리 한민족이 만일 이 도둑을 처단하지 못한다면, 한국은 필히 없어지고야 말 것이며, 동양도 실로 망하고야 말 것이다"고 주장하고, 한민족이 망국민이 되는 것을 막기 위하여 이 한국땅에서 의병투쟁을 일으켜 "도둑을 처단하는 도리밖에 다른 방법이 없다"고 역설한다.

안중근에게 동양평화란 한중일이라는 동양의 세 나라의 확고한 독립이 전제가 된다. 그래서 이처럼 한국의 독립 없이는 동양평화는 실현될 수 없다고 독립론을 강조하고 있다. 그가 이토를 사살한 까닭은 이토가 한민족의 독립을 훼손하여 동양평화를 깨뜨렸기 때문에 동양평화를 유지하기 위하여 이토를 제거해야만 한다고 생각하였다. 안중근은 동양평화라는 개념을 통해 한민족을 위협하는 일본의 침략을 억제하고자 하였다. 그 안에는 제국주의에 대항하는 논리가 내포되어 있었다.

따라서 안중근에게 의병투쟁은 어디까지나 민족 독립투쟁이었다. "의병을 일으켜 계속해서 끊이지 않고 싸워 … 스스로 강한 힘으로 국권을 회복해야만 건전한 독립이라 할 수 있다." 그렇지 않고서는 "설사 일본이 진다 해도 한국은 다시 다른 도둑의 손아귀로 들어가게 될 것이다"고 쓰고 있다.

3. 미완의 「동양평화론」

안중근은 「동양평화론」의 서문에서 서구 열강의 도덕심을 망각한 군비확장 경쟁을 통렬하게 비판한 다음, 특히 러시아의 폭행이 극심하다고 하고, "그에 하늘이 하나의 결단을 내리고 동해의 작은 섬나라 일본으로 하여금 이와 같은 강대국 러시아를 만주대륙의 광야에서 일거에 타도하게 하였다"[57]고 쓰고 있다. 이는 안중근에게 "하늘에 순응하고 땅의 시혜를 얻는" 천명론(天命論)이며, "사람의 정에 응답하는 이치"에 따른 것이었다.

일본이 러일전쟁에서 승리할 수 있던 것은 "한(韓), 청(淸) 두 나라 국

---

57 金正明 편, 1972, 「安応七尋問調書」, 『伊藤博文暗殺記錄』, 原書房, 55쪽.

민"이 "일본군을 환영하고" 지원한 덕분이라고 쓰고, 또 그 지원 배경으로 일본이 첫째로 동양평화의 유지와 대한제국 독립의 강화를 개전 이유로 들었고, 둘째로 "러시아와 일본의 전쟁은 황백인종(黃白人種)의 경쟁이라 할 수 있으므로 지난날 (일본에) 원수졌던 적개심이 단숨에 사라져 버렸다"는 점을 들고 있다.

그러나 러시아에 승리한 일본은 "가장 가깝고 가장 친하며 그리고 마찬가지로 인약(仁弱: 어질고 약한)한 한국에 억지로 조약을 밀어붙여" 한국에서 외교권을 빼앗았을 뿐더러, "만주 창춘(長春) 이남에 삼삼오오 거주하는 방법으로 차지해 버리니… 일본의 위대한 명성(名聲)과 절대적인 공훈을 하루아침에 땅에 떨어지고 말았"다. 이를 안중근은 "용과 호랑이의 위세로서 어찌 뱀이나 고양이 같은 행동을 한단 말인가?"라고 탄식하고 있다. 첫머리의 러시아에 대한 엄격한 평가나 인종 간 대립 구도는 어디까지나 논의의 도입부일 뿐이며, 역으로 동양의 나라이면서 동양의 이웃나라를 침략하는 일본을 거세게 비판하고 있다.

일본이 동양의 "같은 인종인 이웃나라를 치고 친구의 정(友誼)을 끊은" 탓에 "한국, 청나라 국민의 소망은 완전히 꺾이고 말았다"고 생각한 안중근은 서문의 끝머리에 이대로 가다간 동양 전체가 망할 것이라고 예견하였다. 그리고 그러한 사태를 막고자 "동양평화를 위한 의로운 싸움(義戰)을 하얼빈에서 개시하고, 담판(談判)하는 자리는 뤼순으로 정했으며, 이어 동양평화 문제에 관한 의견을 제출하는 바"이니 "여러분들께서 깊이 살펴보아 주기 바란다"며 구체적으로 "의견을 제출"할 것을 예고하고 있다.

서문에 이은 전감(前鑑)에서는 청일전쟁 이후 러일을 중심으로 한 동아시아 정세를 논하고 있는데, 러일전쟁 종식 후의 포츠머스강화회의의 방식을 거세게 비판한 부분에서 글이 끊긴 탓에 안중근이 그 후에 어떠한 논의를 구상하고 있었는지는 불분명하다.

4. 안중근의 평화 구상

1910년 2월 14일, 안중근에게 사형판결이 선고되었고, 사흘 후인 2월 17일에 안중근은 관동도독부 고등법원장인 히라이시 우지히토와 면담하고 있다. 그 기록은 「청취서」로 남아 있으며 한국에서는 『21세기 동양평화론』(국가보훈처, 1966)에 담겨 이에 의거한 연구가 활발히 전개되고 있다.[58]

「청취서」에서 보이는 안중근의 평화 구상은 우선 일본이 뤼순을 중국에 반환하여 중립화하고, 그곳에 한중일이 공동으로 관리하는 군항을 만들어 세 나라가 그곳에 대표를 파견하여 동양평화회의를 조직하는 것이었다. "뤼순의 반환은 일본의 고통이 될지 모르나, 결과적으로는 오히려 이익을 줄 것이며, 세계 각국이 그 영단에 놀라 일본을 칭송하고 신뢰하게 되어 일본, 청나라, 한국이 영원한 평화와 행복을 얻기에 이를 것이다."[59]고 안중근은 생각하였다.

그를 위하여 우선 뤼순을 영세중립지역으로 지정하고, 세 나라의 대표로 구성된 상설위원회를 설치하고, 회원은 인민에서 모집하고 재정은 그 회비로 충당한다. 구체적인 사업으로는 ① 원만한 금융을 위하여 공동 은행을 설립하고 공동 화폐를 발행한다. ② 세 나라의 청년들로 공동

---

58 이 글에서는 주로 『대한국인 안중근 학술연구지』(안중근의사숭모회, 2005)를 참고하였다(이하 『학술연구지』로 줄여 쓴다).
59 김호일, 2005, 「안중근의사의 동양평화론」, 『학술연구지』, 325~326쪽.

군단을 편성하여 2개국 이상의 언어를 교육시켜 우방으로서의 관념을 높인다, ③ 한·청 두 나라는 일본의 지도를 받아 상공업의 발전을 꾀한다, ④ 한중일 세 나라의 황제가 로마교황을 방문하여 협력을 맹세하고 왕관을 받는다 등을 제안하고 있다.

당시 뤼순은 러시아에는 해양 진출 기지였으며, 일본에는 대륙 침략의 거점이었고 중국도 만주 지역의 향방과 긴밀히 연관된 곳으로서 쉽사리 포기할 수 없었다. 뤼순은 그야말로 동북아 지역에 있어 분쟁의 도화선이었던 셈이다. 이 지역을 중립화하여 공동 관리함으로써 동북아시아의 평화와 연대의 길을 열자는 것이 안중근의 주장이었다.[60] 이처럼 안중근은 동양평화를 위한 국제기구를 구체적으로 구상하고 있었기에 한국에서는 안중근의 동양평화론이 유럽연합의 선행 사상으로 재평가되고 있다.

물론 당시 일본은 '동양의 맹주'가 되고자 아시아 지배를 강화하고 있던 탓에, 일본이 안중근의 목소리에 귀를 기울일 가능성은 전무하였으며, 이토를 제거한다고 일본의 대외노선이 바뀔 리도 만무하였다. 하지만 그 후 대일본제국이 자멸의 구렁텅이로 돌진한 역사를 생각할 때, 안중근의 이상과 구상을 되돌아보고 근대 일본에는 어쩌면 다른 길이 있었을지도 모른다고 반성하는 데에 의의가 있으며, 그 행위는 일본 사회에서도 큰 공감을 불러일으킬 수 있을 것이다.

---

[60] 김호일, 위의 논문 그리고 김영호, 「안중근의사의 동양평화론과 동북아시아 경제 통합론」, 『학술연구지』, 99~103쪽.

5. 안중근을 둘러싼 반발

'한국병합' 100년을 맞은 2010년을 전후로 한일 관계는 보다 개선의 방향으로 향할 것이라는 징후를 보이고 있었으며, 학술활동 면에서나 시민운동 면에서나 식민지 지배·대륙 침략의 100년사를 되돌아보고 평화로운 100년의 미래를 창조하자는 분위기가 무르익고 있었다. 그 도달점은 당시 일본 민주당 정권의 간 나오토 총리가 2010년 8월 10일에 발표한 담화에 응축되어 있다. 첫머리를 인용해 보자.

올해는 한일 관계에 있어 커다란 전환점이 되는 해입니다. 정확히 100년 전 8월 한·일병합조약이 체결되어 이후 36년에 걸친 식민지 지배가 시작되었습니다. 3·1 독립운동 등의 격렬한 저항에서도 나타났듯이, 정치·군사적 배경하에 당시 한국인들은 그 뜻에 반하여 이루어진 식민지 지배에 의해 국가와 문화를 빼앗기고, 민족의 자긍심에 깊은 상처를 입었습니다.

비록 한국의 진보 시민단체들이 볼 때 부족한 부분이 있던 것은 부정할 수 없으나, 당시 이미 일본 국내에서는 우파적 사조가 기승을 부리고 있던 상황에서 획기적인 담화였다고 필자는 생각한다. 일본의 식민지 지배가 "정치·군사적 배경하"에 "뜻에 반하여 이루어졌다"며 강제성을 인정한 점과, "국가와 문화를 빼앗기고, 민족의 자긍심에 깊은 상처를 입었습니다"고 국권 찬탈이 있었고 그 가해성을 인정한 점을 중시하여만 한다.
그러나 간 정권은 후쿠시마 사태에 직면하여 혼란한 모습을 노출하면서 자멸하였고 그 뒤를 이은 노다(野田) 정권 시절에는 일본 주변의 해양 영토가 중일, 한일 사이에 쟁점으로 부상하면서 일본 사회에 배타주의적 사조, 아니 분명하게는 감정이 확산되어 간다. 그리고 '혐중증한(嫌中憎韓)'이라고도 표현할 수 있는 분위기가 활자 매체, 방송 매체, 인터넷 등에 돌면서 인식속에 스며들었다. 민주당 정권이 삐걱거리던 당시, 일본회의 계열의 자민당 정치인을 중심으로 거센 반동이 일어났고, 그것은 총선거에서 자민당의 대승, 즉 2차 아베정권의 탄생으로 이어졌다.

  그 소용돌이 속에서 등장한 '혐한론'의 시선으로 본 안중근에 대한 담론을 몇 가지 소개해 보겠다. 우익 진영의 종합잡지인 『레키시쓰(歷史通)』 2012년 11월호는 총력 특집으로 「혐한 태풍(嫌韓台風)」을 실었다. 권두에서는 「"불령선인"열전」이라는 제목을 붙인 18쪽 분량의 컬러 그라비아 특집을 편성하고 그곳에 안중근, 이봉창, 윤봉길 등을 나열하고 한국은 "범죄자를 영웅으로 숭배하는 나라"라고 적고 있다. 그리고 와타나베 쇼이치(渡部昇一)의 「한국의 영웅은 테러리스트투성이」(같은 책, 30~37쪽)라는 글을 게재하고 있다. 이 글에서는 안중근, 이봉창, 윤봉길 등이 "지금도 한국에서는 영웅으로 대우받고 있으며, 걸핏하면 그 기념일을 거국적으로 경축하고 있습니다. 테러리스트를 영웅으로 추앙하다니 한 나라로서 부끄럽지 않을까요? 북한·한국에는 테러리스트 외에는 영웅이라 할 만한 자가 없습니다. 이러한 나라에 '한'이 쌓이는 것은 부득이한 일일지도 모르겠습니다"고 조롱하고 있다. 그 이유로 아일랜드의 예를 들면서 "단호하게 주체성을 가지고 타국과 전쟁을 벌여본 적 없는 나라는 말하자면 통과의례를 거치지 않은 것입니다"며 전승 경험이 없는 민족은 '한'이 쌓이는 "불쌍한 국민"이라고 한국을 정신적 약자로 그리고 있다.

  또 다른 예로 우파 잡지인 『보이스(Voice)』는 2014년 3월호부터 12회(1년)에 걸쳐 하야사카 다카시(早坂隆)의 「테러리스트·안중근(安重根)」

이라는 소설을 연재하고 있으며, 그 후 2015년 4월에 『애국자가 테러리스트가 된 날―안중근의 진실(愛國者がテロリストになった日―安重根の真実)』이라는 제목으로 PHP연구소에서 출간하고 있다. 이 소설은 안중근이 자행한 (지금의 상식에 비추어 볼 때) '범죄'라고도 말할 수 있는 행위를 거듭 강조하고 안중근은 어리석고 못난 테러리스트였다는 처음부터 정해진 결론으로 이끌고 가는 전개로 구성되어 있다.

한편 거의 같은 시기인 2013년 12월 28일·2014년 1월 4일의 합병호 『주간 도요게이자이(週刊東洋経済)』는 「안중근은 한중일의 상징이 될 수 있다」는 제목으로 전 외교관인 도고 가즈히코(東郷和彦)의 인터뷰를 싣고 있다. 중일, 한일 관계가 험악해지고 있는 지금, 도고는 "대화의 중요성"을 강조하고 있다. 그리고 안중근의 「청취서」에서 볼 수 있는 평화 구상을 높이 평가하고 "지금의 한중일자유무역협정의 이념에 가깝다"고 지적하고, 이토 암살 직후에는 안중근을 "메이지시대의 일본인은 '의사'로서 존경하는 도량도 가지고 있었다"고 말하고, "안중근은 한중일의 상징이 될 수 있다"고 결론 짓고 있다. 현재 강권정치가 발호하고 있는 동아시아 지역에서 안중근의 평화 구상을 실마리로 정치외교, 민간교류, 학술교류, 관광 등 다양한 채널을 통해 동아시아인들이 대화를 차곡차곡 쌓아갈 수 있는 조건을 어떻게 정비할 수 있을지가 과제로 부상하고 있다.

VI. 맺음말

　지금까지 일본에서 전개된 안중근 연구의 발자취를 주로 사료 발견을 중심으로 연구사적으로 정리하였다. 일본 사회에서는 내적 사정에 추동되어 안중근에 관한 연구가 진행되어 왔다고 말할 수 있다. 하지만 지금의 일본 사회에서는 서점에서 안중근의 본격적인 평전을 구하기 어려우며, 안중근에 관한 연구서도 적은 게 현실이다. 그런 현실에 파문을 일으키고자 우리는 2014년 9월에 '안중근동양평화론연구회'라는 소규모 연구회를 결성하였다. 그리고 다행히도 연구회의 첫 기획으로 2016년 9월에 이태진과 안중근하얼빈학회가 쓴 『영원히 타오르는 불꽃- 안중근의 하얼빈의거와 동양평화론』(지식산업사, 2010)의 일본어판을 간행할 수 있었다. 이 책의 보급으로 일본 사회에 안중근의 사상과 행동이 정확하게 인식되어 '안중근'이 '범죄자·테러리스트라'는 얄팍한 이미지를 깨부술 수 있기를 바라고 있다.

　필자의 힘이 부족한 탓도 있는데, 극히 유감스럽게도 일본 사회에서는 한국의 안중근 관련 연구사가 충분히 이해되지 못하고 있으며, 한국의 최근 안중근 연구 성과가 소개되지 않아 학술교류가 실현되지 않고 있다. 한국에서는 안중근에 관한 방대한 연구 성과가 존재하는 만큼, 그 성과와 과제를 일본 사회와 공유하는 것이 급선무이다. 또 안중근에 관한 다양한 역사상이 한국에서 어떻게 형성되어 왔는지를 비판적이고도 객관적으로 파악하여 일반 사회와 함께 냉정하게 공유하는 작업도 중요한 과제가 될 터이다.

[부기]

    2019년 10월 24일에 동북아역사재단에서 개최된 국제학술회의에서 필자의 발표를 듣고 토론자인 최덕규(崔悳圭) 선생께서 귀중한 의견을 제시해 주셨다. 그 의문점에 관해 이 지면을 빌려 현재 가능한 범위에서 답변 드리고 싶다.

    첫째는 연구 방법에 관한 질문이었다. 곧 안중근의 옥중 자서전인 「안응칠 역사」에 대하여 ① 당시 일본의 감옥 행정 관행에서 볼 때 국사범인 안중근의 원고를 극비로 반출하는 데 성공했다고는 생각하기 어렵다, ② 필사된 원고는 가필이나 변경 가능성을 부정할 수 없다, ③ 그처럼 안중근의 진필 「안응칠 역사」가 아직 발견되지 않았는데도 사본판을 학술 연구의 사료로 활용하는 것을 어떻게 생각하는가라는 문제 제기였다.

    앞서 설명하였듯이, 「안응칠 역사」는 ① 1969년에 최서면이 발견한 「일본어역판」, ② 1978년에 사카이 경시의 옛집에서 발견된 「나가사키판」(한문본), ③ 1979년에 이치카와 마사아키가 국회도서관 헌정자료실에서 발견한 「시치죠 기요미 관계문서」(한문본) 3가지가 있는데, 전부 윤병석 편역의 『안중근 문집』[61]에 사진판이 수록되어 있다.

    재차 이 책을 활용해 비교한 결과, 흥미롭게도 ①과 ②는 동일 지점에서 서술이 끊겨 있었다. ①로 확인하면, "두 차례 심문했고, 4~5일 뒤에 미조부치 검찰관이 와서 다시 심문했다. 전후의 역사를 세세하게 공술

---

61 김호일, 2005, 앞의 글; 김영호, 2005, 「안중근의 동양평화론과 동북아시아경제통합론」, 『학술연구지』, 99~103쪽.

하였다. 이하 생략함"⁶²(구두점은 필자가 보충)이라고 적혀 있으며, ②에서도 같은 지점에 "이하 생략"이라고 적혀 있다. 그런데 ③의 해당 부분을 필자 나름대로 일본어로 번역해 보니, "전후의 역사를 세세하게 공술하고 또 이토 가해의 사실을 물었다. 답하기를 첫째, 한국 민비를 시해한 죄요, 둘째, 한국 황제를 폐위시킨 죄요…"⁶³라고 유명한 이토 히로부미의 죄상 15개가 기술되어 있다. ①과 ②에서는 그 직전에 부자연스럽게 생략된 셈이다. 또 ①의 첫머리에는 ②에는 없는 "서언"을 덧붙여 "본서를 직역하는 것은 원문의 뜻을 해치지 않기 위해서다"⁶⁴라고 적고 있으므로, ①는 ②의 직역으로 추정할 수 있다. 다만, 어째서 ①과 ②가 중간에 끊기고 생략되었는지는 알 수 없다.

한편 ②에서는 안중근 생가 근처에 있는 산의 명칭이 '수양산(首揚山)'⁶⁵으로 잘못 적혀 있는 반면, ①의 일본어 번역에서는 올바르게 '수양산(首陽山)'⁶⁶이라고 적혀 있거나 연해주의 의병장을 '이범원(李範元)'⁶⁷이라고 잘못[①에는 옳게 '이범윤(李範允)'⁶⁸] 쓰고 있는 등, 안중근이 실수할 리 없는 오기가 이곳저곳에서 발견되는 만큼, 거듭 ②는 안중근의 진필이 아님을 주장해 두겠다.

---

62 윤병석 편역, 2011, 『안중근 문집(한국독립운동사 자료총서 제28집)』, 독립기념관 한국독립운동사연구소.
63 윤병석 편역, 2011, 위의 책, 427쪽.
64 윤병석 편역, 2011, 앞의 책, 141~142쪽.
65 윤병석 편역, 2011, 앞의 책, 278쪽.
66 윤병석 편역, 2011, 앞의 책, 161쪽.
67 윤병석 편역, 2011, 앞의 책, 279쪽.
68 윤병석 편역, 2011, 앞의 책, 243쪽.

이어서 ②와 ③을 비교해 보면, ③에서는 '수양산(首陽山)'[69], '이범윤(李範允)'[70]이라고 올바르게 표기되어 있으므로, 필사 원본에도 올바르게 표기되어 있었을 가능성이 높다. ②와 ③을 한 글자 한 글자 비교해 보면 약자의 용법이나 밑줄을 친 지점 등에서 약간 차이가 있으나, 전문이 거의 일치한다. 시치죠 기요미가 보고서에 딸려 있는 사료를 필사한 때에 감춰진 ②의 존재를 알 턱이 없으므로, ②와 ③이 거의 일치한다는 사실은 ②를 필사한 인물도 시치죠 기요미도 필사 원본인「안응칠 역사」를 가필, 수정, 변경하지 않은 것은 확실하다. 비록 ①과 ②가 어째서 중간에 생략되었지의 수수께끼는 남으나, 두 사본의 내용이 거의 일치한다는 점에서 ③은 안중근의 진필「안응칠 역사」를 거의 정확하게 옮겨 쓴 것으로 추정된다. 따라서 ③과 함께 발견된「동양평화론」도 안중근의 저작을 거의 충실하게 옮겨 적었다고 추정할 수 있다.

두 번째 의견은 안중근「동양평화론」에 담긴 러시아에 대한 평가에 관한 내용이었다. 최덕규 선생은「동양평화론」은 안중근이 집필한 게 아니지 않냐는 의구심(「동양평화론」 위조설)을 전제로 안중근과 러시아(특히 연해주)의 인연을 고려할 때 안중근이 러일전쟁 당시 러시아의 패배를 천명이라 생각하였을 리 만무하다, 그러므로「동양평화론」은 안중근이 쓴 것이 아니다라고 주장하셨는데, 필자는 연해주 의병운동에 참가한 때에 안중근이 간접적으로 러시아의 원조를 받았을지도 모르나, 그는 어디까지나 연해주 한인으로서 한국의 국권 회복을 목표로 본토 침공에 뜻을 두고 있었고, 연해주가 당시 러시아령이었다고 해서 러시아 민족이나 국

---

69   윤병석 편역, 2011, 앞의 책, 243쪽.
70   윤병석 편역, 2011, 앞의 책, 65쪽.

가로서의 러시아에 대해 우호적이었거나 기대를 걸고 있지는 않았다는 것이 현 시점의 생각이다. 그러나 지적하신 코멘트를 진지하게 받아들여 향후 과제로 삼고자 한다.

참고문헌

久保田正文 편, 1993, 『新編 啄木歌集』, 岩波文庫.
近藤典彦, 2011, 「韓國併合批判の歌 六首」, 『國際啄木學會研究年報』 14호.
김영호, 2005, 「안중근의 동양평화론과 동북아시아경제통합론」, 『大韓国人安重根学術研究史-安重根義士의 偉業과 思想再照明』, 安重根義士崇慕會.
金正明 편, 1972, 『伊藤博文暗殺記錄』, 原書房.
金正明 편, 1972, 『伊藤博文暗殺記錄 安重根 その思想と行動(明治百年史叢書 169)』, 原書房.
金哲央, 1980, 「安重根の最後の論説「東洋平和論」をめぐって」, 『統一評論』 178호.
김호일, 2005, 「안중근의사의 동양평화론」, 『大韓国人安重根学術研究史-安重根義士의 偉業과 思想再照明』, 安重根義士崇慕會.
大谷正, 2014, 『日淸戰爭』, 中公新書.
山室信一, 2016, 「未完の『東洋平和論』」, 李泰鎭+安重根ハルビン學會(編著)·勝村誠+安重根東洋平和論研究會(監譯), 『安重根と東洋平和論』, 日本評論社.
市川正明, 1979, 『安重根と日韓關係史』.
市川正明, 2005, 『安重根と朝鮮獨立運動の源流』, 原書房.
中野泰雄, 1990, 「日本人の觀た安重根」, 『經濟學紀要』(亞細亞大學經濟學部) 15권 2호.
中野泰雄, 1984, 『安重根-日韓關係の原像』, 亞紀書房.
崔書勉, 1980, 「日本人がみた安重根義士」, 『韓』 9권 4·5합병호.
国家報勳處 편, 1995, 『亞洲第一義俠安重根 海外의 韓國獨立運動資料(XIII) 日本編 ①』, 國家報勳處.
『곤니치신문(今日新聞)』.
『도쿄아사히신문(東京朝日新聞)』.
『메자마시신문(めざまし新聞)』.
『미야코신문(都新聞)』.
『미야코신문』.
『아사히신문(朝日新聞)』.
『오사카아사히신문(大阪朝日新聞)』.
『오우일일신문(奧羽日日新聞)』.
『외교시보(外交時報)』.

『요로즈초보(萬朝報)』.
『요미우리신문(讀賣新聞)』.

안중근 관계 일본어 문헌 목록(미정고)[安重根關係日本語文獻目錄(未定稿)][71]

〈단행본〉 (간행순)

金正明[編著], 1972, 『伊藤博文暗殺記錄 安重根 その思想と行動(明治百年史叢書 169)』, 原書房.

市川正明, 1979, 『安重根と日韓關係史(明治百年史叢書282)』, 原書房.

鹿野琢見, 1982, 『法のまにまに』海龍社 *エッセイ「安重根と千葉十七」所收.

金哲央, 1984, 『人物・近代朝鮮思想史』, 雄山閣 *「安重根」所收.

中野泰雄, 1984, 『安重根-日韓關係の原像』, 亞紀書房.

姜德相, 1984, 『朝鮮獨立運動の群像-啓蒙運動から三・一運動へ』, 青木書店 *「安重根の思想と行動」所收.

谷讓次, 1989, 『安重根 十四の場面』, 五望書房.

中野泰雄, 1991, 『安重根-日韓關係の原像(增補版)』, 亞紀書房.

佐木隆三, 1992, 『伊藤博文と安重根』, 文藝春秋.

齊藤泰彦, 1994, 『わが心の安重根-千葉十七・合掌の生涯』, 五月書房.

齊藤充功, 1994, 『伊藤博文を撃った男-革命義士安重根の原像』, 時事通信社.

鹿島海馬, 1995, 『伊藤博文はなぜ殺されたか-暗殺者・安重根から日本人へ』, 三一新書

佐木隆三, 1996, 『伊藤博文と安重根』, 文春文庫.

津留今朝壽, 1996, 『天主敎徒 安重根-私の中の安重根・日本と韓國』, 自由國民社.

中野泰雄, 1996, 『安重根と伊藤博文』, 恒文社.

齋藤泰彦, 1997, 『わが心の安重根-千葉十七・合掌の生涯(增補新裝版)』, 五月書房.

韓碩靑[著]・金容權[譯], 1997, 『安重根 第一部・生成篇』, 作品社.

---

[71] この文獻目錄は, 康銀成「安重根義擧100年-日本における安重根硏究の現況と課題」(『朝鮮大學校學報』9號・2010年)に揭載された「安重根硏究日本語資料目錄」を元にして勝村が加筆修正したものである. 單行本については可能な限り網羅的に再錄したが, 論文・雜誌記事については學術的・資料的價値が極端に低いものは除外した.

韓碩靑[著]·金容權[譯], 1997, 『安重根 第二部·超人篇』, 作品社.
齋藤充功, 1999, 『伊藤博文を擊った男-革命義士安重根の原像』, 中公文庫.
上垣外憲一, 2000, 『暗殺·伊藤博文』, ちくま新書.
徐京植, 2001, 『過ぎ去らない人々-難民の世紀の墓碑銘』影書房 *「安重根」の項目あり
高大勝, 2001, 『伊藤博文と朝鮮』社會評論社.
大野芳, 2003, 『伊藤博文暗殺事件-闇に葬られた新犯人』新潮社.
東アジア學會[編], 2003, 『日韓の架け橋となった人びと』明石書店 *黑木彬文「安重根」所收.
海野福壽, 2004, 『伊藤博文と韓國併合』, 青木書店.
市川正明, 2005, 『安重根と朝鮮獨立運動の源流(明治百年史叢書457)』, 原書房.
廣瀨爲人·齋藤泰彦, 2008, 『遺された硯-わが心の安重根』, 創樹社美術出版.
伊藤之雄·李盛煥[編著], 2009, 『伊藤博文と韓國統治-初代韓國統治をめぐる百年目の檢證』, ミネルヴァ書房.
滿州日日新聞社[編集], 2011, 『復刻版 安重根事件公判速記錄(韓國併合史研究資料96)』, 龍溪書舍.
うのていお[譯], 2011, 『安重根自敍傳·東洋平和論-仁の人, 義の人, 信の人』, 愛知宗敎者九條の會.
姜昌萬[監修], 2011, 『圖錄·評傳 安重根』, 日本評論社.
金文學, 2012, 『知性人·伊藤博文 思想家·安重根-日韓近代を讀み解く方程式』, 南々社.
趙景達·原田敬一·村田雄二郎·安田常雄[編], 2013, 『講座 東アジアの知識人 第1卷』, 有志舍 *小川原宏幸「安重根と伊藤博文-東洋平和構想をめぐって」(pp.326~343)收錄.
礫川全次[注記·解題], 2014, 『安重根事件公判速記錄(滿州日日新聞社發行)』, 批評社 *飜刻版.
早坂隆, 2015, 『愛國者がテロリストになった日-安重根の眞實』, PHP研究所.
李泰鎭+安重根ハルピン學會[編著]·勝村誠+安重根東洋平和論研究會[監譯], 2016, 『安重根と東洋平和論』, 日本評論社.
金文學, 2017, 『韓國人が知らない安重根と伊藤博文の眞實』, 祥傳社新書.
李洙任·重本 直利[編著], 2017, 『共同研究 安重根と東洋平和-東アジアの歷史をめぐる越境的對話』, 明石書店.

〈논문·잡지기사〉(게재순)

高橋誠一郎, 1909, 「(時評)刺客安應七」, 『三田學會雜誌』 2卷4號, pp.295~296, 1909年 11月.

谷讓次, 1931, 「安重根 戲曲」, 『中央公論』 1931年 4月號.

山脇重雄, 1956, 「安重根關係書類」, 『歷史教育』〈歷史教育者研究會〉 4卷2號, pp.59~65, 1956年 2月.

三好徹, 1969, 「博文暗殺」, 『オール讀物』(文芸春秋社) 245號, 1969年 5月.

安重根, 1970, 「安重根自傳」, 『外交時報』 1074號, pp.53~70, 1970年 5月.

建部喜代子, 1970, 「安應七歷史(資料紹介)」, 『アジア・アフリカ資料通報』 8卷5號, 1970年 8月.

朴慶植, 1970, 「安重根とその思想」, 『未來』 51號, 1970年12月號.

山下恒夫・吉田武, 1971, 「烈士安重根-日本の近代を拒絶するハルピンの銃聲」, 『中國』 89號, 1971年 4月.

安宇植, 1973, 「伊藤博文暗殺とその背景 狙擊者・安重根の行動と論理」, 『歷史讀本』 18卷3號, 1973年 2月.

安藤豊祿, 1974, 「昔の日本人は韓國に何をしたか(安重根事件)」, 『實業の世界 臨時增刊 韓國特集』 1974年 12月.

安宇植, 1977, 「安重根と長谷川海太郎」, 『季刊三千里』 9號, 1977年 2月.

伊藤眞一, 1978, 「父・博文を語る」, 『歷史と人物』(中央公論社) 78號, 1978年 2月.

峠憲治, 1978, 「特別取材 伊藤博文暗殺者・安重根の獄中記」, 『歷史讀本』 23卷7號, 1978年 6月.

橫山春一, 1979, 「安重根の書幅と蘆花」, 『民友』 1979年 9月.

小宮山登, 1978, 「韓國の刺客安重根余話」, 『文明時評』(日本文化連合) 40・41合倂號, 1979年 12月.

鈴木卓郎, 1979, 「義士安重根は生きている」, 『諸君』 11卷12號, 1979年 12月.

東京韓國硏究院, 1980, 「硏究院だより」, 『韓』 94號, 1980年 3月.

金哲央, 1980, 「安重根の最後の論說"東洋平和論"をめぐって」, 『統一評論』 178號, 1980年 3月.

山岸一章, 1980, 「安重根と千円札」, 『民主文學』 172號, 1980年 3月.

崔永禧, 1980, 「歷史上からみた安重根義士」, 『韓』 9卷4・5合倂號, 95號, 1980年 5月.

崔書勉, 1980, 「日本人がみた安重根義士」, 『韓』 9卷4・5合倂號, 95號, 1980年 5月.

安重根, 1980, 「寄稿(『海朝新聞』隆熙2年3月21日,第21號)」, 『韓』 9卷4・5合倂號,

1980年 5月.
安重根, 1980, 「安重根自敍傳『獄中記』」, 『韓』 9卷 4·5合倂號, 1980年 5月.
東京韓國硏究院, 1980, 「東京韓國硏究院藏『安重根關係文獻目錄』」, 『韓』 9卷 4·5合倂號, 1980年 5月.
中野泰雄, 1982, 「歷史と審判-安重根と伊藤博文」, 『亞細亞大學經濟學部紀要』 8卷 1號, 1982年 9月.
前田幸子, 1982, 「伊藤博文暗殺事件をめぐって-敎科書の記述と新聞報道」, 『海峽』 11號, 1982年 11月.
中野泰雄, 1983, 「『歷史と審判』補遺」, 『亞細亞大學經濟學紀要』 9卷1號, 1983年 9月.
市川正明, 1984, 「『安重根獄中記』原本の眞僞をめぐって」, 『コリア評論』 270號, 1984年 11月.
市川正明, 1984, 「『安重根獄中記』は眞筆だ」, 『自由』 26卷11號, 1984年11月
井田泉, 1984, 「安重根とキリスト敎」, 『キリスト敎學』(立敎大學キリスト敎學會)26號, 1984年 12月.
中野泰雄, 1985, 「安重根義士と東洋平和」, 『亞細亞大學經濟學紀要』 10卷3號, 1985年 12月.
姜德相, 1987, 「朝鮮と伊藤博文」, 『季刊三千里』 49號, 1987年春
中野泰雄, 1987, 「近代ナショナリズムと日韓關係」, 『亞細亞大學經濟學紀要』 12卷2號, 1987年 8月.
趙景達, 1989 a, 「安重根-その思想と行動」, 『歷史評論』 469號, 1889年 5月.
趙景達, 1989 b, 「朝鮮における日本帝國主義批判の論理の形成」, 『史潮』 25號, 1989年 6月.
中野泰雄, 1989, 「伊藤博文と安重根」, 『亞細亞大學經濟學紀要』 14卷3號, 1989年11月
中野泰雄, 1990, 「アジアから見た日本近代史」, 『亞細亞大學經濟學紀要』 15卷1號, 1990年 3月.
中野泰雄, 1990, 「日本人の觀た安重根」, 『亞細亞大學經濟學紀要』 15卷2號, 1990年 5月.
中野泰雄, 1991, 「安重根義士と東洋平和論」, 『亞細亞大學國際關係紀要』 1卷1號, 1991年 11月.
大澤博明, 1992, 「伊藤博文と日淸戰爭への道」, 『社會科學硏究』(東京大學)44卷2號, 1992年 3月.
中野泰雄, 1992, 「安重根と伊藤博文-韓國文化院『相互認識·文化講座』」, 『亞細亞大學國際關係紀要』 1卷1號, 1992年 9月.

大江志乃夫, 1993, 「山縣系と植民地武斷統治」, 『岩波講座 近代日本と植民地4』, 岩波書店, 1993年 3月.

中野泰雄, 1994, 「日本における安重根義士觀の變遷」, 『國際關係紀要』〈亞細亞大學〉 3卷2號, 1994年 3號.

中川 浩一·趙 珍淑 「安重根顯彰碑探索-その教材的意義を中心に」, 『茨城大學敎育學部紀要 人文·社會科學·藝術』44號 1995年 3月.

佐藤 幸也, 1996, 「東アジアとの連帶を求めて-安重根顯彰運動と高校地理·歷史の授業」, 『敎育』46卷9號, 1996年 9月.

中野泰雄, 1997, 「平和の使徒安重根と日韓關係」, 『アジアフォーラム』(大阪經濟法科大學)14號, 1997年 1月.

中川 浩一·崔 智淑·朴 桂媛, 1997, 「「補遺」抗日民族運動記念碑探索--霧社事件·烈女柳寬順·民族英雄安重根をめぐって」, 『茨城大學敎育學部紀要 人文·社會科學·藝術』46號, 1997年 3月.

糟谷政和, 1998, 「伊藤博文·安重根-韓國併合と日本の朝鮮支配政策」, 『歷史地理敎育』576號, 1998年 3月.

吳英珍, 1998, 「啄木が歌に詠んだ"テロリスト"安重根」, 『論座』41號, 1998年 9月.

佐々木文, 1999, 「國際理解敎育の敎材開發における『動的な對話』の意義-安重根と千葉十七の相互理解の心理過程をめぐって」, 『國際理解敎育』5號, 1999年 6月.

金容權, 1999, 「日韓新時代への『視点』-安重根と千葉十七 玄海灘に『見えない橋』が架けられていた!」

『望星』(東海大學東海敎育硏究所) 30卷12號, 1999年 12月.

宮田節子[司會], 2001, 「安重根·間島問題(1959.4.22)(未公開資料 朝鮮總督府關係者 錄音記錄(2)

東洋文化硏究所所藏友邦文庫)」, 『東洋文化硏究』(學習院大學東洋文化硏究所) 3號, 2001年 3月.

石田雄, 2003, 「伊藤博文の「東洋平和」觀-安重根のそれと對比して」, 『翰林日本學硏究』 8集, 2003年 12月.

小田川興, 2004, 「日本における安重根に對する見方の變化」, 『聖學院大學總合硏究所 News letter』14-3, 2004年.

若松伸哉, 2005, 「安重根へのまなざし-漱石『門』と鷗外譯『齒痛』」, 『日本近代文學』 72號, 2005年 5月.

伊藤之雄, 2006, 「韓國と伊藤博文」, 『日本文化硏究』(東アジア日本學會[韓國])17輯,

2006年 1月.

若林一平, 2007, 「文化と政治の弁證法-和解のメディアとしての安重根」, 『文教大學國際學部紀要』第18卷第1號, 2007年 7月.

伊藤之雄, 2009, 「伊藤博文の韓國統治と韓國倂合-ハーグ密使事件以降」, 『法學論叢』164卷1-6合倂號, 2009年 3月.

牧野英二, 2009, 「東洋平和と永遠平和--安重根とイマヌエル・カントの理想」, 『法政大學文學部紀要』60號, 2010年 3月.

戶塚悅朗, 2009, 「安重根裁判の不法性と東洋平和」, 『龍谷法學』42卷2號, 2009年 9月.

伊東昭雄[譯], 2009, 「安重根『東洋平和論』」, 『世界』796號, 2009年 10月號.

勝村誠, 2009, 「安重根と朝鮮植民地支配について-日韓國際平和シンポジウムを通して明らかになったこと」

『歷史地理敎育』753號, 2009年 12月.

勝村誠, 2010, 「安重根の東洋平和論-その現代的意義を中心に」, 『歷史地理敎育』754號, 2010年 1月.

笹川紀勝, 2010, 「韓國併合100年-安重根の抵抗精神と平和論」, 『世界』801號, 2010年 2月.

崔元植, 2010, 「『東洋平和論』から見た安重根の『丈夫歌』」, 『植民地文化硏究』9號, 2010年.

康銀成, 2010, 「安重根義擧100年--日本における安重根硏究の現況と課題」, 『朝鮮大學校學報』9號, 2010年.

金泳鎬, 2010, 「安重根『東洋平和論』の再照明」, 『世界』803號, 2010年 4月.

ホンボムシク, 2010, 「安重根烈士の死から一〇〇年, その後裔を訪ねて」, 『統一評論』536號, 2010年 6月.

水野直樹, 2011, 「『博文寺の和解劇』と後日談-伊藤博文,安重根の息子たちの『和解劇』・覺え書き」, 『人文學報』101號, 2011年.

麻田雅文, 2012, 「日露關係から見た伊藤博文暗殺: 兩國關係の危機と克服」, 『東北アジア硏究』16號, 2012年.

戶塚悅朗, 2012, 「東アジアの平和と歷史認識-安重根東洋平和論宣揚の必要性をめぐって」, 『龍谷法學』45卷3號, 2012年 12月.

趙東成, 2013, 「安重根義士の遺骨發掘と遺品・遺物所在把握について-日韓共同作業を日本社會に提案する」, 『コリア研究』(立命館大學コリア研究センター)4號, 2013年 3號.

倪志敏, 2014, 「アジアの第一義俠 - 中國における安重根を略說する」, 『アジェンダ』 44號, 2014年.

戶塚悅朗, 2014, 「龍谷大學における安重根東洋平和論硏究の步み」, 『社會科學硏究年報』(龍谷大學社會科學硏究所)44號, 2014年 5月.

李洙任·牧野英二·田中宏, 2015), 「日本の應答責任を果たすために - 東洋平和を願った安重根の實像を知る」, 『社會科學硏究年報』(龍谷大學社會科學硏究所)45號, 2015年 5月.

戶塚悅朗, 2015, 「歷史認識と日韓の「和解」への道(その1) - 安重根東洋平和論硏究は,日本を孤立から救うか?」, 『龍谷法學』 48卷1號, 2015年 10月.

平田厚志, 2017, 「安重根の處刑に立ち會ったひとりの淨土眞宗本願寺派の敎誨師」, 『アジェンダ』58號, pp.67~69, 2017年.

黑木彬文, 2018, 「安重根の東洋平和論および伊藤博文暗殺にたいする日本知識人の反應」, 『福岡國際大學紀要』 39號, pp.109~114, 2018年 3月.

小川原 宏幸, 2018, 「朝鮮における小國主義の展開試論: 安重根の思想的展開と金大中の「太陽政策」との連關性から」, 『人文學報』 111號, 2018年 3月.

勝村誠, 2018, 「安重根 (フォーラム テロとは何か. 植民地の産物?)」, 『植民地文化硏究』 17號, 2018年 7月.

찾아보기

ㄱ

가쓰라 다로 115, 147, 149
가쓰라-태프트 밀약 140
가쿠뇨 111
거주민 56
겟쇼 113
계몽주의 41
고무라 115, 117, 149, 158, 168
고종황제 176
공공 조계지 관리 76
공부국 76
광복군 96
교전자 51, 55, 63
교황 63
교회법 62, 63
구니토모 나오카네 241
구리하라 사다키치 243
구미 위원회 77
국가 본위(本位)의 민족주의 94
국가신도 111
국내 진공작전 60, 61
국민 대표 회의 79
국제법 38, 46
군국주의 113

글래드스톤 142
금오연 84
김구 79, 97
김규식 77
김원봉 85, 86
김익상 85
김정주 16

ㄴ

나카노 야스오 114, 241
냉전 97
녹스(Philander C. Knox) 150

ㄷ

다나카 기이치 85
대동단결선언 74
대동아공영권 92
대동여사 78
대한 교민단 80
대한국·대청국통상조약 53
대한민국 임시정부 96
대한인국민회 169, 175
대한인국민회 하와이지방총회 164, 175

덤덤탄 40
도막존왕파 113
도쓰카 에쓰로 120
도쿄 일본 천황 저격 79
독립동맹 96
독립 청원서 78
동문동종 94
동아시아운명공동체 116
동양삼국 정족론 189, 190, 207
동양평화 38, 123, 184, 187, 189, 190, 192, 197, 201, 206, 214, 220, 221
동양평화공동체 94
동양평화론 92, 94, 99, 129, 153, 184, 186, 188, 197, 200, 201, 203, 205~208, 217, 220, 221
동제사(同濟社) 73

ㄹ

래드(George T. Ladd) 145
러시아 혁명 96
러·일 강화회의 150
러일전쟁 59, 144, 150, 192, 198~201, 216, 220
러일협약 150
로신 168, 169, 171~175, 177, 179
루즈벨트 140, 176
루트(Elihu Root) 176
뤼순 재판 38, 64

ㅁ

마르텐스 65
마쓰이 148, 149, 151
만국공법 52, 61, 62
만국평화회의 195, 214, 216, 220
매킨더 46
모리스 스즈키 110
「몽배금태조」 212, 213, 214
무능력론 230, 236, 239
무라야마 담화 118
문명화기여론 234, 239
문화 본위의 범동아시아주의 94
미조부치 다카오 116
민병 55
민영찬 54
민족공동체 101
민족주의 14, 26, 93, 97, 99
민찬호 163, 165, 168, 172~174
밀레르 156

ㅂ

박은식 73, 212~214, 219~221
방사 113
배상 62
백구파 82
범동아시아주의 99
법적 안정성의 원칙 38
불법성 239
불자약창이사회 82
브라운(Raymond C. Brown) 174

브렉콘스(Breckons) 173, 174
브뤼셀 육전규칙 48
브뤼셀 회의 47
비스마르크 139, 142
비전투원 49

ㅅ

사대주의 94
사이토 미치노리 117
사카이 243
사키 류조 114
상무정신(尙武精神) 14
상설 재판소 63
상해일본특별경찰서 81
상해조선인친목회 80
상해 한인 교민 사회 77
상호 치외법권 53
새몬스(Thomas Sammons) 141
생번 231, 234
생존권 73
서문로 81
서향전 84
선언적 규칙 49
선우훈 75
선종로 81
세계 평화 195, 220
소네 아라스케 239
소노키 스에키 116
소메자키 노부후사 231
소유권 50

손중산 79
순국자 240
숭무사상(崇武思想) 14
스티븐스 145, 158, 159, 161, 167, 172, 176, 238
시베리아 횡단 철도 45
시부사와 에이이치 141
시제법 38
식민주의 93
신규식 73, 79
신(新)냉전 99, 102
신란 111
신채호 203~206, 221
신한독립당 85
신한청년당 77
실효적 지배 50
쓰다 가이준 122
쓰다 메이카이 122

ㅇ

아리요시 아키 82
아미족 233
아베 담화 119
아시아(3국) 연대론 92, 189, 190
아이바 기요시 241
악의 평범성 110
안 가이 152
안공근 241
안응칠 역사 17, 129
안정근 241

안준생 242
안중근 59, 60, 64, 93, 106, 111, 120, 123, 184~188, 197, 200~203, 206~208, 220, 226
안중근기념관 107
『안중근사건공판속기록』 16
안중근숭모회 17
안중근연구사 12
안중근 의거 228
안중근의사기념사업회 17
『안중근의사전』 17
안창호 84, 185, 198, 199, 216, 217, 221
애국계몽운동 25
애국부인회 81
애국심 51
애국주의 14
액용선(隘勇線) 233
야마자 엔지로(山座円次郎) 158
엄인섭 60
에드워드(Clarence R. Edward) 142
여분의 안정 45
여자교육장려회 141
『영구평화론』 215
영국 옥스퍼드 국제법 연구소 50
오브리엔(Thomas J. O'Brien) 140
오성륜 85
옥혜관 82
와드맨 163
완충지대 46

외교 독립론 77
외교 선전 활동 88
『요로즈초보』 235
우에노(上野專一) 168
『우주문답(宇宙問答)』 209
우치 안 152
윌슨(Huntington Wilson) 140
유인석 185, 208~211, 214, 221
유토피아적 국제 관계 45
육전규칙 38, 52, 62, 64
윤봉길 79
응징론 230, 236
의열단 86
의용군 55, 96
이강훈 82
이래수 164, 169, 173, 174
이범윤 60
이봉창 79
이승만 77
이시바시 타메나수케(Ishibashi Tamenasuke) 144
이와쿠라 사절단(岩倉使節團) 142
이와쿠라 토모미(岩倉具視) 142
이인영 160
이토-코코프초프 회담 151
이토 히로부미 15, 57, 59, 64, 93, 106, 184, 185, 187, 197~199, 201, 202, 226, 239
이희경 78
인권(보편적 가치) 48

인성학교 75
인찬 안간(Inchan Angan) 152, 153
일국일당 원칙 84
일제시기 상해 한인사회 연구 72
임시정부 81

ㅈ

자연법적인 비합의적 법률 48
장인환 145, 159
장지갑 86
장지연 192, 201, 207
전명운 145, 159
전수교리 56
전시 규칙 50
전시법 38, 53
정인과 78
정토진종 111
정화암 82
제국주의적인 민족 지배 234
제한전쟁 41
조공체계 92
조만식 97
조선 독립당 85
조선민족혁명당 85, 86
조선 의열단 85
조선혁명간부학교 85
조선혁명당 85
조소앙 74
조지 케난 145
조청상민수륙무역장정 52
조청통상조약 52
존 헤이 150
존 힐 77
죄형법정주의 53, 63
중국 혁명당원 73

ㅊ

찰스 토마스 77
참모중장 60
천주교 62
천주교회 24
천하관 94
천황숭배 113
청원서 77
최서면 16, 241
최전태 74
칠각천사건 233

ㅋ

칸트 215
코민테른 84
코코프초프 149, 151
쿠라치 158

ㅌ

타이루거족 233
타이야르족 233
태평양 회의 78
태프트 140, 142
테러 39

통감부 230

ㅍ
파르티잔 52, 58, 64
파리 강화회의 77, 216, 220, 221
평등주의 212, 213, 214
평화회의 196, 207, 208
포와한인교보사 163, 164
포츠머스강화조약 150
폭도응징론 230, 239
프랑스 조계 75

ㅎ
하야시 151
하얼빈역 107
하와이지방총회 177
하와이 한인애국연맹 164, 168
하와이 한인애국협회 164
하트(Bushnell Hart) 146
한국 독립당 81
한나 아렌트 110
『한불자뎐』 23
한용운 219
한인 72
한인 교민 사회 88
한인기독교회 164, 165
한인 독립당 81
한인애국단 79
한인애국연맹 166, 179
한인 제간단 82, 83

항복 선언 50
항일연군 96
항일운동 234
해리스 150, 167, 176
헤이그 195, 196, 214, 220
헤이그밀사 사건 238
헤이그 조약 55, 62
헤이그 협약 40, 54
헤이그 회의 44, 46, 53, 64
헤이트 스피치 121
현훈 82
혜택론 236
호법 정부 79
홍석구(빌렘) 신부 163, 242
홍커우 공원 의거 80
화남한인청년연맹 80, 82, 83
후쿠자와 유키치 231
흥아주의 92, 94
흥아회 189
히가시혼간지 부산별원 112
히라이시 우지히토 243
히시키 마사하루 111

3·1운동 95
3국 연대 93, 98
5·4운동 96
12월 결의안 84
13도 창의대진소 160
Tiehan Angen 153
Corea The Hermit Nation(『은둔의

나라 한국』) 146
Inchan Angan 152
Tiehan Angen 153

동북아역사재단 연구총서 86

3·1운동과 대한민국 임시정부 Ⅲ
– 안중근의 동양평화론

초판 1쇄 인쇄 2020년 12월 20일
초판 1쇄 발행 2020년 12월 30일

엮은이 신효승
펴낸이 이영호
펴낸곳 동북아역사재단

등 록 제312-2004-050호(2004년 10월 18일)
주 소 서울시 서대문구 통일로 81 NH농협생명빌딩
전 화 02-2012-6065
팩 스 02-2012-6189
홈페이지 www.nahf.or.kr
제작·인쇄 (주)동국문화

ISBN 978-89-6187-594-3 94910
      978-89-6187-437-3 (세트)

- 이 책은 저작권법으로 보호를 받는 저작물이므로 어떤 형태나 어떤 방법으로도 무단전제와 무단복제를 금합니다.
- 책값은 뒤표지에 있습니다. 잘못된 책은 바꾸어 드립니다.